A sociedade, a violência e o Direito Penal

S678   A sociedade, a violência e o Direito Penal /
Airton Zanatta ... [et. al]; organizadores
Ney Fayet Junior, Simone Prates Miran-
da Corrêa. – Porto Alegre: Livraria do
Advogado, 2000.
224p.; 16x23cm.

ISBN 85-7348-149-8

1. Direito Penal. 2. Criminologia. 3. Violência. I. Fayet Júnior, Ney. II Corrêa, Simone Prates Miranda.

Índices para catálogo sistemático

1. Direito Penal. 2. Criminologia. 3. Violência.

(Bibliotecária responsável: Marta Roberto, CRB-10/652)

Ney Fayet Júnior
Simone Prates Miranda Corrêa
(*organizadores*)

A SOCIEDADE, A VIOLÊNCIA E O DIREITO PENAL

Airton Zanatta
Alberto Zacharias Toron
Aline Eggers
Antônio César Peres da Silva
Carlos Alberto Elbert
Cezar Roberto Bitencourt
James Louis Cavallaro
Jorge Luiz dos Santos Moraes
Lenio Luiz Streck
Luiz Carlos Sá de Souza
Luiz Flávio Gomes
Ney Fayet Júnior
Paolo del Gos
Salo de Carvalho
Simone Prates Miranda Corrêa
Valneida Echart Martins
Wolmir Müller

livraria
DO ADVOGADO
editora

Porto Alegre 2000

© Airton Zanatta, Alberto Zacharias Toron,
Aline Eggers, Antônio César Peres da Silva,
Carlos Alberto Elbert, Cezar Roberto Bitencourt, James Louis Cavallaro,
Jorge Luiz dos Santos Moraes, Lenio Luiz Streck, Luiz Carlos Sá de Souza,
Luiz Flávio Gomes, Ney Fayet Júnior (org.), Paolo del Gos, Salo de Carvalho,
Simone Prates Miranda Corrêa, (org.) Valneida Echart Martins e Wolmir Müller.

Revisão de
Rosane Marques Borba

Capa, projeto gráfico e diagramação de
Livraria do Advogado Editora

Direitos desta edição reservados por
Livraria do Advogado Ltda.
Rua Riachuelo, 1338
90010-273 Porto Alegre RS
Fone/fax: 0800-51-7522
E-mail: info@doadvogado.com.br
Internet: www.doadvogado.com.br

Impresso no Brasil / Printed in Brazil

Sumário

Apresentação 7
Ney Fayet Júnior (organizador)

1. Teorias da ação: teoria causalista 13
Airton Zanatta

2. Direito de defesa e processo contra réu ausente 27
Alberto Zacharias Toron

3. Do tipo plurissubjetivo 43
Aline Eggers; Simone Prates Miranda Corrêa

4. A teoria finalista da ação 53
Antônio César Peres da Silva

5. El nuevo rol del estado en América Latina y el control de la sociedad . 65
Carlos Alberto Elbert

6. Algumas controvérsias da culpabilidade na atualidade 83
Cezar Roberto Bitencourt

7. A situação carcerária no Brasil e a miséria acadêmica 99
James Louis Cavallaro; Salo de Carvalho

8. Princípio da insignificância 105
Jorge Luiz dos Santos Moraes; Paolo del Gos; Wolmir Müller

9. As (novas) penas alternativas à luz da principiologia do Estado Democrático de Direito e do Controle de Constitucionalidade 121
Lenio Luiz Streck

10. Tipo penal: breves anotações sobre o dolo e a tipicidade subjetiva . 145
Luiz Carlos Sá de Souza

11. Princípio da legalidade penal e suas garantias mínimas: da inconciliabilidade entre a garantia da *lex populi* e as medidas provisórias 161
Luiz Flávio Gomes

12. Considerações sobre a criminologia crítica 187
Ney Fayet Júnior (organizador)

13. Do delito conato 201
Valneida Echart Martins

Apresentação

A coletânea de textos que ora se apresenta ao público especializado – e que, de certa forma, segue na esteira de outras do mesmo jaez[1] – reafirma, e isto se apresenta como marca de inquestionável valor, uma tendência bastante acentuada segundo a qual a produção científica crítica sobre a dinâmica da violência (e sobre os demais aspectos relacionados à esfera de interesse criminal), na sociedade dos dias de hoje, seja capitaneada pelos setores jurídico-acadêmicos. E estes setores – que mais e mais se organizam nas universidades –, sequiosos de corretamente compreender o multifacetário problema da criminalidade, cada vez mais se vão dessedentar na fonte da transdisciplinariedade,[2] cujo instrumental científico, é de rigor o registro, no que tange ao plano jurídico, não se estabelece a partir de uma investigação abrangente do Direito (em relação ao qual outras disciplinas trariam específicas contribuições, dentro daquilo que alguns denominam *Teoria Jurídica*[3]), mas, sim, a partir do desenvolvimento pleno dos instrumentos específicos de cada disciplina, isoladamente, não se lhes reconhecendo qualquer nota de hierarquia ou de subordinação. É a partir desta perspectiva que se pode dizer que a ciência do Direito propriamente dita – insulada das contribuições de outras ciências – está com seus dias contados.

Neste quadrante, não se me afigura desadequado afirmar que esta aproximação, cada vez mais efetiva, do Direito Penal e da Cri-

---

[1] BITENCOURT, Cezar Roberto (Org). *Crime e Sociedade*. Curitiba: Juruá, 1999; GAUER, Gabriel e ——, Ruth (Orgs). *A fenomenologia da violência*. Curitiba: Juruá, 1999; INSTITUTO CARIOCA DE CRIMINOLOGIA. *Discursos Sediciosos:* Crime, direito e sociedade. Rio de Janeiro: Relume Dumará; (vários volumes a partir de 1996); *La Criminología del Siglo XXI en América Latina*. ELBERT, Carlos Alberto (Org). Buenos Aires: Rubinzal-Culzoni, 1999.

[2] No Rio Grande do Sul, a construção de um enfoque transdisciplinar se mostra, às inteiras, particularmente acentuada a partir do Mestrado Transdisciplinar em Ciências Criminais da PUC/RS, que permitirá, em um futuro bastante próximo, a criação de uma verdadeira *Escola* (*Escola Transdisciplinar de Criminologia do Rio Grande do Sul*, nome que tomamos a liberdade de sugerir) de interpretação e estudo dos fenômenos criminais.

[3] Cf. FERRAZ JR., Tércio Sampaio. *Função social da dogmática jurídica*. São Paulo: Max Limonad, 1998.

minologia a outras áreas do conhecimento científico, consolidou, sobretudo no universo acadêmico, a idéia da transdisciplinariedade. Em pontos de intersecção de interesses, avulta-se a necessidade de um intercâmbio entre as disciplinas, que permite, em toda a evidência, uma visão mais elasticizada do fenômeno da criminalidade, contribuindo para um enfrentamento, não só mais abrangente, como mais *real* do problema.

Por outro lado, e assinalá-lo é aqui dever inadiável e incontornável, mostra-se como uma importante conquista o fato de as Universidades pretenderem retomar um papel de vanguarda na produção de um saber que possa interagir com o meio, no sentido da transformação das estruturas sociais. E mais importante ainda se apresenta o fato de os setores jurídico-acadêmicos estarem buscando a dianteira da discussão sobre o fatores da violência (objeto disciplinar próprio de suas ciências), retomando um espaço que fora, para o ulterior proveito dos estudos jurídicos, (devidamente) ocupado por outras ciências. Com efeito: nas décadas passadas, a pesquisa sobre os fatores sociais da violência estava sendo conduzida por outras áreas do conhecimento (notadamente a sociologia e a antropologia), que, além de legarem ao Direito Penal e à Criminologia uma contribuição de inestimável valor, contribuíram, decisivamente, para a construção deste enfoque transdisciplinar de interpretação da violência.

Este quadro já fora diagnosticado, com bastante clareza, pelo Prof. CARLOS ALBERTO ELBERT,[4] quando descreve a situação em nosso país:

> "No Brasil, a investigação crítica que havia sido deslocada para os centros de sociologia e antropologia durante as décadas de setenta e oitenta, na década de noventa retorna ao universo jurídico-penal.
> Nas décadas anteriores, o debate sobre a violência e criminalidade estava a cargo de centros como o 'Núcleo de Estudos da Violência' (NEV) da Universidade de São Paulo, conduzido por SERGIO ADORNO e PAULO SÉRGIO PINHEIRO, e das pesquisas realizadas pelos investigadores cariocas LUIZ EDUARDO SOARES, GIZLENE NEDER, ROBERTO KANT DE LIMA, ALBA ZALUAR, HÉLIO SILVA entre outros. Nos anos noventa, devido ao processo crescente de barbarização normativa, o debate criminológico e político-criminal crítico é retomado pelos operado-

---

[4] Na obra *Crimología Latino-americana: teoria e propostas sobre o controle social do terceiro milênio*, cuja tradução foi feita por mim e por Karina Palácios, e revisada pela Profª. Ruth Gauer, a ser lançada, ainda este ano, pela Ed. LTr, de São Paulo.

res do direito. É nessa época que importantes institutos são criados e uma série de pesquisas acadêmicas ganham vulto. Entre os institutos, o Instituto Brasileiro de Ciências Criminais (IBC-Crim/SP), o Instituto Carioca de Criminologia (ICC) e o Instituto Brasileiro de Estudos Jurídicos (IBEJ/PR) merecem destaque, seguidos de importantes e inovadoras iniciativas como a do Instituto Transdisciplinar de Estudos Criminais (!TEC) em Porto Alegre. Na esfera acadêmica, destacam-se os trabalhos coordenados por VERA ANDRADE no Programa de Pós-graduação da Universidade Federal de Santa Catarina, RUTH GAUER no Mestrado em Ciências Criminais da Pontifícia Universidade Católica do Rio Grande do Sul, JACINTO COUTINHO no Programa de Pós-graduação da Universidade Federal do Paraná, NILO BATISTA no Mestrado em Criminologia, Direito Penal e Processual Penal na Universidade Cândido Mendes do Rio de Janeiro, e os estudos conduzidos por SÉRGIO SALOMÃO SHECAIRA na Universidade de São Paulo.

Individualmente, sabemos de investigações criminológicas e jurídico-penais críticas de MARIA LÚCIA KARAM, JUAREZ TAVARES, AFRÂNIO SILVA JARDIM, JAMES TUBENCHLAK e GERALDO PRADO no Rio de Janeiro; CARLOS VICO MAÑAS, ADAUTO SUANNES, MAURÍCIO ANTÔNIO RIBEIRO LOPES e ALBERTO SILVA FRANCO em São Paulo; JUAREZ CIRINO DOS SANTOS, JOÃO GUALBERTO GARCEZ RAMOS e LUIZ RÉGIS PRADO no Paraná; LENIO STRECK, CEZAR ROBERTO BITENCOURT, NEY FAYET DE SOUZA JÚNIOR e SALO DE CARVALHO no Rio Grande do Sul; e MARIA DA GRAÇA BELOV na Bahia, entre outros."

Recentemente, realizou-se na PUC/RS, em Porto Alegre, o Primeiro Congresso Transdisciplinar de Estudos Criminais (que contou com a participação de muitos dos nomes antes citados – ADAUTO SUANNES, GABRIEL GAUER, BLANCA GUEVARA WERLANG, ROBERTO GOMES, RUTH GAUER, SÉRGIO SALOMÃO SHECAIRA, GIZLENE NEDER, LENIO STRECK, CEZAR ROBERTO BITENCOURT, MIGUEL REALE JR., LUIZ VICENTE CERNICCHIARO, MÁRCIO ORLANDO BÁRTOLI, ROBERTO KANT DE LIMA, HÉLIO SILVA, JACINTO COUTINHO, GERALDO PRADO, JOSÉ PAULO BISOL e CARLOS ALBERTO ELBERT), organizado pelo !TEC (presidido pelo Prof. ALEXANDRE WUNDERLICH), cujo sucesso – de público e de excelência acadêmica – reforça (e muito) a idéia de que a construção da disciplina transdisciplinar está não só adiantada como consolidada.

Dentre os ensaios, destaca-se a excelência acadêmica dos textos que discutem questões nodais no estudo do crime na sociedade brasileira desse dramático final de século e de milênio, que nos desafia a apresentar propostas mais consistentes e ousadas para os estudos criminais, sob pena de não mais se conseguir manter o rumo da normalidade democrática, o que acarretaria sucumbir ante o crescente apelo da barbárie. Sejam aqui exemplados alguns destes textos:

LENIO LUIZ STRECK, professor gaúcho de formidável projeção, discute com genialidade o tema atualíssimo das penas alternativas, importante avanço rumo ao efetivo estabelecimento do estado democrático de direito.

Com semelhante preocupação, LUIZ FLÁVIO GOMES, consagrado autor paulista, analisa com rara profundidade as medidas provisórias, polêmicos instrumentos que vêm caracterizando a prática do Poder Executivo na relativamente recente normalidade constitucional brasileira.

Já o professor gaúcho CEZAR ROBERTO BITENCOURT, autor de várias obras jurídicas, discute tema clássico, a culpabilidade, situando-o na problematização doutrinária atual, com especial destaque para a oportuna distinção entre o *conhecimento*, dever do cidadão na democracia, e a *consciência* do ilícito, cuja eventual ausência ou obscurecimento, se incide diretamente na culpabilidade do sujeito, não extingue a existência do crime.

Por sua vez, ALBERTO TORON trata de tema instrumental penal, o direito de defesa e o processo contra réu ausente; advogado criminalista e brilhante professor de Direito Penal em São Paulo, o autor aborda a questão com enfoque oportuno e inovador, que pretende, defendendo a Justiça Penal da desmoralização acarretada pelo desrespeito das garantias, preservar a Sociedade do nefando recurso a justiceiros e outras formas grotescas de justiça pelas próprias mãos.

Muito a propósito, dois militantes dos direitos humanos, o norte-americano JAMES LOUIS CAVALLARO, diretor no Brasil da divisão das Américas da Organização Não-Governamental *Human Rights Watch* (HRW), e SALO DE CARVALHO, doutor em Direito, advogado e professor universitário, lançam advertência ao mesmo tempo severa e instigante: a situação carcerária no Brasil (a qual, impõe-me dizer o conhecimento de ofício, em muito contribui para o estabelecimento do regime de medo institucionalizado e generalizado que clama pelo castigo ao arrepio da lei) não vem merecendo a atenção urgente que lhe é devida, por parte do meio acadêmico, dramático fato que deverá impelir à reflexão e conseqüente investigação científico-jurídica os pesquisadores empenhados em pensar a realidade jurídica e social brasileira.

Diga-se, ainda, que este livro é resultado de um Curso de Especialização em Direito Penal da Universidade do Vale do Rio dos Sinos - UNISINOS, onde alunos e professores somaram esforços no sentido de contribuir para o progresso da ciência penal. Finalmente, gostaria de lançar um agradecimento especial ao Prof. ELBERT, que gentilmente aceitou o convite para contribuir com esta coletânea.

Ney Fayet Júnior
Organizador

1. Teorias da ação: teoria causalista[1]

Airton Zanatta
Promotor de Justiça

Sumário: 1.1. Introdução; 1.2. Terminologia; 1.3. Conceito, importância e definições; 1.4. Origem e evolução; 1.5. Teoria psicológica da culpabilidade; 1.6. Críticas ao modelo causalista; 1.7. Conclusão, 1.8. Bibliografia.

1.1. INTRODUÇÃO

A conduta humana, identificada aqui como qualquer ação humana, é a pedra angular da teoria jurídica do delito, sendo que o direito não a cria, mas apenas a valora.[2] É a realidade ôntica sobre a qual se constrói o conceito de crime.[3] Zaffaroni lança mão de uma metáfora interessante para ilustrar esta definição: "A teoria do delito é um edifício, em que o alicerce é constituído pelo conceito de conduta. Qualquer alteração nos alicerces implica uma mudança na estrutura. Desde o instante em que os alicerces são lançados, sabemos o peso que poderão suportar e a distribuição da carga".[4]

Enfim, é a base sobre a qual assentam os elementos tipicidade, ilicitude e culpabilidade.[5]

---

[1] Este ensaio foi desenvolvido com base num seminário realizado no Curso de Especialização em Direito Penal da UNISINOS (1999), sob a orientação do Professor Ney Fayet de Souza Júnior.

[2] PIERANGELI, José Henrique. *Escritos Jurídico-Penais*, 2ª ed., São Paulo, Revista dos Tribunais, 1999, p. 17.

[3] MUÑOZ CONDE, Francisco. *Teoria Geral do Delito*, trad. por Juarez Tavares e Luiz Regis Prado, Porto Alegre, S. A. Fabris Editor, 1988, p. 10. Miguel Reale Júnior, citado por Pierangeli, explicita melhor esta idéia, dizendo que o "Direito Penal 'deve partir da estrutura ontológica da ação para determinar e conceituar o que seja crime', pois a base ontológica é o objeto da valoração jurídica" (idem, ibidem, nota 2).

[4] *Manual de Direito Penal Brasileiro*, Parte Geral, São Paulo, Revista dos Tribunais, 1997, p. 426.

[5] MESTIERI, João. *Teoria Elementar do Direito Criminal*, tomo I, Rio de Janeiro, Sedegra, 1971, p. 180.

É consenso na doutrina que a noção de crime compreende um duplo conceito, ou seja, um conceito material e um conceito formal, ou jurídico-formal. Segundo o primeiro, crime é a violação de um bem jurídico penalmente tutelado ou protegido. Para o segundo, crime é um fato típico (conduta humana, resultado, nexo causal - sendo estes três elementos constituintes do fato material ou natural apenas - e tipicidade), antijurídico e culpável. Esquematicamente:

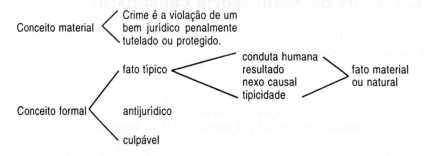

Então, sendo a conduta humana elemento constitutivo do fato típico, afirma-se, como Giuseppe Bettiol, que "não há crime sem ação" (*Nullum crimen sine actione*).[6] Entre nós, este princípio doutrinário é regra legislada: "O resultado, de que depende a existência do crime, somente é imputável a quem lhe deu causa. Considera-se causa a ação ou omissão sem a qual o resultado não teria ocorrido" (art. 13, *caput*, do Código Penal).

1.2. TERMINOLOGIA

A conduta humana, entendida como ação, compreende a ação comissiva, que é a ação propriamente dita, a qual consiste numa atividade positiva, e a ação omissiva (não-ação), que é ausência de ação em sentido estrito, consistindo, por sua vez, numa atividade negativa.[7]

De outra parte, cabe referir que a conduta não se confunde com os atos: estes, um ou mais, podem constituir aquela, ao passo que o ato em si tem um significado mais restrito, podendo indicar muitas vezes apenas um momento da ação. A importância desta distinção

---

[6] *Direito Penal*, trad. por Paulo José da Costa Júnior e Alberto da Silva Franco, vol. I, 2ª ed. (8ª ed. italiana), São Paulo, Revista dos Tribunais, 1977, p. 313.

[7] TOLEDO, Francisco de Assis. *Princípios Básicos de Direito Penal*, 5ª ed., São Paulo, Saraiva, 1999, p. 91.

recai sobetudo na necessidade de se estabelecerem os delitos unis-subsistentes e plurissubsistentes.[8]

Dois exemplos clássicos servem para tornar mais clara a presente explicação: 1 - um homicídio (uma ação humana) perpetrado mediante vários tiros (mais de um ato, ou seja, cada acionamento do gatilho constitui um ato); e 2 - a subtração de vários objetos num supermercado numa mesma circunstância de tempo, isto é, uma ação furtiva, mediante vários atos de subtração.

Nas palavras de Aníbal Bruno: "A ação não se confunde com o ato. Uma ação pode ser realizada em vários atos, em diversos movimentos sucessivos do agente, sem que por isso se quebre a sua substancial unidade. Se um indivíduo mata outro com vários tiros ou vários golpes de punhal, há uma série de atos, mas uma ação só".[9]

Outrossim, importa ressaltar as várias denominações utilizadas pelos doutrinadores, valendo-nos para tanto do que expõe Álvaro Mayrink da Costa: "O *conceito de ação* reconhece várias denominações. Alguns autores preferem a palavra *ato* e reservam o vocábulo *ação* para a modalidade positiva em que o sujeito atua mediante movimento corporal, e, para tanto, sustentam que *ação* é 'o efeito do fazer', não admitindo a forma omissiva. Os teóricos usam das mais variadas formas os vocábulos 'conduta', 'comportamento', 'fato', 'fato punível', 'acontecimento', com quase sentido equivalente. Senão vejamos: (a) M. E. Mayer, falando em crimes sem manifestação da vontade, propõe a palavra 'acontecimento' (*Geschehnis*); (b) um grande número de penalistas alemães usa a expressão 'conduta' (*Verhalten*) também adotada por inúmeros autores italianos, argentinos e espanhóis; (c) outros utilizam indistintamente *ato* e *fato*; (d) finalmente, ainda há os que adjetivam, 'fato punível', 'fato legal".[10]

Entendemos que o vocábulo *ação* é o mais adequado para expressar a conduta humana, comissiva ou omissiva. Até porque a maioria dos doutrinadores utiliza o termo *ação* apenas. Aliás, como esclarece Muñoz Conde, muitas vezes se emprega este vocábulo englobando também a omissão. Todavia, ressalta o mestre espanhol que isto constitui somente uma impropriedade técnica, sem maior relevância científica.[11] Por isso, de uma forma genérica, tem-se a compreensão de *ação* como "fazer algo", e *omissão* como "deixar de fazer algo". O próprio legislador penal brasileiro utilizou os termos

---

[8] BATTAGLINI, Giulio. *Direito Penal*, Parte Geral, trad. por Paulo José da Costa Júnior e Ada Pellegrini Grinover, São Paulo, Saraiva, 1964, p. 171.

[9] *Direito Penal*, tomo 1º, 3ª ed., Rio de Janeiro, Forense, 1978, p. 300.

[10] *Direito Penal*, vol. I, tomo 1º, 6ª ed., Rio de Janeiro, Forense, 1998, pp. 555-6.

[11] Ob. cit., p. 11.

ação e *omissão*, como se vê da redação do art. 13 do CP, retrotranscrito. É o *facere* e o *omittere* dos romanos.

A propósito, ainda, dos vocábulos *ação* e *omissão*, Luiz Regis Prado, referindo-se a Gallas, diz que "todas as tentativas que têm por objetivo encontrar um conceito de ação em sentido amplo estão condenadas ao fracasso".[12]

1.3. CONCEITO, IMPORTÂNCIA E DEFINIÇÕES

Basicamente, são três as teorias da ação: causal (naturalista), finalista e da adequação social. Iremos ocupar-nos exclusivamente da primeira. Mesmo assim, nos estritos limites do trabalho proposto.

Para Ernest von Beling, "a ação é um comportamento corporal (fase externa 'objetiva' da ação), produzido pelo domínio sobre o corpo (liberdade de inervação muscular, 'voluntariedade' ou fase interna, 'subjetiva' da ação), isto é, um 'comportamento corporal voluntário', consistente, ou em fazer (ação positiva), isto é, um movimento corporal, como levantar a mão, movimentos para falar, etc., ou em razão de não fazer (omissão), isto é, uma distensão de músculos".[13] Já Franz von Liszt formula um conceito mais singelo: "Acto es la conducta *(Verhalten)* voluntaria en el mundo exterior; causa voluntaria o no impediente de un cambio en el mundo externo".[14]

Juarez Tavares ressalta a importância do conceito de ação no estudo do delito, com base na concepção causalista, afirmando que "a ação desempenha já aqui uma função básica no conceito de delito, vindo a constituir-se em elemento geral e comum a qualquer espécie de crime, capaz de ser seu substantivo, ao qual se agregam atributos legais imperativos, da tipicidade, antijuridicidade e culpabilidade. Para que, efetivamente, esse papel seja bem desempenhado, o conceito de ação deve conter unicamente o que for mais geral e necessário à formulação, tendo em vista seus objetivos. É preciso que se fixe bem esta colocação, pois só através dela será possível compreender-se o desenvolvimento dos sistemas causais. A conseqüência disso é que na ação não se investiga o conteúdo da conduta, nem seus possíveis aspectos normativos. A ação é valorativamente neutra, sen-

---

[12] *Curso de Direito Penal Brasileiro*, Parte Geral, São Paulo, Revista dos Tribunais, 1999, p. 152.

[13] *Apud* Luiz Luisi. *O Tipo Penal, A Teoria Finalista e a Nova Legislação Penal*, Porto Alegre, SAFabris Editor, 1987, p. 32.

[14] *Tratado de Derecho Penal*, trad. por Luis Jiménez de Asúa, tomo II, 2ª ed. esp. (20ª ed. alemana), Madrid, Editorial Reus (S.A.), 1927, p. 285.

do identificada como um movimento corpóreo voluntário, que produz uma modificação no mundo exterior".[15]

É como ter a noção simples de ato, abstraindo-se sua significação jurídica, dizia Liszt,[16] sem apreciação, portanto, sobre a ilicitude ou a reprovação do fato. Certamente por isso que Aníbal Bruno sustentava "um conceito puro da ação, isento de todo juízo de valor, de toda referência a elemento próprio de qualquer dos outros componentes conceituais do crime; a ação tomada como pura realização da vontade no mundo exterior".[17]

Conduta é o comportamento humano voluntário, consistente num fazer ou não fazer alguma coisa, sendo este indiferente a qualquer valoração.

Era a concepção anterior da maioria dos autores nacionais, inclusive Damásio de Jesus e José Frederico Marques. Segundo este, "uma e outra conduta", referindo-se a ação e a omissão, "se situam no plano naturalístico do comportamento humano, isto é, no mundo exterior, por serem um 'trecho da realidade' que o Direito submete, ulteriormente, a juízo de valor, no campo normativo" (...) "A ação em sentido lato é 'acromática', como o diz Jimenez de Asúa, por isso que é focalizada sem qualquer conteúdo finalístico ou normativo. Não se examina, assim, se a conduta do agente, no plano da tipicidade, está ligada intencionalmente ao resultado, nem tampouco a sua *causa finalis* em qualquer dos aspectos que possa oferecer. Manifestação externa da vontade, - a conduta humana é assim 'um acontecer que tem por impulso causal um processo interno volitivo', pouco importando 'qual seja o conteúdo ou o alcance dessa vontade'".[18]

Esta teoria recebeu a denominação de naturalista, ou naturalística, porque incorporou os métodos e leis das ciências naturais no Direito Penal, sem qualquer valoração jurídica ou social, como registramos antes. Porém, esta denominação recebeu a crítica de Welzel, sob o fundamento de que "De este naturalismo extremo se ha apartado hace ya mucho tiempo la teoría reinante, que concibe la acción como una alteración causal en la realidad *social*. Por eso es recomendable, para evitar males entendidos, hablar más bien de un concepto 'causal' de la acción, que de un concepto 'naturalista".[19] Igualmente

[15] *Teorias do Delito (Variações e Tendências)*, São Paulo, Revista dos Tribunais, 1980, p. 17.

[16] *Apud* Damásio E. de Jesus. *Direito Penal*, Parte Geral, 21ª ed., São Paulo, Saraiva, 1998, p. 228.

[17] Ob. cit., p. 296, nota 2.

[18] *Tratado de Direito Penal*, vol. 2, São Paulo , Saraiva, 1965, pp. 40-1 e 44, ns. 2 e 5.

[19] *Derecho Penal*, Parte General, trad. por Carlos Fontán Balestra, Buenos Aires, Roque Depalma Editor, 1956.

a criticou Zaffaroni, dizendo que "Este conceito de conduta entendida como processo causal foi fortemente abalado quando o positivismo mecanicista, em que se assentava, começou a revelar-se como falso. O mundo já era algo distinto de um conjunto infinito de causas e efeitos, e nem sequer a física pretendia conservar esta imagem. A ação humana, entendida como causação de um resultado unida a uma vontade que não era efetivamente vontade (por faltar-lhe a finalidade), denominada por seus partidários 'conceito naturalista da ação', já não era assim tão 'natural".[20]

Já a outra denominação, mais conhecida presentemente, causal, ou causalista (ou, ainda, mecanicista), assenta-se no fato de a conduta ser concebida simplesmente como fator de causalidade.

A conduta é efeito da vontade, sendo esta a causa da conduta. A conduta é causa do resultado, sendo este o efeito da conduta. Serve para explicar que tudo gira em torno do nexo causal (da causalidade). Esquematicamente:

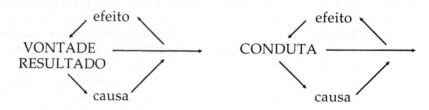

Realmente, esta concepção funciona como uma verdadeira engrenagem mecânica. Daí a denominação de mecanicista para a teoria.

1.4. ORIGEM E EVOLUÇÃO

A teoria causal teve origem nas idéias positivistas, dominantes no final do século XIX, que procuravam aplicar as leis da natureza nas áreas das ciências humanas, incluído aí, obviamente, o Direito. Everardo da Cunha Luna faz interessante registro acerca deste surgimento: "As teorias causais nasceram na *atmosfera* das ciências causais e explicativas do século XIX. Dominaram o pensamento jurídico-penal dos fins do século passado e do começo do século XX. É a época do positivismo filosófico e do positivismo científico. É a época, também, do positivismo jurídico e do positivismo criminológico. Na Alemanha, o dogma causal-explicativo desenvolveu a dogmática jurídica, e, na Itália, criou condições para o nascimento da

---

[20] Ob. cit., p. 424.

criminologia".[21] Zaffaroni explicita melhor este supedâneo filosófico, dividindo-o em dois momentos históricos distintos: o primeiro, baseado numa concepção filosófica do positivismo mecanicista, orientado pelas leis universais (mecanicistas) de causa e efeito, incluída aí a conduta humana; e o segundo se dá pela substituição da base filosófica anterior (positivista) por uma nova concepção, que é aquela oferecida pelo neokantismo da Escola de Baden.[22] A primeira concepão é identificada como estrutura clássica do delito, e a segunda, como estrutura neoclássica.[23] Igualmente, Luiz Regis Prado faz percuciente registro acerca das raízes filosóficas desta concepção, tratando da evolução da base (filosófica) positivista científica à positivista jurídica.[24]

Hans Welzel denominou esta concepção (causalista) e orientação metodológica, na área do Direito Penal, de sistema clássico de Liszt-Belling-Radbruch, por serem estes três doutrinadores seus expoentes.[25] Registre-se que este sistema foi elaborado pelos dois primeiros e aperfeiçoado, mais tarde, pelo terceiro.[26] Talvez por isso a

---

[21] *Capítulos de Direito Penal*, Parte Geral, São Paulo, Saraiva, 1985, pp. 105-6.

[22] Como explica Luiz Regis Prado: "O neokantismo é uma corrente filosófica que aparece como superação do positivismo e não necessariamente sua negação. A partir da última década do século XIX, houve forte reação contra a mentalidade positivista, tendo como lema exatamente a volta à metafísica. Dois são os principais movimentos filosóficos dessa época: o historicismo e o neokantismo. O primeiro buscou diferenciar as ciências entre naturais e espirituais, com base em seu objeto, enquanto o segundo procurou demonstrar a necessidade de distingui-las através de seu método e deu lugar a duas tendências: a Escola de Marburgo (Cohen, Notarp, Stammler) e a Escola de Baden ou Subocidental alemã (Windelband, Rickert, Lask, Radbruch, Sauer), de grande repercussão no campo jusfilosófico e jurídico-penal" (ob. cit., p. 155).

[23] Ob. cit., p. 423.

[24] "As suas raízes estão no positivismo científico do final do século XIX - apogeu do *cientismo* -, caracterizado pelo ideal de rejeitar toda a impostação metafísica do mundo da ciência (negativismo) e de restringi-la, de modo rigoroso, aos fatos e às suas leis, empiricamente considerados. É a ideologia das ciências, que visa a reduzir as ciências da cultura ao modelo das ciências naturais. A ciência tem como característica fundamental sua avaloratividade, isto é, 'na distinção entre *juízos de fato* e *juízos de valor* e na rigorosa exclusão destes últimos do campo científico: a ciência consiste em somente juízos de fato', representando conhecimento da realidade para informar uma constatação. De acordo com a lei comtiana dos três estados (teológico ou fictício, metafísico ou abstrato e positivo ou científico), passa-se com o positivismo do estado metafísico ao científico, ao se limitar à observação empírica - fatos e suas conexões causais. A única atividade científica era aquela fundada na experiência apreendida através do método causal-explicativo (positivismo *naturalista*), como, por exemplo, a criminologia (escola positiva italiana). Ao depois, o positivismo científico se converte em positivismo jurídico, de cunho normativista e formalista, em uma adaptação metodológica fiel às ciências naturais. Na teoria jurídica, 'a limitação ao fático e existente na realidade significa a preocupação exclusiva com o Direito positivo', sendo irrelevante seu conteúdo de valor" (ob. cit., p. 153).

[25] *Apud* Francisco de Assis Toledo, ob. cit., p. 93.

[26] Nesse sentido: Cezar Roberto Bitencourt (*in Manual de Direito Penal*, Parte Geral, 5ª ed., São Paulo, Revista dos Tribunais, 1999, p. 187); Fernando Galvão da Rocha e Rogério Greco (*in Estrutura Jurídica do Crime*, Belo Horizonte, Mandamentos, 1999, p. 57); e Luiz Flávio Gomes (*in Erro de Tipo, Erro de Direito*, 4ª ed., São Paulo, Revista dos Tribunais, 1999, p. 36).

maioria dos autores, inclusive nacionais, como Juarez Tavares[27] e Luiz Flávio Gomes,[28] por exemplo, se refere apenas ao sistema Liszt-Beling.

O assim chamado sistema clássico dividiu a ação humana em três segmentos distintos: a) elemento volitivo - *vontade* (querer interno do agente); b) processo causal visível, ou *expressão* externa desta *vontade* mediante um movimento corpóreo (conduta corporal do agente); e c) o *efeito* ou *resultado*. Esquematicamente:

Ação humana
- a) vontade
- b) expressão externa da vontade
- c) efeito ou resultado

Situava-se no injusto típico o movimento causal externo, o aspecto externo da conduta, e fixavam-se na culpabilidade os elementos subjetivos, internos, anímicos - vontade.

Tal concepção se coaduna também com a primeira idéia do tipo de Beling (teoria "delito-tipo", ou *gesetzliche Tatbestand*), como sendo a mera descrição do aspecto externo da conduta,[29] em que avulta a independência do tipo em relação aos demais elementos caracterizadores do fato punível.[30]

Portanto, é fundamental enfatizar que, para este sistema, o conteúdo da vontade só importa para a culpabilidade.

Nesse sentido é que Aníbal Bruno escreveu: "A vontade deve ser o impulso causal da ação.[31] Esta é sempre um comportamento voluntário. Sem essa vontade que o impulsione, o gesto humano não alcança a dignidade de ação" (...) "Mas a vontade que constitui elemento do conceito é apenas aquela necessária para fazer do comportamento um ato próprio do agente, isto é, um acontecer que tem por impulso causal um processo interno volitivo e não simples ato reflexo. Não importa qual seja o conteúdo ou o alcance dessa vontade, sob o ponto de vista normativo. Se ela é eficaz para fazer o agente responsável, se é lícita, se o agente tem consciência dessa ilicitude, estes já são problemas da culpabilidade".[32]

---

[27] Ob. cit., p. 17.

[28] Ob. cit., p. 37.

[29] Francisco de Assis Toledo, ob. cit., p. 94.

[30] Fernando Galvão da Rocha e Rogério Greco, ob. cit., p. 54.

[31] Juarez Tavares sustenta que: "Segundo a metodologia do sistema, a *vontade* da ação é apenas aquela indispensável para caracterizar a ausência de coação mecânica ou psicofísica, servindo, pois, meramente, como impulso inicial que desloca a inércia do comportamento. A palavra *impulso* é tomada, aqui, no sentido mecânico de impelir, detonar, dar a partida ou imprimir um movimento" (ob. cit., p. 18).

[32] Ob. cit., pp. 298-9.

No mesmo diapasão, Álvaro Mayrink da Costa: "A consideração *causal* de ação, no sentido de Radbruch, Liszt e Beling, conduz a uma *concepção puramente psicológica da culpablidade*. Para a ação, o que o sujeito faz ou omite encontra sua origem na vontade, pouco importando qual seja o conteúdo da mesma. A ação é concebida, em sentido positivista, como um processo cego-mecânico:[33] (a) *mecânico*, porque a categoria da causalidade é a integrante da ação; (b) *cego*, porque o conteúdo do querer é expulso da mesma. A configuração da antijuridicidade como simples lesão de bens jurídicos está de acordo com consideração ligada a ação. A culpabilidade é explicada como um simples nexo psíquico entre sujeito e resultado; o dolo e a culpa constituiriam duas formas de manifestações da culpabilidade".[34]

1.5. TEORIA PSICOLÓGICA DA CULPABILIDADE

Por estas razões que o sistema causal-naturalista embasou a concepção psicológica da culpabillidade, na qual esta vem a ser o vínculo psicológico que prende o autor ao fato praticado (relação mental-subjetiva do autor para com o fato = saber ou não saber, querer ou não querer),[35] tendo como pressuposto a imputabilidade do agente do crime. A imputabilidade é entendida como a capacidade de agir com dolo ou culpa.

A culpabilidade se identifica com o elemento subjetivo do tipo, ou seja: se o agente quis o resultado, é culpado. A norma penal é só para os imputáveis, porque se baseia no livre-arbítrio. Esgota todo seu conteúdo no dolo e na culpa. Estas são as manifestações da culpabilidade. Portanto, a culpabilidade é dolosa ou culposa. O dolo e a culpa *stricto sensu* (negligência) são as duas formas possíveis de culpabilidade.[36]

Apesar de esta concepção estar hoje superada, tendo sido alvo de severas críticas, como logo se verá, não se pode olvidar sua importância dentro da evolução histórica do Direito Penal. Antes dela, por não haver o reconhecimento do liame psicológico do autor com o fato, a responsabilidade penal era objetiva, sendo suficiente, então,

---

[33] Mais adiante, o mesmo autor esclarece que: "O *conceito positivista de ação*, como processo cego-mecânico, derivado de uma intenção muscular, requisito do arranque volitivo, é próprio das doutrinas de Liszt, Radbruch e Beling, constituindo a base da dogmática enraizada na filosofia dos valores da Escola Subocidental alemã" (p. 566).

[34] Ob. cit., p. 565.

[35] WESSELS, Joahnnes. *Direito Penal*, Parte Geral, Porto Alegre, SAFabris Editor, 1996, pp. 85-6.

[36] Idem, ibidem.

apenas a causação do resultado para fazer surgir a responsabilidade penal: era o cego Direito Penal do resultado.[37]

A teoria psicológica, inobstante seus méritos, sofreu contundentes críticas, podendo-se sintetizá-las basicamente em duas. A primeira é porque ela se aplica ao dolo e até à culpa consciente, mas não se aplica à culpa insconsciente (que é a culpa propriamente dita), na qual o agente não tem conhecimento de que vai produzir um resultado ilícito. Não lhe passa ao nível da consciência o resultado que vai produzir. Então não há vínculo psicológico entre o autor e o resultado. A relação que se estabalece é puramente normativa, e se dá por meio da previsibilidade. A segunda é porque ela reúne como espécies fenômenos diferentes - dolo (querer: conceito positivo, *psíquico*) e culpa (não querer: conceito negativo, *normativo*) - num denominador comum, que é a culpabilidade.

Diante dessas constatações insatisfatórias, principalmente de critérios científicos insuficientes para se estabelecer um conceito unitário de culpabilidade, "Frank, em sua obra editada em 1907 (*Über den Aufbau des Schuldbegriffs*), lançou as bases da denominada 'teoria normativa da culpabilidade', introduzindo no conceito de culpa um elemento normativo, um juízo de valor, *a reprovabilidade do ato praticado*".[38]

Para saber se um sujeito é culpável, não basta que o fato por ele praticado seja doloso ou culposo: é preciso, além disso, que seja censurável sua conduta. É o exemplo de quem mata em estado de necessidade. Age dolosamente, porém sua conduta não é culpável, pois não houve reprovabilidade, diante da inexigibilidade de outra conduta. Donde conclui Frank pela existência de ações dolosas não-culpáveis.

Com base neste exemplo, à luz da legislação penal de seu país, Frank, fundador da teoria normativa da culpabilidade, seguido pela doutrina dominante à época, passou a sustentar que a culpabilidade é graduada, verificando-se esta graduação pelo elemento normativo. Portanto, "a característica determinante da culpabilidade não pode ser informada por um nexo psicológico entre o mundo afetivo do autor e o resultado típico, mas sim pelo juízo formulado pelo meio social circundante, de que o agente se comportou contrariamente ao seu dever, quando dele se podia exigir, na situação em que se encontrava, que se mantivesse fiel à lei".[39]

---

[37] Luiz Flávio Gomes, ob. cit., p. 37.

[38] Francisco de Assis Toledo, ob. cit., p. 223.

[39] José Henrique Pierangeli, ob. cit., p. 105.

1.6. CRÍTICAS AO MODELO CAUSALISTA

O sistema causal-naturalista não ficou imune a críticas, podendo-se elencar as que seguem.

A teoria causal da ação se funda em princípios, métodos e leis das ciências naturais, sendo inaplicáveis ao Direito Penal, pois o delito é um fenômeno social, devendo ser regido por princípios sociológicos.

Não se compreende como os delitos omissivos possam sofrer a incidência da relação de causalidade, já que, segundo os critérios mecanicistas, nada pode surgir do nada. Everardo da Cunha Luna esclarece acerca da existência de duas grandes correntes doutrinárias que buscam resolver o problema da natureza do nexo causal na omissão. Para a primeira, há uma causalidade jurídica especial, não relacionada à natureza das coisas, mas equiparada à causalidade por força do direito, especialmente da lei. E, se atentarmos para a redação do artigo 13 do Código Penal, 2ª parte, veremos que realmente é assim. Para a segunda, simplesmente inexiste esta causalidade jurídica especial, equiparando-se o nexo causal na ação e na omissão. Todavia, não explicita esta equiparação à luz das teses mecanicistas. Por isso, então, que, "Partindo da sentença escolástica *ex nihilo nihil fit*, adeptos da primeira corrente doutrinária negam, à omissão, força causal, porque, dizem, sendo a omissão um nada no mundo dos fatos, nada pode causar no plano da realidade. A omissão é uma pura criação do direito, um juízo de relação, uma causa normativa, segundo Grispigni, e, conforme Bonini, que leva a tese negativista às suas últimas conseqüências, a omissão nem é causa real, nem causa indireta ou jurídica, nem ocasião nem condição, mas apenas uma pura concepção *ex post*, um dado da percepção para a afirmação de uma responsabilidade, um fato intelectual".[40]

De outro lado, igualmente não se explica a tentativa, sob o argumento de que o conteúdo da vontade não faz parte da ação, sendo que esta é apenas causa do resultado. Ora, como então saber se a ação foi praticada visando à realização de determinado resultado, se ausente o conteúdo da vontade neste agir? Mais, e se a ação é mera causa do resultado, como explicar a ocorrência da tentativa que não tem resultado naturalístico?

Hans Welzel formula severa crítica a este respeito, dizendo que: "a tentativa não é um mero processo causal que não produz seu efeito, mas uma conduta que *aponta* a um resultado escolhido previamente; por conseguinte, uma ação na qual o conteúdo da vontade

---

[40] *O Resultado no Direito Penal*, São Paulo, Bushatsky, 1976, p. 66.

é um elemento constitutivo. Como se poderia definir de outro modo a tentativa de homicídio, a não ser como uma ação com a qual o autor quer matar a um homem? Se o conteúdo é uma parte integrante, necessária, da ação, na tentativa, seguirá sendo assim quando se produz o resultado. Em face desse fato, fracasssa toda interpretação causal da ação".[41]

Com efeito, como determinar-se a conduta de quem desfere um golpe de faca em seu desafeto, lesionando-o levemente? Ou, no mesmo caso, desfere um tiro, sem atingir a vítima? Na primeira hipótese, poderia ser tentativa de homicídio, ou simplesmente lesões corporais. Na segunda, tentativa de homicídio, crime de perigo ou ainda apenas disparo de arma de fogo na via pública.

Ainda, de acordo com o Direito Penal moderno, o centro de interesse não é o efeito jurídico causado pelo resultado, mas, sim, a natureza do comportamento reprovável. Assim, cai por terra a teoria causalista.

1.7. CONCLUSÃO

Por fim, melhor forma não teríamos de encerrar estas breves considerações acerca da teoria causalista da ação senão invocando a magistral avaliação de Everardo da Cunha Luna, que, pela percuciente constatação, deixa margem a muita reflexão, ainda hoje, acerca do sistema causalista: "Da teoria causal, podemos dizer que é o ponto de partida de todas as teorias da ação, e que, ao apresentar flancos vulneráveis, nem por isso deve ser julgada essencialmente falsa, mas insuficiente algumas vezes e deficiente outras. Surgiu num momento histórico determinado e significativo, devendo-se ressaltar que recebeu influências diretas da ciência causal-explicativa do século XIX e nasceu sob a inspiração do ideal de um estado de direito. Algo, dela, tem valor puramente histórico, e muito, sem exagero, permanece vivo na doutrina moderna do crime".[42]

1.8. BIBLIOGRAFIA

BATTAGLINI, Giulio. *Direito Penal, Parte Geral*. Tradução de Paulo José da Costa Júnior e Ada Pellegrini Grinover. São Paulo: Saraiva, 1964.

---

[41] *Apud* Damásio E. de Jesus, ob. cit., p. 230.

[42] Ob. cit., p. 84.

BETTIOL, Giuseppe. *Direito Penal*, tradução de Paulo José da Costa Júnior e Alberto da Silva Franco, vol. I, 2ª ed. (8ª ed. italiana). São Paulo: Revista dos Tribunais, 1977.

BITENCOURT, Cezar Roberto. *Manual de Direito Penal, Parte Geral*. 5ª ed. São Paulo: Revista dos Tribunais, 1999.

BRUNO, Aníbal. *Direito Penal*, tomo 1º, 3ª ed. Rio de Janeiro: Forense, 1978.

MUÑOZ CONDE, Francisco. *Teoria Geral do Delito*, tradução de Juarez Tavares e Luiz Régis Prado. Porto Alegre: S. A. Fabris Editor, 1988.

COSTA, Álvaro Mayrink da. *Direito Penal*, vol. I, tomo 1º, 6ª ed. Rio de Janeiro: Forense, 1998.

GOMES, Luiz Flávio. *Erro de Tipo, Erro de Proibição*. 4ª ed. São Paulo: Revista dos Tribunais, 1999.

JESUS, Damásio Evangelista de. *Direito Penal, Parte Geral*. 11ª ed. São Paulo: Saraiva, 1986.

LISZT, Franz von. *Tratado de Derecho Penal*, traducción del alemán por el Luis Jiménez Asúa, tomo II, 2ª ed. española (20ª ed. alemana). Madrid: Editorial Reus (S.A.), 1927.

LUISI, Luiz. *O Tipo Penal, A Teoria Finalista e a Nova Legislação Penal*. Porto Alegre: S. A. Fabris Editor, 1987.

LUNA, Everardo da Cunha. *Capítulos de Direito Penal, Parte Geral*. São Paulo: Saraiva, 1995.

_____. *O Resultado no Direito Penal*. São Paulo: Bushatsky, 1976.

MARQUES, José Frederico. *Tratado de Direito Penal*, vol. 2. 2ª ed. São Paulo: Saraiva, 1965.

MESTIERI, João. *Teoria Elementar do Direito Criminal*, tomo I. Rio de Janeiro: Sedegra, 1971.

PIERANGELI, José Henrique. *Escritos Jurídico-Penais*. 2ª ed. São Paulo: Revista dos Tribunais, 1999.

PRADO, Luiz Regis. *Curso de Direito Penal Brasileiro, Parte Geral*. São Paulo: Revista dos Tribunais, 1999.

ROCHA, Fernando A. N. Galvão da; GRECO, Rogério. *Estrutura Jurídica do Crime*. Belo Horizonte: Mandamentos, 1999.

TAVARES, Juarez. *Teorias do Delito (Variações e Tendências)*. São Paulo: Revista dos Tribunais, 1980.

TOLEDO, Francisco de Assis. *Princípios Básicos de Direito Penal*. 3ª ed. São Paulo: Saraiva, 1987.

WELZEL, Hans. *Derecho Penal*, Parte General, traducción del alemán por el Carlos Fontán Balestra. Buenos Aires: Roque Depalma Editor, 1956.

WESSELS, Johannes. *Direito Penal, Parte Geral*, tradução de Juarez Tavares, Porto Alegre: S. A. Fabris Editor, 1996.

ZAFFARONI, Eugenio Raúl e PIERANGELI, José Henrique. *Manual de Direito Penal Brasileiro, Parte Geral*. São Paulo: Revista dos Tribunais, 1997.

2. Direito de defesa e processo contra réu ausente

Alberto Zacharias Toron
Advogado Criminalista em São Paulo, Professor de Direito Penal da PUC-SP, ex-Presidente do IBCCrim.

Sumário: 2.1. Introdução; 2.1.1. Amenidades sobre o brutal desrespeito de garantias; 2.1.2. O desenvolvimento do trabalho. 2.2. Fundamentos políticos do novo tratamento da revelia; 2.2.1. O regime da revelia na sistemática do Código de 1941. 2.2.2. Como ficou com a reforma introduzida pela Lei 9.271/96?; 2.2.2.1. O contraditório efetivo; 2.2.2.2. Efetividade dos resultados; 2.3. Questões técnicas; 2.3.1. Pode o juiz, de ofício, determinar a produção de provas antecipadas?; 2.3.2. A prova testemunhal é sempre considerada urgente?; 2.3.3. Qual o recurso cabível da decisão que defere a produção de provas antecipadamente?; 2.4. Uma tentativa de conclusão; 2.5. Bibliografia.

2.1. INTRODUÇÃO

2.1.1. Amenidades sobre o brutal desrespeito de garantias

Quando o Brasil subscreveu o Pacto de San José da Costa Rica, a observância de seus preceitos passou a ser indeclinável por força do Decreto Presidencial n⁰ 678, de 6 de novembro de 1992.[1] Em conseqüência, a exigibilidade das garantias da Convenção Americana sobre Direitos Humanos deflui tanto do que dispõe o artigo 5⁰, § 2⁰, da Constituição Federal, que expressamente incorpora os direitos e as

---

[1] Ambos os diplomas estão publicados na *Revista Brasileira de Ciências criminais n⁰ 1* (SP, ed. Revista dos Tribunais, 1993, pp. 253 e ss.). Sobre as exigências constitucionais para a vigência do Tratado entre nós, vide Flávia Piovesan no esplêndido *Direitos humanos e o direito internacional*, onde a ilustre e jovem autora lembra que, além da aprovação por Decreto Presidencial, há necessidade de idêntica providência por parte do Congresso Nacional, *"que os aprova mediante decreto legislativo"* (SP, Ed. Max Limonad, 1996, p. 79). O Poder Legislativo aprovou o Tratado em exame em 26 de maio de 1992, por meio do Decreto Legislativo n⁰ 27 (cf. J. S. Fagundes Cunha e José Jairo Baluta, em *O processo penal à luz do Pacto de São José da Costa Rica - a vigência e supremacia do direito interno brasileiro*, Curitiba, Ed. Juruá, 1997, p. 23).

garantias individuais positivados em tratados internacionais dos quais nossa República seja parte, quanto do disposto no artigo 105, inciso III, letra *a*, do mesmo diploma, que assegura ao interessado, pela via do recurso especial, o seu cumprimento se eventual decisão judicial contrariá-lo ou negar-lhe vigência.

Não há dúvida, portanto, que de um ponto de vista estritamente formal os tratados e, mais especificamente, o relativo a adoção das regras contidas no Pacto de San José, hão de ter repercussão no âmbito nacional. Na expressiva síntese de Flávia Piovesan, "considerando o processo de elaboração dos tratados e reiterando a concepção de que apresentam força jurídica obrigatória e vinculante, resta concluir que a violação de um tratado implica em violação de obrigações assumidas no âmbito internacional".[2]

Mas o Brasil, curiosamente, não aceita a jurisdição da Corte Interamericana. A exemplo dos Estados Unidos e do México, não é Estado-Parte da Comissão Interamericana de Direitos Humanos. Assim, em caso de desrespeito às regras e garantias que no plano internacional se comprometeu a resguardar, não pode sofrer sanções, juridicamente consideradas, da Corte legitimada para tanto. Aliás, no Supremo Tribunal Federal, prestigiando a intelecção segundo a qual em termos hierárquicos o tratado e a lei federal igualam-se (RTJ 83/809),[3] tem se verificado, não obstante, um enorme desprezo pelas regras contidas na Convenção Americana.

Para citar um exemplo, veja-se a hipótese da realização de audiência admonitória quando ainda não se verificou o trânsito em julgado em razão da pendência de recurso extraordinário e/ou especial. À medida que o Pacto assegura que toda pessoa acusada de delito tem direito a que se presuma sua inocência enquanto não se comprove legalmente sua culpa (art. 8º, item nº 2), nossa jurisprudência, a despeito até mesmo da clareza da regra contida no art. 5º, inc. LVII, da própria Constituição, tem proferido decisões do seguinte tipo:

"A pretensão de anular a audiência admonitória, por ter sido realizada antes do trânsito em julgado da sentença condenatória deve ser repelida. Prevalece, nesta Turma e no STF, o entendimento de que a interposição de recurso especial ou extraordinário, por não terem efeito suspensivo, não obsta a execução da pena." STJ: HC3.886-RS, DJ 27.11.1995, rel. Min. Assis de Toledo; STF: HC 72.102-MG, rel. Min.

---

[2] *Direitos humanos e o direito internacional, ob. cit.*, p. 81.

[3] Vale a ressalva de que para Flávia Piovesan, na já citada obra, quando o Tratado versar sobre Direitos Humanos a Constituição assegura a estes privilégio hierárquico, atribuindo-lhes natureza de norma constitucional (ob. cit., p. 94). É o que, aliás, está expresso no disposto pelo já referido art. 5º, § 2º, da Constituição Federal.

Celso de Mello, DJ 20.04.1995. (STJ, RT 738/567, rel. Min. Assis Toledo - grifei).

A mesma jurisprudência, também no que concerne à preservação da liberdade enquanto tramitam os assim chamados *"apelos-raros"*, sem nenhuma cerimônia, tem-se orientado nesse sentido:[4]

"... A existência de recurso especial (STJ) ou de recurso extraordinário (STF), ainda pendente de apreciação, não assegura ao condenado o direito de aguardar em liberdade o julgamento de qualquer dessas modalidades de impugnação recursal, *porque despojadas, ambas, de eficácia suspensiva"* (Lei nº 8.038/90, art. 27, § 2º).

O direito de recorrer em liberdade – que pode ser eventualmente reconhecido em sede de apelação criminal – *não se estende, contudo, aos recursos de índole extraordinária, posto que não dispõem estes, nos termos da lei, de efeito suspensivo que paralise as conseqüências jurídicas que decorrem do acórdão veiculador da condenação penal.* Precedentes. (...)

"A regra do art. 675, CPP, ao exigir o trânsito em julgado da sentença para o fim de ser expedido mandado de captura, só tem cabimento no caso da existência de recurso com efeito suspensivo. Na hipótese, se fosse caso de embargos infringentes, o mandado de prisão não poderia ser expedido sem que transitasse o acórdão em julgado. *Tendo sido unânime a decisão, nada impede a imediata expedição de mandado de prisão, dado que os recursos – especial e extraordinário – não tem efeito suspensivo"* (JSTF – Lex 165/307).

No corpo do aresto, o Ministro Celso de Mello cita diversos precedentes:

"O princípio constitucional da não-culpabilidade dos réus, fundado no art. 5º, inc. LVII, da Carta Política, não se qualifica como obstáculo jurídico à imediata decretação da prisão do acusado, ainda que se revele passível de impugnação, pela via do recurso especial (STJ) ou do recurso extraordinário (STF), o acórdão do Tribunal inferior que impôs condenação penal ao paciente. Impõe-se registrar que, mesmo naquelas hipóteses que se referem à simples prisão de índole cautelar, a jurisprudência do Supremo Tribunal Federal tem admitido a sua subsistência jurídica em face do postulado constitucional referido:

Prisão processual. Não a impede o art. 5º, LVII, da nova Constituição Federal. O Supremo Tribunal Federal tem decidido que o disposto no item LVII, do art. 5º, da Constituição Federal de 1988, ao dizer que 'ninguém será considerado culpado até o trânsito em

---

[4] Sobre este tema, com maior extensão, vide o meu *"Recurso especial e extraordinário em matéria penal: é possível o condenado aguardá-los em liberdade?"*, *in: Revista Brasileira de Ciências criminais* nº 15, *ob. cit.*, pp. 377/387.

julgado da sentença penal condenatória" não revogou os dispositivos do Código de Processo Penal que prevêem a prisão processual' (RTJ 138/762, Min. Aldir Passarinho)."

"O princípio constitucional de não culpabilidade, que decorre de norma consubstanciada no art. 5º, inc. LVII, da Constituição da República, não impede a utilização pelo Poder Judiciário, das diversas modalidades que a prisão cautelar assume em nosso sistema de direito positivo (RTJ 142/856, rel. Min. Celso de Mello)".

Noutro pólo, custa a crer que, embora a Constituição garanta a presunção de não-culpabilidade, a Primeira Turma do STF, depois de julgados históricos que afastaram a intelecção segundo a qual inquéritos arquivados ou ações penais em andamento não implicam maus antecedentes,[5] venha a readmitir tal mácula, acentuando que "a presunção de inocência não impede que a existência de inquéritos policiais e de processos penais possam ser levados à conta de maus antecedentes" (HC 73.394-8, rel. Min. Moreira Alves, mv, DJ 21/3/97). Valeria aqui – não fossem os quase dez anos da Constituição –, a lembrança de um escrito do grande jurista baiano, Gerson Pereira dos Santos, quando ao falar sobre o sistema de penas instituído pela reforma penal de 85, salientou que não é tarefa fácil afastar os fantasmas do *"velho sistema"*.[6] Importa, contudo, registrar que este retrocesso, repelido pelo eloqüente Min. Celso de Mello, além de chocar-se frontalmente com uma exegese básica da regra do art. 5º LVII, da Constituição, pois significa considerar como mau um fato ainda não julgado, "reflete uma posição nitidamente partidária de um direito penal do terror".[7]

Em matéria de exemplos, poderíamos ir longe. Mas bastam os citados para se constatar, como, aliás, procurei demonstrar no meu *"O indevido processo legal, a ideologia da law and order e a falta da citação do réu preso para o interrogatório"*,[8] que a prática judiciária penal é fortemente influenciada pelas condições sociais sob as quais o processo se desenvolve e, hoje, com exigências de segurança social cada vez maiores em face de uma sempre proclamada "escalada criminosa", as garantias processuais são preteridas, ou verdadeiramente espezinhadas. Como bem enfatizou Miguel Reale Júnior, causa espanto que "no cotejo de bens, entre a vida do suspeito e a

[5] RT 690/390.

[6] *Inovações ao Código Penal*, Saraiva, 1985, p. 20.

[7] Alberto Zacharias Toron, em "O garantismo e a realidade", *Boletim do Instituto Brasileiro de Ciências criminais nº 58 – Edição especial*, SP, ed. IBCCrim, p. 4.

[8] Trabalho apresentado em 1992 para um curso sobre garantias processuais ministrado no curso de Pós-Graduação ministrado pela profª. Ada e, posteriormente, publicado na RT 685, p. 277.

'economia processual', em sentido amplo e deturpado, atribua-se maior valor a esta última".[9]

Não é por acaso que, hoje, se fala em "flexibilização" do princípio da presunção de inocência para determinados crimes (narcotráfico, lavagem de dinheiro etc.). Ali, justamente, onde as garantias deveriam valer com maior vigor, pois as sanções são mais drásticas, em nome da segurança social e da eficácia do sistema punitivo, admite-se, por exemplo, a inversão do ônus da prova.[10]

O sabor, portanto, de refletir sobre o tema desenvolvido no Seminário, isto é, relativo ao direito de defesa e processo contra o réu ausente, é um pouco aquele descrito por Humberto Eco ao escrever *O primeiro dever dos intelectuais: silenciar quando não servem para nada.*[11] Sim, porque, como se verá adiante, a interpretação fortemente majoritária que a jurisprudência tem dado ao artigo 366 do CPP com a reforma introduzida pela Lei nº 9.271, de 17/4/96, viola seu espírito. Mais do que isso, tem-se verificado o inconformismo de não poucos Juízes e Promotores de Justiça os quais, em termos grosseiros até, escrevem artigos intitulados "Só para quem for besta",[12] dando a entender que a reforma foi introduzida para privilegiar os criminosos, isto é, aumentar a impunidade.

É claro que há um sentimento oposto, o de acreditar que um dia, de tanto se falar, cheguemos a ver, talvez, que se aceitem os princípios garantidores do réu no processo como, de resto, se começa aceitar, na esteira do paralelo feito pelo Prof. Scarance em sala de aula no curso de pós-graduação da USP, que as regras constitucionais nessa matéria não têm apenas caráter programático e, sim, são, desde logo, eficazes.

2.1.2. O desenvolvimento do trabalho

No que concerne ao plano deste trabalho, após uma breve verificação da sistemática do Código de Processo Penal de 1941 em relação à questão da revelia, examinam-se os fundamentos políticos do novo tratamento dado à revelia em razão da reforma introduzida pela Lei 9.271/96 e, na seqüência, discutem-se questões concretas com destaque para o tema ligado à interpretação jurisprudencial em

---

[9] "Eficiência e tecnoburocracia", em *Novos rumos do sistema criminal*, RJ, Forense, 1983, p. 119.

[10] Eloqüente a este propósito a Lei nº 9.613/98 que regula a assim chamada *"lavagem de dinheiro"*. No seu art. 4º, § 2º, determina-se que o cidadão comprove a origem lícita do bem apreendido para sua liberação. Por mais que se queira dizer que não se trata de inversão do ônus da prova, não é possível tapar o sol com a peneira.

[11] Referência feita por Antonio Tabucchi no artigo de Eric Nepomuceno intitulado "Tabucchi defende o direito de intervir na realidade", publicado pelo jornal *O Estado de S. Paulo*, Caderno 2, edição de 20/6/98, p. D9.

[12] Artigo da lavra de Roberto Tardelli publicado no *Boletim do IBCCrim nº 42*, p. 7.

torno da urgência da prova oral. No final, apresenta-se um balanço do sistema introduzido em termos de eficácia e coerência.

Vale, por fim, destacar que o presente estudo *não* se dedicará ao exame do problema da incidência imediata do art. 366 do CPP com a nova redação, mesmo em relação aos processos instaurados antes da sua vigência, pois este tema, pela complexidade, valeria um estudo em separado.

2.2. FUNDAMENTOS POLÍTICOS DO NOVO TRATAMENTO DA REVELIA

2.2.1. O regime da revelia na sistemática do Código de 1941

O artigo 366 do CPP disciplinava revelia da seguinte maneira:

"O processo seguirá à revelia do acusado que, citado inicialmente ou intimado para qualquer ato do processo, deixar de comparecer sem motivo justificado".

Com efeito, a teor do que dispõe o art. 361 do mesmo diploma, se o réu não fosse encontrado, era citado por edital e, vencido o prazo, na data designada para seu interrogatório, era-lhe nomeado um defensor dativo para seguir em todos os termos do processo. Exceção feita ao procedimento do Júri em que a decisão de Pronúncia era o limite, pois a intimação desta decisão há de ser feita pessoalmente, e o julgamento pelo Conselho Popular só se perfazia com a indefectível presença do acusado, os demais processos eram julgados à revelia.

O contraditório e bem assim a amplitude de defesa nestes casos não eram considerados vulnerados. Na precisa e inolvidável interpretação do saudoso Prof. Frederico Marques, em trabalho publicado em janeiro de 1950, "não constitui violação do contraditório a imposição da pena de revelia (Pontes de Miranda, *Comentários à Constituição*), observado, porém, que, mesmo revel, o acusado será submetido a interrogatório se for preso ou comparecer espontaneamente perante a autoridade judiciária."

"No julgamento de réus ausentes, que por edital foram citados – prossegue o autor –, não ocorre, outrossim, qualquer violação ao princípio do contraditório, desde que se dê ao acusado, como determina o código, um defensor dativo (arts. 261 e 564, n° III, letra *c*), o qual, por força da plenitude de defesa garantida pela Constituição, deve possuir os mesmos direitos processuais que teria o réu se estivesse presente".[13]

---

[13] "O processo penal acusatório", artigo publicado originariamente na revista *Investigações, in: Estudos de direito processual penal*, RJ, Ed. Forense, 1960, p. 27.

Como se percebe, a visão que se tinha era a de que o contraditório e o respeito à amplitude do direito de defesa viam-se satisfeitos com a nomeação de defensor para, em juízo, com "os mesmos direitos processuais que teria o réu se estivesse presente", representar o revel.

É óbvio que o Código de 1941 tinha iniqüidades representativas do autoritarismo do Estado Novo que deixavam os acusados numa posição de desvantagem em relação à acusação (prisão preventiva obrigatória para os crimes graves, exigência de o réu recolher-se para apelar se não se livrasse solto mediante fiança etc.).

Ademais, havia regras que em matéria de exigência de citação revelavam-se em franco desalinho com as do contraditório e da ampla defesa. Se aquele representa "a ciência bilateral dos atos e termos processuais e possibilidade de contrariá-los",[14] é evidente que é inaceitável a dispensa da citação do réu preso, admitindo-se apenas a sua requisição. Prática ignominiosa que, no entanto, prevalece até hoje em manifesto descompasso com a exigência de se comunicar prévia e pormenorizadamente a acusação formulada (art. 8º, nº 2, letra *b*, da Convenção Americana sobre Direitos).[15]

Outro aspecto importante consistia na possibilidade de se citar por edital o acusado que, morando no estrangeiro em lugar sabido, sofresse acusação por crime afiançável (art. 367). É certo que esta regra deveria ser questionada quanto ao seu recebimento em face dos princípios constitucionais da ampla defesa e do contraditório que a Carta de 1946 e, depois, sucessivamente, as Emendas de 67 e 69 consagravam. Até porque, há sólido entendimento jurisprudencial segundo o qual só se legitima a citação ficta quando esgotados todos os meios que permitam o chamamento real. No entanto, afora um único julgado do Tribunal de Justiça do Mato Grosso do Sul colacionado por Damásio de Jesus (RT 527/421),[16] aceitava-se sem mais a sua constitucionalidade.

Parece óbvio que se o ato citatório, como sublinhou o Ministro Rafael Mayer "é a garantia primordial da ampla defesa e da efetiva realização do contraditório",[17] pois "sem a notícia de que contra o réu foi instaurada a ação penal não se estaria dando aos acusados aquela defesa de que fala o texto constitucional",[18] que deveria ser considerada inadmissível a citação por meio de editais do réu residente no estrangeiro em lugar certo e sabido.

---

[14] Frederico Marques, em *O processo penal acusatório*, ob. cit., p. 26.

[15] Sobre o tema, vide "O indevido processo legal, a ideologia da *law and order* e a falta da citação do réu preso para o interrogatório", citado supra na nota nº 8.

[16] *Código de processo penal anotado*, SP, Ed. Saraiva, 9ª ed., 1991, p. 224.

[17] RHC nº 59.043-8, *in*: Jurisprudência do STF, Ed. Lex, 35/370.

[18] Fernando da Costa Tourinho Filho, em *Processo Penal*, SP, Ed. Saraiva, 6ª ed., 1982, III/173.

Afinal, se a Constituição não distingue entre acusados de crimes afiançáveis ou inafiançáveis quando lhes deferem as garantias do contraditório e da ampla defesa, é evidente que lei alguma poderia suprimir em relação àqueles as garantias básicas para o desenvolvimento de um processo justo. Outro entendimento significaria espezinhar a mais importante garantia do cidadão frente ao poder punitivo do Estado.

Em resumo, verifica-se que na sistemática do Código de 1941 a revelia não interferia com o contraditório e a ampla defesa. O importante era a designação de um defensor e que este, formalmente, tivesse, como o réu presente, os mesmos direitos em termos de produção probatória e argumentação.

2.2.2. Como ficou com a reforma introduzida pela Lei 9.271/96?

Basicamente, a Lei 9.271, de 17 de abril de 1996, consagrou a idéia de que o processo em relação ao réu que não foi localizado e, tampouco, constituiu defensor, deve ficar paralisado com a correlata suspensão do prazo prescricional (cf. arts. 366 e 367 do CPP). Por outras palavras prestigiou-se a idéia de que para haver contraditório efetivo, e não apenas formal, é preciso que o réu interaja no feito, seja comparecendo às audiências, seja cooperando com o órgão técnico da defesa.

Escrevendo sobre a reforma introduzida, a Profª. Ada Pellegrini Grinover brindou-nos com um precioso trabalho doutrinário[19] no qual condensa as idéias de que o contraditório efetivo, representado entre outras coisas pelo direito de o acusado "defender-se pessoalmente ou de ser assistido por defensor de sua escolha e de comunicar-se, livremente e em particular, com seu defensor" (art. 8º da Convenção, item nº 2, letra *d*), ao lado da efetividade dos resultados, isto é, eficácia em termos de resultados práticos, estava a impor o fim da condenação à revelia a exemplo do que fizeram vários países na Europa (Alemanha, Áustria, Portugal, Reino Unido, Holanda, Suécia etc.) e quase todos da América Latina.

2.2.2.1. O contraditório efetivo

Resumidas assim as razões que inspiraram a reforma, torna-se importante indagar por que tendo as nossas Constituições, ao menos desde o ano de 1946, consagrado os princípios do contraditório e da ampla defesa, só agora, com a modificação introduzida pela Lei nº 9.271/96, percebeu-se que a efetiva presença do acusado garante o contraditório e possibilita a defesa plena.

---

[19] "Fundamentos políticos do novo tratamento da revelia", *in: Boletim do IBCCrim nº 42*, p. 1.

A resposta parece que possa ser encontrada no desprezo a que o exercício da defesa pessoal mereceu por parte dos tribunais, pese embora o fato de que na doutrina sempre se louvou a participação do réu. Assim é que o saudoso Prof. Frederico Marques, no seu *"Elementos de direito processual penal"*, registra que a *"defesa técnica não torna prescindível a autodefesa"*, todavia, só aquela é imprescindível.[20] É, no entanto, realçada mais como um ônus do que como um meio de ampliar a capacidade de defesa. O que importava, como já dito anteriormente, era a nomeação de um defensor e a garantia dos direitos que formalmente se outorgam a todos os imputados.

Não é à toa que, dentro desse espírito, a jurisprudência revele-se firme e forte, ainda hoje, mesmo após a Constituição de 1988, no sentido de que é apenas *relativa* a nulidade decorrente da não-requisição de réu preso para assistir à audiência de inquirição de testemunhas (STF, RTJ 124/175 e STJ, RHC nº 975). Todavia, num sopro mais ventilado dos novos valores constitucionais, no Recurso Especial nº 36.754, em acórdão unânime da 6ª Turma do STJ do qual foi relator o Ministro Vicente Cernicchiaro (DJ 3/4/95), fixou-se a intelecção segundo a qual:

"Dois princípios incidem no processo penal: contraditório e defesa plena. Esta por seu turno é bifronte: defesa técnica e defesa pessoal. A primeira se impõe, ainda que haja oposição do réu. A Segunda pode ser desprezada, todavia o réu tem o direito de exercê-la; como parte processual, querendo, tem direito à atuação ...".

No corpo do aresto reiterando que o réu como parte processual tem direito à atuação, destacou-se que "além disso, a presença aos atos processuais é de *inestimável importância*. O 'vis-a-vis' com as testemunhas e eventual co-réu concorrem para projetar a verdade real". E prossegue proclamando: "o Direito Processual Penal moderno exige que o réu participe, seja ator, não se resumindo a mero espectador do processo. Os Tribunais não podem olvidar os Direitos Humanos. Não é mero pieguismo. Resulta da maneira civilizada de aplicar a sanção penal".

Nessa linha de apreciação torna-se claro que o contraditório efetivo não se resume à contraposição que a defesa técnica desempenha diante da acusação. É preciso mais. É fundamental que o acusado esteja presente aos atos instrutórios para, interagindo com seu defensor, possibilitar-lhe as condições para uma defesa adequada. Aqui a idéia do contraditório se vê em íntima conexão com a da defesa bem exercida. Aquela e esta tornam-se uma ficção, uma mera formalidade, quando, por exemplo, se abdica da requisição do réu

---

[20] *Ob. cit.*, 1965, II/64 (nº 262).

preso para acompanhar a instrução por precatória que seja ou, por outra, quando o feito se desenvolve com o réu revel. Isto para não recordar que as testemunhas e a própria vítima medem mais suas palavras quando estão na frente do acusado. Como registra a sabedoria popular, é fácil falar pelas costas ou na ausência de alguém.

A impressão que se colhe é a de que os Tribunais acomodaram-se às insuficiências da Administração e foram legitimando a realização de audiências sem os acusados presos. Ora porque não há viaturas, ora porque não há escolta e, então, tornou-se mais *prático* prescindir da suas presenças.

O que a reforma introduzida fez, segundo pensamos, foi reafirmar a importância da presença do acusado a um ponto tal em que não se admite o desenvolvimento do processo sem a sua presença. E se o mais não é permitido quando se trata de réu não localizado para citação, ou que não constituiu defensor, o menos, isto é, realizarem-se audiências sem a presença do preso, também não. Contudo, a *praxis* forense não mudou, e inúmeros atos instrutórios, diariamente, realizam-se sem que o réu seja requisitado.

Nessa ordem de idéias, não se pode perder de vista que a presença do acusado atina também com o direito de se defender provando. É que, ausente o acusado, o defensor técnico fica privado de dados não apenas esclarecedores, mas da possibilidade de produzir provas oral e pericial. É o que no direito anglo-americano chama-se "*right to evidence*" e, entre nós, aparece como corolário das garantias constitucionais do contraditório e da ampla defesa.

Nesse sentido, as sempre argutas observações do Prof. Barbosa Moreira[21] para quem:

"A garantia do contraditório significa, antes de mais nada, que *ambas as partes hão de conceder iguais oportunidades de pleitear a produção de provas.* (...). Significa, a seguir, que não deve haver disparidade de critérios no deferimento ou indeferimento dessas provas pelo órgão jurisdicional. Também significa que as partes terão as mesmas oportunidades de participar dos atos probatórios e de pronunciar-se sobre os seus resultados".

Dentro, porém, de um espírito resistente às mudanças, quando se sabe que a lei adjetiva tem efeito imediato, alcançando todos os processos em tramitação, é que se explica o porquê de a jurisprudência ter restringido o alcance da norma de caráter nitidamente processual aos feitos instaurados somente após a sua entrada em vigor. O argumento relativo à impossibilidade de se fracioná-la, junto com o

---

[21] "A garantia do contraditório na atividade de instrução", *in*: *Temas de direito processual*, São Paulo, terceira série, 1984, p. 67.

da irretroatividade da parte mais gravosa, a que impede a verificação da prescrição, mais evidencia o compromisso de evitar o que se tem qualificado como o *"sumiço premiado"*,[22] do que a pretextada tentativa de se garantir a preservação do conteúdo e finalidade da lei, com a sua obrigatória incidência unificada.

Este mesmo espírito refratário à aplicação da reforma do tratamento da revelia vai se verificar na questão da colheita da prova testemunhal, como se verá mais à frente.

2.2.2.2. Efetividade dos resultados

Quanto ao compromisso com um processo que não se preste ao nada, vale dizer, a uma imposição de pena meramente nominal, verifica-se que sempre se atribuiu o não-cumprimento dos mandados de prisão à polícia. Nunca ou raramente, como relatado pela Profª. Ada Pellegrini houve uma preocupação com o processo "girar em falso",[23] mesmo havendo um notório *deficit* de pessoal e juízes para dar conta dos processos com réus não revéis. A impressão que se tem, tal qual destacou a Procuradora do Estado Ana Sofia Schmidt de Oliveira, é a de que cada operador do direito se preocupa apenas com a "sua parte" e tudo bem.[24]

Com o advento da suspensão dos processos e a impossibilidade de automaticamente se decretar a prisão preventiva, o que se ouve é um reclamo quanto à ineficiência do sistema punitivo que deixa a descoberto a situação do infrator não localizado. Melhor, segundo esta ótica, é a sentença condenatória pairando no ar do que o processo paralisado. Não por acaso alguns juízes preconizam soluções que flexibilizem a citação, tornando-a válida quando entregue pelo correio, ainda que não se tenha certeza do seu recebimento.[25]

O certo, porém, é que à luz do texto legal torna-se um absurdo, uma manifesta ilegalidade, o desenvolvimento do processo enquanto o imputado não for localizado e trazido a julgamento, ainda que para isso, nos casos mais graves, seja necessário decretar a prisão processual. Com efeito, com o réu ausente não se tem a certeza de que houve defesa adequada e, mais grave, com a reiteração do furto de documentos, não se sabe ao certo se a pessoa que sofre a ação

---

[22] Expressão do Min. Félix Fischer ao relatar o Recurso Especial nº 142.251-SP, interposto pelo ilustre Procurador de Justiça Sérgio Médici do Ministério Público de São Paulo (DJ 13/10/97).

[23] *Fundamentos políticos do novo tratamento da revelia*, ob. cit., p. 1.

[24] "A polícia e o mito da paz social", *in: Boletim dos Juízes para a Democracia*, SP, ano 4, nº 12, abril de 1998, p. 5.

[25] Nesse sentido a proposta do Juiz de Uberaba Doorgal Gustavo B. de Andrade, contida no trabalho "Com o art. 366 do CPP, o réu consegue paralisar o processo", *in: Bol. do IBCCrim*, 59/12.

penal é a que efetivamente praticou o delito. Daí os inúmeros casos de inocentes presos que, no entanto, o novo tratamento dado à revelia evita ou, quando menos, minimiza.

Verificados os pressupostos políticos da nova sistemática da revelia, cumpre na seqüência examinar algumas questões técnicas.

2.3. QUESTÕES TÉCNICAS

2.3.1. Pode o juiz, de ofício, determinar a produção de provas antecipadas?

Uma interpretação literal do artigo 366 do CPP leva à conclusão de que é possível ao juiz que preside o feito julgar a conveniência de produzir provas que reputar urgentes sem ouvir ninguém. No entanto, o Promotor Eduardo Araújo da Silva, em artigo publicado no *Boletim do IBCCrim* nº 58, p. 8, repele esta possibilidade por entendê-la, com apoio no valioso escólio da doutrina do Prof. Antônio Magalhães, que dentro do sistema acusatório compete ao Ministério Público a proposição das provas,[26] cabendo, outrossim, ao defensor nomeado verificar e opinar sobre a urgência da produção antecipada da prova.

Sem embargo do brilho dos argumentos do ilustre colega dos bancos da Pós-Graduação, penso que o juiz *pode* de ofício determinar a produção da prova que repute urgente. Fala em favor disso a clareza da regra contida no art. 366 do CPP. Ademais, o dispositivo do art. 92 do mesmo Código permite concluir da mesma maneira o que resulta do poder discricionário conferido ao juiz no comando do processo.

Por fim, vale ressaltar que o defensor dativo nomeado para acompanhar a instrução poderá a qualquer tempo valer-se do *habeas corpus* para impedir a produção da prova que não seja, de fato, urgente. Já o Ministério Público dificilmente poderia alegar prejuízo com tal medida. Se, no entanto, este ocorrer, pode dispor do Mandado de Segurança ou até mesmo da Correição Parcial dada a inversão tumultuária do processo.

2.3.2. A prova testemunhal é sempre considerada urgente?

No sentido afirmativo (*jurisprudência preponderante*): Renato Nalini, em: *"A lei 9.271/96 e o Tribunal de Alçada Criminal de São Paulo"*[27]

---

[26] "A produção probatória antecipada (art. 366 do CPP) em face do devido processo legal".

[27] RT 747/546.

38

com apoio no recurso em sentido estrito nº 1.064.219/5 de São José do Rio Preto e, ainda, invocando a parte final do art. 92 do CPP.

Para esta corrente, dentro de uma interpretação sistemática, mas que na verdade viola o espírito da lei, ao conjugar-se a regra do art. 366 com a parte final do art. 92 do CPP, verifica-se que a prova testemunhal sempre deverá ser tida como urgente. Em outros julgados, tal como o contido na JTJ, ed. Lex., 194/303, do qual foi relator o Des. Marcelo Fortes Barbosa, menciona-se que a prova oral pode se deteriorar e, daí, a urgência na sua produção. No mesmo sentido confira-se o aresto inserto na JTJ 192/334, rel. Des. Marcial Hollanda.

Embora minoritária, entendendo não ser a prova oral, sempre, urgente, há um acórdão da lavra do Des. Dante Busana, publicado na JTJ 196/333 no qual se adverte para o fato de que não se pode confundir as situações dos arts. 92 e 366 (com nova redação) do CPP. Neste caso objetivou-se assegurar ampla defesa, naquele, sob a égide do Estado Novo, inspirado em outros valores, visava-se unicamente à produção da prova sem outras preocupações.

"Impróprio, assim, – registra o julgado –, a pretexto de interpretação sistemática, aplicar as regras de um instituto ao outro". (...)

"A inquirição das testemunhas, em regra na presença de réu e seu Defensor de confiança, em nada compromete a finalidade do instituto das questões prejudiciais; o mesmo não ocorre, porém, com a inquirição sistemática das testemunhas na ausência do revel, citado por edital sem Defensor de sua escolha".

No mesmo sentido: JTJ 195/349, rel. Des. Gentil Leite (invocando a lição de Damásio de Jesus no *Boletim do IBCCrim nº 42/3* e Mirabete *Processo Penal*, Ed. Atlas, SP, 7ª ed., p. 436). Idem: (RT 746/591, rel. Des. Nelson Fonseca, invocando o prestigioso escólio do eminente Prof. Antônio Magalhães Gomes Filho se a prova oral sempre fosse urgente "de nada valeriam as disposições da nova lei, seja no tocante à economia processual, seja relativamente à garantia de uma defesa efetiva" Boletim do IBCCrim nº 42/5).

Seria importante para superar controvérsias que a Lei 9.271/96 tivesse disposto sobre quando a prova será reputada urgente. Assim, o Código de Processo Penal português, no seu art. 271, nº 1, prevê os casos em que se pode produzir a prova "para memória futura" e entre estes arrola a doença grave e a *deslocação* para o estrangeiro.

c) Qual o recurso cabível da decisão que defere a produção de provas antecipadamente?

Para a defesa: *Habeas Corpus*, porque a produção antecipada de prova que não é urgente cerceia a defesa que se vendo impedida de contatar o acusado, melhor conhecedor dos fatos, tem diminuídas as chances de reperguntar.

Para a acusação: Mandado de Segurança: JTJ 192/334, rel. Des. Marcial Hollanda ou mesmo o recurso em estrito ante a falta de previsão legal. Nesse sentido: JTJ 194/303, rel. Des. Fortes Barbosa.

2.4. UMA TENTATIVA DE CONCLUSÃO

No título introdutório, procurou-se demonstrar que é forte a mentalidade punitiva, ainda que em detrimento das garantias processuais. No que concerne ao novo tratamento dado à revelia, vê-se que a interpretação prevalecente prestigia a idéia de que a prova oral é sempre urgente. Ora, com uma tal intelecção, malgrado seu desacerto como bem o demonstra o eminente Des. Dante Busana, frustra-se o espírito da reforma que foi o de garantir melhores condições de defesa dentro de um contraditório efetivo.

E vale repetir com o sempre oportuno Alberto Silva Franco, em voto vencedor proferido no Tribunal de Alçada Criminal de São Paulo, o qual data de mais de 14 anos, que o "contraditório é formado pela coordenação de duas exigências básicas: a da possibilidade de todo protagonista processual influir de forma ativa, *através de sua audiência*, no processo e a da paridade de armas, entendida como possibilidade 'no plano das realidades práticas de uma completa isonomia de oportunidades no tratamento do objeto do processo' (Figueiredo Dias, *A proteção dos direitos do homem no processo penal*). O contraditório é, portanto, na lição de Mário Chiavario (*Processo e Garanzie della Persona*, vol. II, p. 140, Giufrè, 1982) 'a encruzilhada das atividades mediante as quais cada uma das partes oferece à outra e ao juiz os dados, as idéias, as razões que considera melhor representar os próprios interesses e questiona sobre dados, idéias e razões provavelmente da outra".[28]

Se há quase quinze anos, sob o império de uma Constituição parida em grande parte pela ditadura, já se viabilizava a idéia de um contraditório efetivo, só se pode compreender as resistências às garantias contidas no texto da atual Carta Política e, bem assim, no Pacto de San José, como um maldisfarçado desejo de a qualquer custo fazer prevalecer a ordem (segurança).

É certo que a reforma introduzida apresenta incongruências, como, por exemplo, a da suspensão infinita da prescrição, o que vai gerar perplexidades como a de se verificar a possibilidade de 20 anos

---

[28] Voto vencedor publicado no *O processo constitucional em marcha*, coord. Ada Pellegrini Grinover, ed. Max Limonad, 1985, p. 43/44.

depois dar-se curso a um processo de lesões corporais ou mesmo por estelionato diante de uma realidade totalmente diferente.

Outrossim, não se pode olvidar as vozes que temem a ocorrência do *"sumiço premiado"* e que, em última análise, acarreta numa desmoralização da justiça. De fato, se a não-localização do acusado impede, por si só, a decretação da prisão preventiva, fica a sensação de que este, de acordo com a sua conveniência, pode ou não responder ao processo sem o perigo de sofrer conseqüências. Faltou, segundo penso, a cominação de algum tipo de sanção, como a existente no Código de Processo Penal português, em que, na figura da contumácia, tornam-se anuláveis os negócios jurídicos de natureza patrimonial celebrados após a sua declaração (art. 337, item 1) ou mesmo o arresto na totalidade ou em parte dos bens do argüido (item 3).

A não se corrigir esta importante lacuna, que gera uma inaceitável brecha no sistema punitivo, correremos o risco de, com a desmoralização da Justiça Penal, vermos florescer os justiceiros e formas punitivas, ainda que menos grotescas que a destes, de fazer justiça com as próprias mãos.

2.5. BIBLIOGRAFIA

ANDRADE, Doorgal Gustavo B. de. "Com o artigo 366 do CPP, o réu consegue paralisar o processo", *in: Boletim do Instituto Brasileiro de Ciências Criminais*. São Paulo: Ed. IBCCrim, ano 5, número 59, outubro de 1997.

BALUTA, José Jairo e; CUNHA, J. S. Fagundes. *O processo penal à luz do Pacto de São José da Costa Rica – a vigência e supremacia do direito interno brasileiro.* Curitiba: Juruá, 1997.

GRINOVER, Ada Pellegrini. "Fundamentos políticos do novo tratamento da revelia". *In: Boletim do Instituto Brasileiro de Ciências Criminais*, São Paulo: IBCCrim, ano 4, número 42, junho de 1996.

———. O processo constitucional em marcha. São Paulo: Max Limonad, 1985.

GOMES FILHO, Antônio Magalhães. "Medidas cautelares da Lei 9271/96: produção antecipada de provas e prisão preventiva". *In: Boletim do Instituto Brasileiro de Ciências Criminais*. São Paulo: IBCCrim, ano 4, número 42, junho de 1996.

JESUS, Damásio E. de. *Código de Processo Penal Anotado.* 9º ed. São Paulo: Saraiva, 1991.

Notas ao art. 366 do Código Processo Penal, com redação da Lei nº 9.271/96. *In: Boletim do Instituto Brasileira de Ciências Criminais.* São Paulo: IBCCrim, ano 4, número 42, junho de 1996.

MARQUES, José Frederico. *Elementos de direito processual penal.* São Paulo: Forense, 2º ed., 1962, III.

———. "O processo penal acusatório". *In: Estudos de direito processual penal.* Rio de Janeiro: Forense, 1960.

MIRABETE, Julio Fabbrini. *Processo Penal.* São Paulo: Atlas, 7º ed, 1997.

MOREIRA, José Carlos Barbosa. "A garantia do contraditório na atividade de instrução". *In: Temas de direito processual.* São Paulo: 3º série, 1984.

NALINI, José Renato. "A lei 9271/96 e o Tribunal de Alçada Criminal de São Paulo". *In: Revista dos Tribunais*, ano 87, número 747, janeiro de 1998.

OLIVEIRA, Ana Sofia Schmidt de. "A polícia e o mito da paz social". *In: Boletim dos Juízes para a Democracia*. São Paulo, ano 4, nº 12, abril de 1998.

PIOVESAN, Flávia. *Direitos humanos e direito internacional*. São Paulo: Max Limonad, 1996.

REALE JÚNIOR, Miguel. "Eficiência e tecnoburocracia". *In: Novos rumos do sistema criminal*. Rio de Janeiro: Forense, 1983.

SANTOS, Gerson Pereira dos. *Inovações ao Código Penal*. São Paulo: Saraiva, 1985.

SILVA, Eduardo Araújo da. "A produção probatória antecipada (art. 366 do CPP) em face do devido processo legal". In: *Boletim do Instituto Brasileiro de Ciências Criminais*. São Paulo: IBCCrim, ano 5, nº 58, setembro de 1997.

TARDELLI, Roberto. "Só para quem for besta (Uma proposta de artigo (in)jurídico)". *In: Boletim do Instituto Brasileiro de Ciências Criminais*, SP, Ed. IBCCrim, ano 4, número 42, junho de 1996.

TORON, Alberto Zacharias. "O garantismo e a realidade". *In: Boletim do Instituto Brasileiro de Ciências Criminais*. Edição Especial. São Paulo: IBCCrim, ano 5, nº 58, setembro de 1997.

——. "O indevido processo legal, a ideologia da *law and* order e a falta de citação do réu para o interrogatório". *In: Revista dos Tribunais*, ano 81, nº 685, novembro de 1992.

——. "Recurso Especial e Extraordinário em matéria penal: é possível o condenado aguardá-los em liberdade?". *In: Revista Brasileira de Ciências Criminais*, ano 4, nº 15, julho-setembro de 1996.

TOURINHO FILHO, Fernando da Costa. *Processo Penal*. SP, Ed. Saraiva, 6º ed., 1982.

JURISPRUDÊNCIA (os nomes referidos são os dos relatores)

ALVES, Moreira. HC 73.394-8, 1ª Turma, DJ 21.03.1997.

BARBOSA, Marcelo Fontes. Carta testemunhável 225.036-3, TJSP, 1ª Câmara Criminal, Julgados do Tribunal de Justiça, Ed. Lex, 194/303.

BUSANA, Dante. Mandado de Segurança nº 218.407.3-SP, TJSP, 5ª Câmara Criminal, Julgados do Tribunal de Justiça, Ed. Lex, 196/333

CERNICCHIARO, Vicente. Recurso Especial nº 36.754, STJ, 6ª Turma, Diário da Justiça de 03/04/1995

FISHER, Félix. Recurso Especial nº 142.251-SP, STJ, 5ª Turma, Diário da Justiça de 13/10/97

HOLLANDA, Marcial. Mandado de Segurança nº 219.979.3-SP, TJSP, 1ª CâmaraCriminal, Julgados do Tribunal de Justiça, Ed. Lex, 192/334

LEITE, Gentil. Mandado de Segurança nº 221.746-3-SP, TJSP, 6ª Câmara Criminal, Julgados do Tribunal de Justiça, Ed. Lex, 195/349

MELLO, Celso de. HC 72.102-MG, DJ 20/04/1995, STF; 1ª Turma, HC nº 69.026-DF,

MAYER, Rafael. RHC nº 59.043-8, *In: Jurisprudência do STF*, Ed. Lex, 35/370

PASSARINHO, Aldir. HC nº 67.841-SC, STF, 2º Turma, , RTJ 138/762.

SILVEIRA, Néri da. HC nº 62.835-RJ, STF, 1ª Turma, RTJ 124/175.

TOLEDO, Francisco de Assis. HC nº4.412-PR, STJ, 5ª Turma, Diário da Justiça de 06.12.1996, *in: RT 738/567*.

3. Do tipo plurissubjetivo

Aline Eggers
Bacharel em Direito

Simone Prates Miranda Corrêa
Advogada

Sumário: 3.1. Introdução; 3.2. Noções gerais de tipo; 3.3. Do tipo plurissubjetivo; 3.4. Bibliografia

3.1. INTRODUÇÃO

Para proteger determinados bens jurídicos valiosos para a sociedade é que o Direito Penal se impõe a sancionar as condutas ofensivas a esses bens.

O Direito Penal é o conjunto de normas que determinam os delitos e as penas. Quando ocorre a violação dessas normas, o Estado será provocado. Essa transgressão se dá por uma conduta voluntária (ação ou omissão) proibida, ou seja, tipificada em lei penal incriminadora através do tipo penal.

É o tipo penal que indicará se essa conduta se reduz a crime. Por tipo entende-se o verbo nuclear da ação ou omissão, é o molde legal selecionador do crime.

Para a sua configuração é necessário considerar a combinação do tipo objetivo mais o tipo subjetivo.

No elemento objetivo do tipo é que encontraremos o sujeito ativo, cuja pluralidade é requisito dos tipos plurissubjetivos.

Neste trabalho iremos analisar o tipo penal, conceituando, exemplificando, situando os crimes que por sua natureza exigem mais de um agente para a sua concretização, ou seja, os tipos plurissubjetivos.

A Sociedade, a Violência e o
Direito Penal

3.2. NOÇÕES GERAIS DE TIPO

Iremos verificar o tipo para situar onde encontraremos os plurissubjetivos.

Tipo é a descrição de uma conduta que o legislador, a seu critério, considerou necessário estabelecer como delituosa, visando a proteger a sociedade. Encontrá-lo-emos na lei. Ele é o início de toda a construção do sistema penal incriminador, uma vez que é um conjunto de elementos do fato punível. Não pode ser confundido com tipicidade.

O vocábulo tipo originou-se da palavra alemã *Tatbestand*, que apareceu pela primeira vez na obra de Feuerbach, porém foi com Ernest Beling, em 1906, com a sua obra *Die Lehre Vom Verbrechen*, que revisa todo o conceito que se tinha de *tatbestand*, deixando de ser a totalidade do delito para ser uma aspecto dele.[1] Tornou-se a tipicidade independente da antijuridicidade e da culpabilidade. Esta teoria caiu em desuso quando Max Ernest Mayer,[2] Edmund Mezger[3] e Grühut[4] constataram a existência dos elementos normativos do tipo, e Mezger[5] desenvolveu a teoria proposta por Hegler[6] e Mayer,[7] versando sobre os elementos subjetivos do injusto, passando o tipo a ser valorativo.

Segundo Anibal Bruno,[8] a parte mais significativa do tipo é o verbo, uma vez que ele como o seu núcleo é que dá a conotação da ação. Na maioria das vezes trata-se de um verbo transitivo,[9] devendo ser claro e preciso.

Sua função é salientar entre as condutas antijurídicas aquelas a que se devam impor uma pena (em decorrência da garantia *nullun crimem nulla poena sine lege*),[10] como também individualizar as ações ou omissões relevantes.

---

[1] LUÍSI, Luiz. *O tipo penal, a teoria finalista e a nova legislação.* Porto Alegre: Fabris.1987. pp. 13-17.

[2] *Apud* BITENCOURT, Cezar Roberto. *Manual de direito penal.* 4ª ed. São Paulo: Revista dos Tribunais. 1997. pp. 219.

[3] *Apud* TAVARES, Juarez. *Teoria do Crime.* São Paulo: Revista dos Tribunais. 1980. p. 38.

[4] Idem, ibidem.

[5] *Apud* BITENCOURT, Cezar Roberto. *Manual de direito penal. op. cit.*, p. 219.

[6] Idem, ibidem.

[7] Idem, ibidem.

[8] BRUNO, Anibal. *Direito Penal.* Tomo I. Rio de Janeiro: Forense. 1978. p. 342.

[9] Verbos transitivos são aqueles que para terem sentido precisam de um complemento, pois não expressão um idéia completa.

[10] Princípio da Legalidade. Artigo 1º do código Penal: "Não crime sem lei anterior que o define. Não há pena sem prévia cominação legal."

É com o advento do finalismo que o tipo ganha complexidade, passando a ser composto de parte objetiva, que se refere à descrição legal, e parte subjetiva,[11] alicerçada na vontade, tendo como pilares o dolo ou a culpa, somados a outras características subjetivas.[12]

A estrutura do tipo é formada por seus elementos, que são:

a) *elementos objetivos ou descritivos do tipo*: Não possui referências axiológicas e nem conotações valorativas ou subjetivas. São os elementos referentes aos aspectos externos e materiais do fato em relação ao modo de execução, tempo, lugar, particularidades do sujeito. São os mais importantes, uma vez que caracterizam a conduta. Formam o componente final que dirige e domina o componente causal.[13]

b) *elementos normativos do tipo*: Referem-se a expressões como "sem justa causa", "fraudulentas", " adultério",[14] que necessitam de um significado valorativo. Não podem ser compreendidos materialmente.

Damásio de Jesus,[15] fazendo considerações sobre o tema, expõe o entendimento de Anibal Bruno, no sentido de que aumentando a quantidade de elementos normativos nos tipos penais vai-se diminuindo a firmeza e a precisão do mesmo. Logo, quanto menor for a sua quantidade, maior será a segurança jurídica. Já Zaffaroni e Pierangeli[16] dizem que não é totalmente correta essa observação.

c) elementos subjetivos do tipo:[17] são elementos referentes ao resultado e às intenções do agente, são relacionados com os estados psicológicos e anímicos do sujeito.

O tipo possui várias classificações. Essas classificações são bem flexíveis. Cada doutrinador as faz de maneira diversa, tanto na sua divisão quanto na subdivisão.[18]

---

[11] Anuncia como vários autores como criador dos elementos subjetivos Hans Albrecht Fisher (1911), ao descorrer sobre o tema: antijuridicidade no direito privado. LUISI, Luiz. *O tipo penal, a teoria finalista e a nova legislação*. Porto Alegre: Fabris, 1987. p. 16.

[12] João Mestieri *Apud* BITENCOURT, Cezar Roberto. *Manual de direito penal*. 4ª ed. São Paulo: Revista dos Tribunais. 1997. pp. 221 e segs.

[13] João Mestieri *Apud* BITENCOURT, Cezar Roberto, op. cit., p. 222.

[14] O adultério no âmbito do Código Penal é um tipo plurissubjetivo.

[15] JESUS, Damásio E. de. *Direito Penal; parte geral*. 20ª ed. Vol. 1. São Paulo: Saraiva.1997. p. 275.

[16] ZAFFARONI, Eugênio Raúl; José Henrique Pierangeli. *Manual de Direito Penal Brasileiro; parte geral*. São Paulo: Revista dos Tribunais, 1997. p. 477.

[17] Algumas vezes a doutrina usa a expressão elementos subjetivos do injusto, desta forma a antijuridicidade se encontraria no tipo.

[18] Fizemos aqui simplesmente pela praticidade de visualização.

1. Quanto à sua construção histórica

1.1. Tipo normal: que contém apenas elementos objetivos ou descritivos de imediata constatação.

1.2. Tipo anormal: além de elementos objetivos, contém elementos subjetivos ou normativos.

Para Luiz Alberto Machado,[19] esta classificação não teria nenhum sentido científico, assim como a doutrina em geral diz que esta classificação quanto ao tipo anormal não estaria correta, uma vez que os elementos objetivos e subjetivos são oriundos dos aspectos do tipo.

2. Quanto à conduta

2.1. Tipo comissivo ou de ação em sentido estrito: é o tipo que traduz a ofensa proibitiva. Exemplos são o artigo 288[20] do Código Penal: associar; e artigo 137[21] do Código Penal: participar.

A maioria dos crimes previstos na nossa legislação é constituída por tipos comissivos.

2.2. Tipos omissivos puros ou próprios: é o não-fazer o que está determinado na lei. O sujeito não realiza determinada conduta, embora tenha o dever jurídico de fazê-la.

2.3. Tipos omissivos impróprios ou comissivos por omissão: deixar de praticar uma conduta esperada que o tipo determina.

3. Quanto à vinculação entre a ação e o resultado

3.1. Tipo de mera conduta ou simples atividade: não precisa de um resultado, pois o tipo não prevê. O legislador só descreve o comportamento do agente. Um exemplo é o crime de adultério, que basta o contato entre os parceiros para a realização da conduta típica.

3.2. Tipo de resultado: a) tipo de resultado naturalístico: ocorre uma modificação no mundo exterior. O tipo descreve a conduta e o resultado. Para o tipo se configurar é uma ação ou omissão mais o resultado. b) tipo de resultado jurídico: ocorre uma lesão ao bem tutelado, só que o resultado não precisa acontecer para o tipo ser realizado.

4. Quanto à intensidade do ataque ao bem jurídico

4.1. Tipo de lesão ou de dano: dano concreto. Tem a efetiva lesão do bem jurídico. Para o tipo se configurar é necessária uma lesão.

4.2. Tipo de perigo: o tipo se configura com a simples criação do perigo ao bem protegido. a) tipo de perigo concreto: é a efetiva

---

[19] MACHADO, Luiz Alberto. *Direito Criminal; parte geral.* São Paulo: Revista dos Tribunais. 1987. p. 99.

[20] É um tipo plurissubjetivo.

[21] É um tipo plurissubjetivo.

comprovação do perigo, um verdadeiro perigo; b) tipo de perigo abstrato ou presumido: basta a conduta perigosa para caracterizá-lo ou uma possibilidade. Sua presunção é *juris et de juris*. Um exemplo é o motim de presos e a rixa.[22]

5. Quanto à construção técnica

5.1. Tipo simples ou de ação única: quando há um único verbo nuclear descrito pelo tipo.

5.2. Tipo composto ou misto: quando há mais de um verbo nuclear descrito pelo tipo. a) tipo cumulativo: o tipo agrega-se a outro tipo já existente; b) tipo de ação múltipla: são várias modalidades de ação, embora sejam consideradas fases do crime; c) tipo bilateral: aqueles que necessitam da congruência de duas vontades. As condutas dos agentes vão de encontro uma com a outra; são recíprocas. Exemplo: bigamia;[23] d) tipo habitual: são realizados vários atos independentes, mas as condutas se integram; e) tipo alternativo: várias opções de condutas, mas o crime é um só.

6. Quanto ao conteúdo

6.1 Tipo fechado: contém todos os elementos necessários para a configuração do tipo.

6.2. Tipo aberto: não possui todos os elementos necessários para a configuração do tipo, é necessário um complemento.

7. Quanto à elaboração legislativa da conduta

7.1. Tipo de forma livre: não importa como o sujeito realiza o tipo. O complemento não restringe a conduta expressa no verbo nuclear. Exemplos são a rixa e a formação de quadrilha.[24]

7.2. Tipo de forma vinculada: o tipo penal deve ser realizado conforme a lei. O complemento restringe a conduta expressa no verbo nuclear.

8. Quanto ao sujeito ativo

8.1. Em relação a uma qualidade ou condição agregada ao sujeito ativo: a) comuns: qualquer pessoa pode realizar a conduta; b) especiais ou próprios: para a concretização do tipo é necessário que o sujeito seja aquele que a lei prevê. O sujeito fica limitado, porém diferentemente do tipo de mão próprio, o sujeito pode determinar que outra pessoa realize a conduta.

---

[22] Exemplos de tipos plurissubjetivos.

[23] Exemplo de tipo plurissubjetivo.

[24] Exemplos de tipos plurissubjetivos.

8.2. Em relação à execução da conduta pelo sujeito ativo: a) de *longa manus*; b) de mão própria: não podem ser cometidos por intermédio de outra pessoa. Só pode ser autor aquele que possuir as características exigidas pelo tipo.

8.3. Em relação ao número de sujeitos ativos: a) monossubjetivos ou unissubjetivos: o sujeito ativo realizador do tipo é um só, ou seja, a descrição típica exige uma única pessoa. É a regra geral; b) plurissubjetivos: o tipo exige que o sujeito ativo realizador do tipo não seja único, mas sim, vários.

Quanto a esta última classificação (em relação ao número de sujeitos ativos - plurissubjetivos) é que daremos maior ênfase, uma vez que, é esta a análise objetiva do nosso trabalho.

3.3. DO TIPO PLURISSUBJETIVO

Os tipos plurissubjetivos são aqueles que prevêem na sua descrição a exigência da pluralidade de sujeitos ativos, ou seja, mais de um, para a realização da conduta típica. Trata-se de uma necessidade imprescindível. São a exceção na nossa Legislação, uma vez que esta tem como regra geral os tipos monossubjetivos, em que, na sua descrição típica, basta a atuação de um único sujeito.

Em brilhante explanação de Fabrício Leiria,[25] tipos plurissubjetivos são aqueles que"(...) a multiplicidade de sujeitos é *conditio sine qua non* para que se estratifique a figura típica".

Interessante salientar que os inimputáveis (que são portadores de doenças mentais ou com desenvolvimento mental incompleto ou retardado) também fazem parte da contagem do número de sujeitos para a realização do tipo. Porém, como a inimputabilidade é elemento da culpabilidade, pode, o inimputável, não ser responsável pelo crime, ou pode sua responsabilidade ser atenuada.

Por sujeito ativo entendemos que é aquele que pratica a ação ou omissão voluntária descrita na norma penal incriminadora.[26]

A pluralidade de sujeitos é encontrada na doutrina inserida tanto no capítulo que versa sobre as diversas espécies de classificação do tipo, quanto no que trata do concurso de agentes. Neste último, ao tratar das suas subespécies.

---

[25] LUISI, Luiz. *O tipo penal, a teoria finalista e a nova legislação*. Porto Alegre: Fabris, 1987. p. 47.

[26] Tem-se admitido que a pessoa jurídica, em determinados casos, como por exemplo nos crimes ambientais, seja sujeito ativo, assim, não podemos falar em conduta humana.

A sua nomenclatura é diversa. Além de tipos plurissubjetivos, também são chamados de delitos pluripessoais,[27] plurilaterias,[28] e delitos coletivos,[29] além de concurso necessário.

Sheila de Sales,[30] em sua obra, *Do sujeito ativo, na parte especial do Código Penal*, citando Filippo Grispigni, diz que a definição "concurso necessário" para denominar os tipos plurissubjetivos é equivocada, pois estaria induzindo ao tratamento dispensado ao concurso de pessoas. Tratamento este que não deve ser confundido, uma vez que no concurso necessário não se pode falar em co-autoria[31] e nem em participação.[32]

Os doutrinadores, como o próprio Código Penal, utilizam a palavra co-autoria para demonstrar a necessidade da participação física de mais de um agente para que se configure o tipo. Esse uso se dá em especial, ao tratar dos crimes de bigamia e de adultério, onde a ausência de uma terceira pessoa tornaria a prática do crime impossível.

Como ensina Damásio de Jesus:[33]

"(...) o concurso de pessoas é descrito pelo preceito primário da norma penal incriminadora. (...) quando a pluralidade de agentes é elemento do tipo, cada concorrente responde pelo crime, mas este só se integra quando os outros contribuírem para a formação da figura típica."

O concurso de pessoas está previsto no artigo 29 do Código Penal e não é sinônimo de tipo plurissubjetivo, mas nada impede que ocorra além da pluralidade de sujeitos o concurso de agentes.

Na doutrina, os tipos pluripessoasis são divididos com nomenclaturas diversas.

---

[27] LUISI, Luiz. *O tipo penal, a teoria finalista e a nova legislação, op. cit.*, p. 47.

[28] SALES JUNIOR, Romeu de Almeida. *Curso Completo de Direito Penal*. 7ª ed. São Paulo: Saraiva, 1999. p. 335.

[29] SALES, Sheila Jorge Selim de. *Do sujeito ativo, na parte especial do Código Penal*. Belo Horizonte: Del Rey, 1993. p.124; LUISI, Luiz. *O tipo penal, a teoria finalista e a nova legislação*. Porto Alegre: Fabris, 1987. p. 47.

[30] SALES, Sheila Jorge Selim de. *Do sujeito ativo, na parte especial do Código Penal*. Belo Horizonte: Del Rey. 1993. p. 125.

[31] Co-autoria é o nome dado àqueles crimes cometidos por mais de uma pessoa, porém há uma divisão de trabalho entre elas, e essa pluralidade não é exigida pela lei, e nem pelo tipo penal.

[32] Participação se dá quando o agente, embora não cometa nenhum ato executório de crime de alguma maneira concorre para o resultado.

[33] JESUS, Damásio E. de. *Direito Penal; parte geral*. 20ª ed. Vol. 1. São Paulo: Saraiva, 1997, p. 402.

Segundo Mirabette,[34] Cezar Bitencourt[35] e Damásio,[36] são:

a) condutas paralelas: são aqueles onde a conduta de todos tem o mesmo fim, o mesmo resultado. Existe o auxílio mútuo. Exemplo: artigo 288 do Código Penal.

b) condutas convergentes: as condutas dos sujeitos se encontram, vão na mesma direção, podendo um dos sujeitos não ser responsabilizado. É mister a influência de duas vontades. Exemplos: a bigamia e o adultério

c) condutas contrapostas ou divergentes: as condutas são realizadas umas contra as outras, ou seja, todos comportam-se da mesma maneira. O exemplo é a rixa. Assim sujeito passivo também será ativo e vice-versa.

Diferentemente se posiciona Fernando de Almeida Pedroso[37] quanto a esta classificação. Considera inaceitável a inclusão de crimes que não exigem a participação de mais de um agente no âmbito punível, como são os casos do adultério e da bigamia. Para ele é necessário se considerar a boa-fé no agir de um dos sujeitos.

Álvaro Mayrink da Costa[38] e Vicenzo Manzini[39] dão uma outra nomenclatura para as condutas paralelas e condutas convergentes. Denominam tipos unilaterais e tipos bilaterais (ou de encontros), que corresponde à classificação de Freudenthal:[40] convergentes (*konvergenzdelikte*) e de encontro (*begegnungsdelikte*).

Para Filipo Grispini[41] a divisão teria dois aspectos.

No seu primeiro ponto de vista:

I. a) tipos plurissubjetivos em sentido estrito; b) tipos pseudo-plurissubjetivos; b.1) plurissubjetivos de uma só espécie das *fattispécie* alternativamente descritas; b.2) privilegiado em relação ao crime monossubjetivo; b.3) plurissubjetivo apenas em relação a um dos sujeitos.

---

[34] MIRABETE, Julio Fabbrini. *Manual de Direito Penal; parte geral*. 15ª ed. Vol. 1. São Paulo: Atlas, 1998, p. 131.

[35] BITENCOURT, Cezar Roberto. *Manual de direito penal*. 4ª ed. São Paulo: Revista dos Tribunais, 1997, p. 176.

[36] JESUS, Damásio E. de. *Direito Penal; parte geral*. 20ª ed. Vol. 1. São Paulo: Saraiva, 1997, p. 402.

[37] PEDROSO, Fernando de Almeida. *Direito penal*. São Paulo: Leud, 1993. pp. 113-115.

[38] COSTA, Álvaro Mayrink. *Direito Penal; parte geral*. 6ª ed. Vol. 1. Tomo I. Rio de Janeiro: Forense. 1998. p. 678.

[39] *Apud* SALES, Sheila Jorge Selim de. *Do sujeito ativo, na parte especial do Código Penal*. Belo Horizonte: Del Rey, 1993. p. 123.

[40] *Apud* LUISI, Luiz. *O tipo penal, a teoria finalista e a nova legislação*. Porto Alegre: Fabris, 1987. p. 47.

[41] *Apud* SALES, Sheila Jorge Selim de. *Do sujeito ativo, na parte especial do Código Penal*. Belo Horizonte: Del Rey, 1993, p. 124.

No seu segundo ponto de vista, os tipos plurissubjetivos seriam divididos em:

II. a) de encontro ou bilaterais; a.1) de condutas homogêneas; a.2) de condutas heterogêneas; b) unilaterais; b.1) de condutas homogêneas; b.2) de condutas heterogêneas; b.3) de crimes coletivos em sentido estrito; b.4) de auxílio, consentidos de instigação.

Assim, os tipos plurissubjetivos diferenciam-se dos demais pelo número de sujeitos exigidos. No nosso Código Penal encontramos nos seguintes artigos: 137; 201; 235; 240; 288 e 354, onde todos possuem como elemento subjetivo o dolo, não excluem as atenuantes e agravantes, e por fim admitem a tentativa, exceto artigo 288.

3.4. BIBLIOGRAFIA

BARROS, Flávio Augusto Monteiro. *Direito Penal; parte geral.* Vol 1. São Paulo: Saraiva, 1999.

BITENCOURT, Cezar Roberto. *Manual de direito penal.* 4ª ed. São Paulo: Revista dos Tribunais, 1997.

BRUNO, Anibal. *Direito Penal.*Tomo I. 2ª tiragem. Rio de Janeiro: Forense, 1978.

COSTA, Álvaro Mayrink da. *Direito Penal; parte geral.* 6ª ed. Vol 1. Tomo I. Rio de Janeiro: Forense, 1998.

COSTA JUNIOR, Paulo José da. *Curso de Direito Penal; parte geral.* 4ª ed. Vol 1. São Paulo: Saraiva, 1997.

——. *Curso de Direito Penal; parte geral.* 4ª ed. Vol 3. São Paulo: Saraiva, 1992.

——. *Curso de Direito Penal; parte especial.* 2ª ed. Vol 2. São Paulo: Saraiva, 1992.

LUISI, Luiz. *O tipo penal, a teoria finalista e a nova legislação.* Porto Alegre: Fabris, 1987.

JESUS, Damásio E. de. *Direito Penal; parte geral.* 20ª ed. Vol. 1. São Paulo: Saraiva,1997.

——. *Direito Penal; parte geral.* 18ª ed. Vol. 2. São Paulo: Saraiva, 1996.

——. Direito Penal; parte geral .12ª ed. Vol. 3. São Paulo: Saraiva, 1998.

MACHADO. Luiz Alberto. *Direito Criminal; parte geral.* São Paulo: Revista dos Tribunais, 1987.

MIRABETE, Julio Fabbrini. *Manual de Direito Penal; parte geral.* 15ª ed. Vol 1. São Paulo: Atlas, 1998.

NETTO, Alcides Munhoz. *A ignorância da antijuricicidade em prática Penal.* Rio de Janeiro: Forense, 1978.

NORONHA. E. Magalhães. *Direito Penal.* 32ª ed. Vol 1. São Paulo: Saraiva, 1997.

PEDROSO, Fernando de Almeida. *Direito penal.* São Paulo: Leud, 1993.

SALES JUNIOR, Romeu de Almeida. *Curso Completo de Direito penal.* 7ª ed. São Paulo: Saraiva, 1999.

SALES, Sheila Jorge Selim de. *Do sujeito ativo, na parte especial do Código Penal.* Belo Horizonte: Del Rey, 1993.

TAVARES, Juarez. *Teoria do Crime.* São Paulo: Revista dos Tribunais, 1980.

ZAFFARONI, Eugênio Raul; José Henrique Pierangeli. *Manual de Direito Penal Brasileiro; parte geral.* São Paulo: Revista dos Tribunais, 1997.

4. A teoria finalista da ação

Antônio César Peres da Silva
Advogado e Professor na ULBRA-RS

Sumário: 4.1. Introdução; 4.2. A tipicidade; 4.3. A teoria finalista da ação. 4.4. Bibliografia.

4.1. INTRODUÇÃO

Para que se possa ter uma exata noção da revolução causada pelo advento da chamada *Teoria Finalista da Ação*, é importante que, ao menos de passagem, se deitem os olhos pelo histórico da evolução da *tipicidade*, do final do século passado, até os dias de hoje, tendo-se em vista o fato de que foi, precisamente sobre este aspecto, que incidiram as principais modificações oriundas das idéias em apreço.

O presente estudo, limitado por sua própria proposta de concisão, tem em vista, assim, uma análise da evolução dos conceitos que nortearam as modificações que ocorreram nesse primeiro fator de constatação do fato criminoso: a tipicidade; ainda que perfunctoriamente e, apenas no que diga respeito ao tema abordado, as diferenças entre esta e a ilicitude; e as modificações que houve no campo da culpabilidade: o eventual juízo de censura, quanto a possuir ou não o agente, por ocasião do injusto, a potencial consciência da ilicitude; o dolo e a culpa fixando-se no tipo penal.

4.2. A TIPICIDADE

A tipicidade evoluiu desde o início deste século por várias etapas (cinco). Todas as teorias que trataram do tema são conseqüência do princípio da reserva legal dos crimes, ou da legalidade - que tem antecedentes em Montesquieu e Beccaria -, consagrado, entretanto, por Feuerbach, e erigido, no Brasil, à condição de dogma constitucional (art. 5º, XXXIX, da CF): "não há crime sem lei anterior que o defina, não há pena sem prévia definição legal".

No final do século passado, o posicionamento dos juristas quanto à definição de crime não tinha a preocupação de dissecar os conceitos, nem de produzir uma divisão analítica dos mesmos. Assim, por exemplo, na Universidade de Messina, na Itália, o professsor Fernando Púglia, inspirado em Carrara, ensinava:

"É doutrina universalmente ensinada que para haver crime é preciso o concurso de dois elementos, um chamado *moral* (*causa* segundo alguns, *força moral subjectiva* segundo outros), ou elemento *psyquico*, digamos nós para maior exatidão, o outro chamado *material* (*effeito* segundo alguns, *força physica subjectiva e objectiva* segundo outros), ou elemento *physico*, segundo nós. Estes dois elementos devem estar em íntima relação entre si, em relação de *causa* a *effeito*, tanto que o segundo elemento não deve ser senão a apparição do primeiro no mundo da realidade."[1]

E Garofalo, expoente da chamada escola positivista, ao citar Vaccaro, asseverava que:

"...o criminalista positivo não pode conceber o *delito* senão como *acção prohibida sob a ameaça de uma pena.*"[2]

E, depois, completava:

"Do mesmo modo que a explosão de uma arma obedece a certas leis de physica, de chimica e de mechanica, assim o poder constituido, prohibindo ou não este ou aquelle acto, obedece a certas leis naturaes da sociedade. D'aqui a conclusão de que *todo o acto prohibido* com a ameaça de pena pelo poder constituido é um delicto natural ou antes que *o único delicto natural que existe é precisamente aquelle que as leis consideram como tal.*"[3]

Diante da evolução da chamada *Teoria do Delito*, em razão da sistematização dos conceitos que a informam, já, em 1942, Luis Jimenez de Asúa dizia:

"Desde este punto de vista, he definido el delito, con fines docentes e de aplicación forense del derecho, diciendo que es el acto típico, antijuridico, imputable, culpable, sancionado con una pena y conforme a las condiciones objetivas de punibilidad."[4]

E, mais adiante:

---

[1] Puglia, Fernando. *Da tentativa*. Lisboa: Livraria Classica Editora; 1921, p. 12.

[2] Garofalo, R. *Criminologia*. Lisboa: Livraria Classica Editora, 1916, p. 67.

[3] Obra citada, p. 68.

[4] Asúa, Luis Jimenez de. *El criminalista*. Buenos Aires: Editora La Ley, 1942, p. 29.

"Conforme se desprende de la definición dada, los caraceres del delito son: actividad, tipicidad, antijuridicidad, imputabilidad, culpabilidad, condicionalidad objectiva y punibilidad."[5]

O primeiro estudioso a tratar do assunto, buscando enquadrar em termos jurídicos o princípio político da reserva legal foi Ernesto Beling, em 1906.[6]

Assim, o jurista germânico, ao formular a sua teoria da tipicidade, foi o pioneiro em dizer que dentre os elementos que compõem a estrutura analítica do crime, estariam a tipicidade, a ilicitude e a culpabilidade. Em Beling, o crime passa a ser a ação típica, ilícita e culpável. É que, antes dele, o delito era, apenas, um fato ilícito e culpável, ao qual seguia-se uma sanção penal.

Disse mais o autor alemão: a tipicidade, que agora deveria ser acrescentada ao conceito de crime, com ele não se confundia (com o crime). É que o termo originou-se de uma expressão contida no Código Penal Alemão - *Tatbestand* (tipo penal). (Na Itália o termo usado é *Fattispecie*.)

A palavra *Tatbestand* era tomada como crime em sua integralidade, mas Beling chamava a atenção que ela, na verdade, significava *espécie de fato*, na sua tradução literal.

Dizia ele que o *Tatbestand* seria, apenas, uma descrição abstrata de uma conduta passível de ser punida; não seria um agir humano, mas mera imagem reguladora, à qual se deve ajustar a ação para tornar-se típica; a tipicidade seria, portanto, puramente descritiva, estritamente objetiva e valorativamente neutra. Não deveriam, pois, os tipos penais, que denominava "puros", conter elementos subjetivos/valorativos. Entendia que, somente dessa forma, poder-se-ia prestigiar o princípio da reserva legal. Afirmava que os tipos que dessa forma não se constituíssem seriam anômalos.

A tipicidade era o ponto de partida de sua teoria dogmatico-jurídica, que a definia da seguinte maneira:[7]

"qualidade do fato, em virtude da qual este se pode enquadrar dentro de alguma das figuras de crime descritas pelo legislador mediante um processo de abstração de uma série de fatos da vida real."

Posteriormente (1915), o também penalista tedesco, Max E. Mayer,[8] formulou o conceito que melhor se firmou acerca da tipici-

---

[5] Obra citada, p. 30.

[6] Luisi, Luiz. *O Tipo penal, a teoria finalista e a nova legislação penal.* Porto Alegre: Fabris, 1987, pp. 15-16.

[7] Hungria, Nelson. *Comentários ao Código Penal.* 4ª ed. Rio de Janeiro: Companhia Editora Forense, 1958, p. 21.

[8] Ver Luisi, Luiz, obra citada, p. 17.

dade. Foi a teoria mais tradicional de sua época. Mayer introduziu modificações no conceito formulado por Beling: não concordava que a tipicidade fosse meramente descritiva, valorativamente neutra e puramente objetiva. Argumentava que, se fosse verdadeira a afirmação de que seriam "tipos puros", somente os que encerrassem estas três características, haveria em todo o Código Penal pouquíssimos tipos assim definidos. É que, segundo ele, ao observar-se o CP Alemão, toda a parte inicial conteria 4 ou 5 tipos formados como tal: 1% do total; 99% seriam tipos anômalos, com elementos subjetivos e normativos.

Asseverava ser praticamente impossível descrever a conduta sem recorrer aos elementos subjetivos e normativos: seriam, portanto, raríssimos os "tipos puros". Aquilo que Beling dava como sendo a regra - "tipos puros"- era, na verdade, a exceção. Afirmava que a tipicidade não poderia ser "meramente descritiva e valorativamente neutra", porque na tipicidade já se inferiria um juízo de valor, ainda que preliminar.

Pensava que, em princípio, a tipicidade seria descritiva, mas já implicaria um juízo de ilicitude. Dessarte, se o fato fosse típico, já haveria uma presunção de ilicitude; usou a expressão latina *ratio cognoscendi*; a tipicidade seria, pois, a razão de se conhecer da ilicitude. Haveria, inicialmente ao menos, uma ilicitude formal - logo a ação não poderia ser "valorativamente neutra": a conduta seria passível de ser punida, o que de fato deveria acontecer, se houvesse a ilicitude material e fosse culpável o autor.

Em 1926, Edmundo Mezger,[9] mais um expoente da brilhante escola de penalistas alemães, entra em choque frontal com Beling e parcial com Mayer.

Suas idéias, embora não tenham sido acompanhadas pela maioria dos estudiosos de seu tempo, tiveram alguns seguidores na Alemanha. Mezger substituiu a expressão *ratio cognoscendi* de Mayer, pela expressão *ratio essendi* (razão de ser). A tipicidade seria, assim, a razão de ser da ilicitude, não mera presunção desta.

Mezger dizia que o fato típico já seria ilícito, modificando, dessa forma, o próprio conceito de crime. Afirmava ser o crime uma ação tipicamente ilícita e culpável: não haveria, assim, tipicidade sem ilicitude.

O autor deixava claro que, segundo seu pensamento, também não se confundiam os conceitos de tipicidade e ilicitude - que eram, em que pesem estritamente ligados, diferentes. Por isso, falava, o mestre alemão, em conduta humana *tipicamente ilícíta:* entendia po-

---

[9] Idem, p. 19.

der existir ilicitude sem tipicidade (extrapenal), mas não tipicidade sem ilicitude. E a ilicitude, para ter conseqüência penal, teria, necessariamente, de possuir o atributo da tipicidade: a ilicitude penal seria, portanto, descontínua (só interessava no tipo); a extrapenal, ao contrário, seria contínua, uma vez que não havia a necessidade de que se vinculasse a uma conduta anteriormente descrita pela lei incriminadora.

A tipicidade, desta forma, encerraria, já, neste primeiro momento, um juízo de valor - traria no seu bojo o atributo da ilicitude. Por isso, se o agente cometesse um fato, que se subsumisse num tipo penal, justificadamente, estaria excluída, não somente a ilicitude da conduta, mas a própria tipicidade.

Posteriormente, Ernesto Beling[10] vem reformular seu pensamento.

Pouca repercussão no mundo jurídico teve, entretanto, essa resposta às críticas que foram direcionadas à sua teoria da tipicidade. Basicamente, o jurista vai distinguir entre o *Tatbestand* (tipo penal) e o chamado *Delitstypus* (figura delitiva). O Tatbestand seria pura abstração, uma imagem reguladora, que nem sequer entraria no conceito de crime e, como tal, deveria ser meramente descritiva, valorativamente neutra e puramente objetiva. Seria a idéia do que seja o fato criminoso, não o crime. O *Delitstypus* é a abstração concretizada numa ação humana; este tem seus componentes subjetivos, normativos e envolvem um juízo de censura. Dizia Beling: há um *Tatbestand* básico, puramente objetivo (atingir a vida de alguém, p. ex.), dele originar-se-iam inúmeras figuras delitivas: infanticídio, homicídio, aborto; estes seriam *Delitstypos*.

Finalmente, na década de 30, também na Alemanha, sobressaiu a idéia do penalista Hanz Welzel,[11] que, conforme se verá com mais vagar no próximo capítulo, insurgiu-se contra o modo como, até então, os conceitos de ação humana e resultado incidiam na tipicidade. Assim, contrapondo-se à chamada Teoria Clássica, formulou a Teoria Finalista da Ação.

O *tipo finalista*, como queria o insigne mestre alemão, no sentir de Juarez Tavares,[12] seria:

---

[10] Idem, pp. 21-22.

[11] Sobre o tema, consultar Welzel, Hans. *El nuevo sistema del derecho penal; una introducción a la doctrina de la acción finalista.* tradução em espanhol de José Cerezo Mir. Madrid: 1964, pp. 25 e seguintes.

[12] Tavares, Juarez. *Teorias do delito; variações e tendências.* São Paulo: Editora Revista dos Tribunais, 1980, p. 64.

"representado como *ação tipificada*, ou melhor, como a formalização jurídico-penal dos componentes da ação, acrescidos de elementos caracterizadores de cada delito em espécie e constituindo, por conseqüência, a *matéria da proibição.*"

Para ele a tipicidade comportava duas faces ou duas tipicidades: uma objetiva - externa (o que está descrito no código) - e outra subjetiva - interna -, que lhe está implícita.

Como conseqüência direta da concepção finalista, a ação humana passou, então, a ser vista como um todo indivisível, no seu aspecto interno e externo. O dolo, agora, é o tipo penal subjetivo. Daí a conseqüência: o fato pode ser objetivamente típico e subjetivamente atípico. O exemplo é o erro de tipo,[13] em que falta tipicidade subjetiva. O contrário também pode ocorrer, como é o caso do crime impossível, em que o fato será objetivamente atípico e subjetivamente típico.

Ao analisar o conceito de delito à luz da ação final, assim asseverou Ronaldo Tanus Madeira:[14]

"Ao se afastar das propostas positivistas e naturalistas, o finalismo tenta reconstruir o conceito de ação como 'exercício de atividade final'. A vontade na ação não deve ser considerada, apenas, como voluntariedade, causadora de uma modificação no mundo exterior. O finalismo procura acentuar e fundamentar o seu conceito de ação no conteúdo final da vontade da ação. E, como parcela do ser real, parte do ser real pertence a uma categoria existencial não afetada pelo processo causalista. (Ponto de vista ontológico em contraposição ao ponto de vista lógico-formal da concepção clássica e neo-clássica da ação.) A ação é considerada na sua fase pré-jurídica, e, mesmo neste momento anti-normativo, ela está carregada de sentido final. Vontade e finalidade passaram a ser uma só coisa."

4.3. A TEORIA FINALISTA DA AÇÃO

O primeiro aspecto que deve ser levado em conta para que se tenha uma perfeita compreensão do monumental avanço introduzido pelo advento da Teoria Finalista da Ação - que inspirou a reforma penal brasileira de 1984 e a conseqüente alteração da Parte Geral do Código Penal-, é no que concerne à observação do fato natural e do fato típico.

---

[13] Sobre o assunto, ver Gomes, Luiz Flávio. *Erro de tipo e erro de proibição.* 3ª Edição, São Paulo: Editora Revista dos Tribunais, 1996, pp. 138 e seguintes.

[14] Madeira, Ronaldo Tanus. *Dolo e culpabilidade.* Rio de Janeiro: Editora Liber Juris Ltda, 1991, p. 4.

E isso porque, na análise do enquadramento típico, do ponto de vista do nexo causal e do resultado, a grande diferença entre os enfoques dados por esta e pela Teoria Clássica,[15] diz respeito com a tônica: enquanto, sob a ótica causal-naturalista, esta se estabelecia no resultado, à luz do finalismo, fixa-se na ação. A ação, sob o enfoque causal, definia-se como movimento corpóreo ou ausência dele, dominado ou não pelo querer, causando, ou não impedindo uma alteração no mundo exterior. Os dois requisitos fundamentais eram o desejo e a manifestação deste externada. A volição atuaria apenas como um impulso. Aquilo que determinara o movimento corpóreo ou sua ausência; seria, meramente, a vontade como impulso. Na ausência da voluntariedade estariam presentes as excludentes d ação, que são os atos reflexos, os praticados em estado de inconsciência e a coação física absoluta.

Na concepção dita tradicional, a vontade entraria, na definição de ação, como já dito, somente como impulso; quer dizer, não haveria a necessidade de se analisar o aspecto da finalidade a que se dirigia essa intenção: o agente atuaria ou se omitiria, através de um movimento corpóreo.

Não interessava ao conceito de ação, segundo os clássicos, o motivo da conduta. Não se estaria, destarte, frente à matéria de tipicidade, mas em nível de culpabilidade.

Nesse caso, se o núcleo do querer do agente fosse o de obter determinado resultado típico, seria culpado a título de dolo. Sendo este, entretanto, extratípico, e o bem jurídico tutelado atingido por imprudência, imperícia ou negligência, seria culpado a título de culpa.

O conteúdo da vontade não integrava o conceito de ação e nem de fato típico. Para que houvesse ação e que fosse ela adaptada ao fato típico, bastaria, como se disse, o seu impulso; é que, sob este enfoque, seria suficiente para a configuração da tipicidade, que este ato tivesse sido dominado pela vontade: o núcleo não interessava, seria matéria de culpabilidade.

Contra isso se insurgiu, na década de 30, o grande penalista alemão Hans Welzel, o autor que fixou os conceitos que desaguaram no chamado *Finalismo*.

Dizia que a ação humana seria composta de movimento corpóreo ou ausência deste, dominado ou não pela vontade, sempre dirigida a uma finalidade; não se poderia, segundo ele, tirar da ação humana o seu objetivo. Já no primeiro momento a ação humana seria

---

[15] Sobre o tema, v. Noronha, E. Magalhães. *Direito Penal*. Vol. 1. São Paulo: Saraiva, 1982, p. 106.

indivisível - como quer o mestre Walter Coelho[16] - e deveria ser levada em conta na sua integralidade - em seu aspecto interno e externo.

Era, portanto, para Welzel, indiscutível que a ação humana fosse o exercício de uma atividade finalística.[17] Seria um comportamento consciente, sempre dirigido a um fim, que era almejado pelo agente.

O professor Luiz Luisi, em obra magistral,[18] assim interpretou, a nosso ver de maneira insuperável, a justificativa do mestre tedesco ao propor o finalismo:

"Ao apreender a essência dos atos do querer e do conhecimento do homem - postos como objetivas realidades, na posição de objetos do conhecimento - verifica-se que o conhecer e o querer humanos se voltam sempre para uma meta; visam a um objetivo. O conhecimento é conhecimento de algo, posto ante o sujeito. O querer é querer algo posto como fim pelo sujeito. A característica ontológica, portanto, do conhecer e do querer humanos está nesta 'intencionalidade', isto é, nesta 'finalidade', que é sempre, por força da normação ôntica, visada pelo agente. A ação, portanto, como decorrência desta estrutura ontológica, é sempre, enquanto autenticamente humana, 'exercício de atividade final'. "

Miguel Reale Jr. afirma, também, que a ação humana é ontologicamente finalista, integrando-a a intencionalidade, por força de sua própria estrutura. Diz mais o mestre paulista:

"Além do caráter finalístico da ação, se impõe, também, a causalidade como uma exigência do real."[19]

Assim, pode-se dizer que, segundo o finalismo, o fato natural é a ação finalisticamente direcionada a uma vontade (típica ou extratípica). A finalidade da ação, o conteúdo da vontade, nada tem a ver com a culpabilidade: integra a própria ação. Por isso que nessa concepção dolo e culpa nada têm a ver com culpabilidade, estão no fato típico, na ação típica.

Passa-se, dessarte, a ter uma concepção normativa pura: é que não se indaga mais acerca de culpabilidade na análise do conteúdo da vontade. A ação é dirigida a um resultado no mundo exterior (não em sentido jurídico, mas em sentido naturalístico.)

---

[16] Coelho, Walter. *Teoria geral do crime.* Porto Alegre: Sete Mares Editora, 1991, p. 32.

[17] Welzel, Hanz. Obra citada, pp. 25 a 27.

[18] Luisi, Luiz. *O tipo penal, a teoria finalista e a nova legislação penal.* Porto Alegre: Fabris, 1987, p. 39.

[19] Reale Jr. Miguel. *Teoria do delito.* São Paulo: Editora Revista dos Tribunais, 1998, p. 32.

Por isso, o fato natural será típico, desde que a ação dirigida a um objetivo que o motive, o seu produto e o seu nexo de causalidade se ajustem a um tipo penal. Por conseguinte, sendo a finalidade inseparável da ação, já, num primeiro momento deste fato típico, ter-se-á configurada, não apenas uma ação típica, mas uma ação dolosa ou culposa.

A ação - que é inseparável de sua finalidade - entrará, dessa forma, em um tipo penal *com a sua finalidade*.

Assim, se a finalidade for a de concretizar um tipo penal, como se disse, será uma ação dolosa. Se esta ação, contudo - com a sua finalidade -, não incorre num tipo penal, o conteúdo da vontade será extratípico; e se o resultado lesivo for causado por imprudência, imperícia ou negligência, o agente terá incorrido em um tipo culposo (o agente não quis, mas descumpriu a norma de ser atento): é que dolo e culpa passam a ser matéria de tipicidade, e os tipos passam a ser dolosos e culposos. Conseqüentemente, o elemento subjetivo/normativo sai da culpabilidade: a finalidade está no fato natural; dolo e culpa, no fato típico.

Por isso é que o dolo passa a ser o elemento subjetivo de todos os tipos penais: é a vontade consciente de realizar a conduta típica. E a cada tipo penal objetivo - aquele descrito na lei - corresponde, sempre e necessariamente, um tipo penal subjetivo que lhe é congruente. A face externa de um homicídio, por exemplo, é matar um ser humano (tipo objetivo); e o tipo penal subjetivo é querer matar ou assumir o risco desse resultado. O tipo subjetivo está implícito em todos os tipos objetivamente considerados.

Nos crimes culposos, entretanto, não sendo o conteúdo finalístico a vontade de concretizar o tipo penal, mas o de praticar uma ação extratípica, diz-se que não há elemento subjetivo (se houvesse, seria dolo !), mas elemento normativo de um tipo penal aberto (a conduta não está descrita), que se vai configurar toda vez que for descumprida uma norma de ser atento, cuidadoso e diligente. Nesse caso, não basta o resultado: o agente tem de ter-lhe dado causa, ofendendo o bem penalmente protegido, porque descumpriu a norma de atenção, cuidado ou diligência; é dizer, em razão de um elemento normativo do tipo.

Mezger, ao formular essa noção, afirmou que: "actua dolosa o culposamente el que se encuentra en tales *referencias anímicas* com respecto a sua acción que ésta aparece como expressión jurídicamente desaprobada de su personalidad".[20]

---

[20] Mezger, Edmundo. *Tratado, t.II; Strafrecht ein Studiebubuch*, t. I, p. 110, *apud* Balestra, Carlos Fontán. *El elemento subjetivo del tipo*. Buenos Aires: Roque Demalpa Editor, 1957, p. 100.

E, sendo o dolo a vontade consciente de realizar os elementos do tipo penal, recepcionando a Teoria Finalista da Ação, não mais faz referência o Código Penal ao chamado erro de fato, mas em seu artigo 20 refere-se a erro de tipo.

Por isso, se o agente, por erro, figurar nos elementos do tipo, se sua vontade não for a de incidir naquela conduta proibida, será afastado o dolo: o erro de tipo vai afastar o tipo penal subjetivo. Nesse caso, estar-se-á frente a um fato objetivamente típico e subjetivamente atípico.

Segundo Welzel,

"exclui-se o dolo se o autor desconhece ou se encontra em erro acerca de uma circunstância objetiva do fato que deva ser abarcada pelo dolo e pertença ao tipo legal."[21]

É que atua dolosamente, segundo Graf zu Dohna,[22] numa definição precisa, embora singela, "quem sabe o que faz".

A grande criação do finalismo é que, a partir de então, existem duas tipicidades: a objetiva e a subjetiva. Em razão disso, pode, também, acontecer o inverso: a conduta ser subjetivamente típica e objetivamente atípica.

No caso do crime impossível, por exemplo, existirá atipicidade objetiva e tipicidade subjetiva. Assim, se o agente dispara tiros no cadáver de um desafeto pensando matá-lo, a atipicidade é em concreto, pois existe o tipo penal homicídio, apenas não se configurou o tipo por ausência de objeto jurídico. Logo, o crime impossível é o oposto do erro de tipo.

Prestando-se a esta mesma análise, porém com resultado diverso, tem-se, ainda o crime putativo. Este se dá, quando o autor pensa estar, com a sua ação, incidindo em um tipo penal, não sendo, entretando, tal conduta, assim definida. Desse modo, se o agente praticar, por exemplo, um incesto com pessoa maior e capaz, haverá atipicidade subjetiva e objetiva; é que ele quer concretizar uma conduta que não é criminosa, ainda que pense estar ofendendo a lei penal (*o dolo é a vontade de incidir nos elementos do tipo penal!*). Têm-se, assim, agora, duas atipicidades: objetiva, porque a conduta não é prevista na lei penal incriminadora; e subjetiva, porque tipicidade subjetiva é querer causar os elementos de um tipo, que, no caso, não existe.

Diametralmente oposto é o caso do erro de proibição (art. 21 do CP) que contempla as situações em que existe congruência, isto é, estão presentes ambas as formas de tipicidade: objetiva e subjetiva.

---

[21] Welzel, Hans. *Derecho penal aleman - parte general*. Tradução de Juan Bustos Ramires e Sérgio Yáñes Pérez, 11ª Ed. 1970, p. 112.

[22] *Apud* Balestra, Carlos Fontán, obra citada, p. 101.

No caso, estando presente o erro quanto à ilicitude do fato - que será objeto de análise num segundo momento, eis que superada a questão da tipicidade -, concluir-se-á que o agente, por erro, incidiu em conduta injusta. É que, ao sentir de Walter Coelho, a ilicitude - o segundo atributo da conduta punível - é, como a tipicidade, de fundamental importância para a caracterização do crime. Segundo o eminente professor gaúcho:

"Assim como a 'ação' é o 'núcleo', a 'tipicidade', o 'elemento descritivo', a 'ilicitude' é a própria 'essência' da conduta delituosa".[23]

Importante que se frise que o dolo que passou a ser o tipo penal subjetivo em todos os crimes, não é aquele da concepção causal, psicológico-normativo: consciência do fato e de sua potencial ilicitude e, mesmo assim, a vontade de praticá-lo. Esse elemento, agora, diz, apenas, com a parte interna da conduta: não entra a consciência da ilicitude do fato. Trata-se, somente, do dolo psicológico - *dolus naturalis*. Não há neste momento a análise de elemento normativo (agiu certo ou errado?); é, somente, a consciência do fato e a vontade praticá-lo.

Carlos Fontán Balestra[24] diz que o dolo, como elemento subjetivo, desenvolve-se num sentido tríplice. Segundo o autor argentino:

"1) De la exigencia de la intención, primitivamente requerida, se pasa a la voluntad del resultado. Por último, existiendo voluntad para la causa, resulta suficiente con la aceptación del resultado o asentimiento en el.

2) Se advierte la diferencia entre los conceptos *previsibilidad* y *previsión*, requiriéndose este último para la existencia de dolo.

3) No es preciso que el resultado sea previsto como cierto; es suficiente la previsón de la posibilidad, si ella no detiene al autor en su acción. Los resultados así acarreados se cargan al autor a titulo de dolo condicionado o eventual."

Em conclusão, teremos na Concepção Causal-Naturalista (Causalidade Mecanicista), como elementos do fato típico: a ação ou omissão; o resultado e nexo causal - formadores do fato natural; e a tipicidade.

Na Concepção Finalista (Causalidade psicológica ou dirigida), o fato natural será composto de ação ou omissão dirigida a uma finalidade, resultado e nexo causal. O fato típico, por seu turno, consistirá em tipicidade, uma ação dolosa (tipo doloso) ou culposa (tipo culposo), resultado e nexo causal. Não existiria a necessidade de elencar-se a tipicidade como um dos elementos do fato típico

---

[23] Coelho, Walter, *Teoria geral do crime*. Porto Alegre: Sete Mares Editora, 1991, p. 34.

[24] Balestra, Carlos Fontán, obra citada, p. 106.

doloso: como já visto, o dolo não está na ação, mas na *ação típica*. Tal raciocínio, entretanto não pode ser aplicado ao fato típico culposo. Explica-se: pode haver culpa fora dos tipos penais (culpa civil).

Por fim, é de se afirmar o inegável avanço à Teoria do Delito, constituído pelo Finalismo. Sobre tal assertiva, assim se pronunciou o eminente Professor Juarez Tavares:

"E, dogmaticamente, a colocação do dolo no tipo, que hoje é aceita até mesmo por não finalistas, trouxe enormes facilidades na construção do delito. Primeiramente, equacionou o problema da separação assistemática dos elementos subjetivos, que informam o ilícito, do dolo, para juntá-las num mesmo bloco. Tudo que é, assim, naturalisticamente subjetivo deve ser encarado de uma mesma forma. Depois, pôde-se obter um melhor enquadramento técnico da tentativa e do crime consumado, da autoria e da participação, do erro de tipo e do erro de proibição, como também, dosar-se adequadamente o caráter indiciário do tipo com relação à antijuridicidade."[25]

4.4. BIBLIOGRAFIA

ASÚA, Luis Jimenez de. *El criminalista*. Buenos Aires: Editora La Ley, 1942.

BALESTRA, Carlos Fontán. *El elemento subjetivo del tipo*. Buenos Aires: Roque Demalpa Editor, 1957.

BRUNO, Anibal. *Direito penal - parte geral*, tomo 1º. Rio de Janeiro: Forense, 1978.

COELHO, Walter. *Teoria geral do crime*. Porto Alegre: Sete Mares Editora, 1991.

GAROFALO, R. *Criminologia*. Lisboa: Livraria Classica Editora, 1916.

GOMES, Luiz Flávio. *Erro de tipo e erro de proibição*. 3ª edição. São Paulo: Editora Revista dos Tribunais, 1996.

HUNGRIA, Nelson. *Comentários ao Código Penal*. 4ª ed. Rio de Janeiro: Forense, 1958.

LUISI, Luiz. *O tipo penal, a teoria finalista e a nova legislação penal*. Porto Alegre: Fabris, 1987.

MADEIRA, Ronaldo Tanus. *Dolo e culpabilidade*. Rio de Janeiro: Liber Juris, 1991.

NORONHA, E. Magalhães. *Direito Penal*. Vol. 1. São Paulo: Saraiva, 1982.

PUGLIA, Fernando. *Da tentativa*. Lisboa: Livraria Classica Editora, 1921.

REALE JÚNIOR., Miguel. *Teoria do Delito*. São Paulo: Revista dos Tribunais, 1998.

TAVARES, Juarez. *Teorias do delito, variações e tendências*. São Paulo: Revista dos Tribunais, 1980.

WELZEL, Hans. *Derecho Penal alemán - parte general*. tradução chilena de Ruan Bustos Ramires e Sérgio Yáñes Pérez, 11ª ed. 1970.

——. *El nuevo sistema del derecho penal, una introducción a la doctrina de la acción finalista*. Madrid: tradução em espanhol de José Cerezo Mir, 1964.

---

[25] Tavares, Juarez, obra citada, p. 86.

5. El nuevo rol del estado en América Latina y el control de la sociedad

Carlos Alberto Elbert
Profesor de Criminología,
Universidad Nacional de Buenos Aires, Argentina.

Sumário: 5.1. Los proyectos de la política criminal latinoamericana en el fin de siglo; 5.2. Dos problemas: La inseguridad de los ciudadanos consumidores y la de los sujetos excluídos; 5.3. Algunas conclusiones.

En mi libro *Criminología Latinoamericana* (parte segunda)[1] analicé los efectos de la minimización estatal, y retomaré aqui algunas - de las ya enumeradas - consecuencias colectivas e individuales que impuso ese proceso a los estados latinoamericanos.

La dislocación de valores estables que habían legitimado a gran parte de las prácticas sociales del siglo XX, provocó efectos anómicos y de fragmentación, cuyas consecuencias parecen estar en sus comienzos. Así, se evidenció la incapacidad estatal para atender los requerimientos sociales corporizando una solidaridad colectiva, con el consecuente descrédito de las clases dirigentes y de los políticos profesionales, la obsolescencia de muchas funciones del Estado, la corrupción y el deterioro de los poderes públicos, y el sentimiento de inseguridad jurídica acentuada en casi todos los sectores sociales.

La concentración de metas estatales en la faz financiera con modelo único, profundizó el efecto de *incompatibilidad de motivaciones y metas entre mercado y sistema democrático*, empujando a la política hacia una especie de enajenación autocrática corrupta, ejecutada mediante los residuos del aparato estatal. La ineficacia más notable del Estado en cuestiones de política criminal es, seguramente, *la renuncia o abandono del monopolio de la violencia.*

---

[1] Editorial Universidad, Buenos Aires, 1999. La traducción al portugués de las dos partes de la obra, está siendo realizada por los Profesores Ruth Chittó Gauer y Ney Fayet Júnior, de Porto Alegre, y serán publicados en breve por Editorial LTR de San Pablo

A Sociedade, a Violência e o
Direito Penal

La privatización de servicios esenciales, terminó transformando a la seguridad en un producto más que debe adquirirse en el mercado y ciertamente, a alto costo. Incluso, en algunos países se asiste ya a la transnacionalización de la seguridad: grandes especialistas norteamericanos compran empresas privadas nacionales de vigilancia, con lo cual buena parte de la seguridad interior se transfiere, como tantos otros servicios, al capital privado extranjero.

Dado que la proporción de ciudadanos con buen poder adquisitivo es reducida, dos tercios de los habitantes de los países latinoamericanos que no pueden pagar la seguridad pública o privada, quedaron sin ellas. Como consecuencia de este proceso, la custodia de los pudientes se asemeja cada vez más al encierro en fortalezas o cuarteles, y la de los desposeídos al abandono a su suerte.

El choque de realidades tan extremadamente contrastantes, coexistiendo en ciudades, barrios y carreteras, lleva a contradicciones cada vez más violentas, acentuando el deterioro de la calidad de vida posible en los países latinoamericanos, insertos en un mundo globalizado y tecnotrónico del siglo XXI, que se desentiende de la planificación social.

Las políticas de control y seguridad estatal, (de estados endeudados y condicionados en grado extremo) apuntan, casi exclusivamente, a temáticas coyunturales, de emergencia, decisionistas, pragmáticas o deliberadamente contradictorias. Buena parte de los créditos internacionales para este fin se malgastan en folletería, protocolo, viáticos y ampliación de las burocracias existentes.

La inoperancia oficial, sorda a la reflexión autocrítica y ciega a la creatividad, ha contribuído a convalidar la convicción colectiva de que, en la lucha por la supervivencia, todo vale y que nada razonable puede esperarse de la autoridad.

En el plano internacional se registró una intensificación de fenómenos graves y complejos, como el tráfico de armas y drogas y el lavado de dinero, habiéndose instalado también la compulsión política internacional con ropaje de *control de hechos delictivos*, como en los casos *Noriega, Samper* o *Pinochet*, que constituyen, pese a sus características muy diferentes, claras intervenciones externas en la temerosa política interior de nuestros países.

Este cuadro de situación *ha transformado por completo los parámetros precedentes de la seguridad y el control social en América Latina*. A lo largo del siglo, la concepción contractualista y las teorías de la defensa de la sociedad, indicaban la existencia de una mayoría de población *normal*, que debía ser protegida de una minoría agresiva y patológica. Los fines del control apuntaron más o menos explícitamente, a proteger "tanto a la sociedad como al delincuente", mediante el encierro y debido tratamiento del segundo. Ello, a su vez, tendía a "recuperar" o "reinsertar" a los extraviados del conjunto social. Se consideraba obvio que la intervención de la ley era inexorable e igual para todos. La maquinaria legal intervenía siempre, en todos los conflictos, fueran de la clase que fueran, y tenía los recursos suficientes para lograrlo, asegurando la paz social.

Es evidente que, en el 2000, aquellos fines han caducado por completo y resulta difícil creer en ellos. Probablemente el discurso iluminista sobrevive como justificativo de una concepción obsoleta en retirada, pero *ya no hay forma de demostrar que la sociedad es consensual e igualitaria o que se preocupe por la seguridad y el destino de todos los ciudadanos*. Mucho menos, que la maquinaria legal intervenga en todos los conflictos y que le interese o esté en condiciones de hacerlo.

El control tiende a la militarización y los grandes operativos, a la pena de muerte por "gatillo fácil" a las formas de violencia irregular o extra - institucional, de carácter sui - géneris, gestadas clandestinamente en los aparatos militarizados del control. Este tipo de fenómenos están tan ligados a deformaciones o a la total degeneración del sistema de seguridad oficial, que deben ser abarcados como objeto de estudio por la criminología, incluso prioritariamente, como un aspecto inevitable (ya sea por tolerado o poco controlable) de la maquinaria de control estatal, dada la magnitud de la marginación a contener en Latinoamérica. La imposibilidad fáctica de controlar a dos tercios de la población ha dado lugar a nuevas modalidades en el diseño del servicio: reducido y tarifado, opera como *negocio que se juzga por su rentabilidad*. Por otra parte, quedó establecido, de hecho, un estado de ilegalidad colectiva para una porción enorme de la población, que vive en zonas marginales, en terrenos o casas ocupadas, sin documentación ni trabajo estable, o pagando salteado sus alquileres y servicios. La irregularidad institucional generalizada hace más fácil que nunca criminalizar a los excluídos, tanto en el plano individual como familiar o colectivo. Dada la evidente procedencia social de los protagonistas sociales, la selección de sospechosos y diferentes resulta - salvo en el caso de la juventud - extremadamente obvia y los grupos considerados peligrosos pueden ser seleccionados con sólo observar las multitudes por las calles. La heterogeneidad de los grupos excluídos y su pérdida de referencias políticas o sindicales los coloca en estado de total desprotección jurídica en caso de conflictos con la ley, facilitando excesos en su perjuicio. Por otra parte, la vida de este ejército de sospechosos se asemeja a algo así como la ley de la selva, con situaciones de vida plagadas de abuso y violencia que se proyectan hacia el diferente o los iguales no deseados, en especial en las barriadas o villas miseria, donde la autoridad no ingresa, o lo hace en el curso de grandes operativos.

La desprotección de los marginados es tal, que se han registrado situaciones en las que los propios carenciados contratan sicarios o asesinos a sueldo para mantener el orden en el espacio de la miseria.[2]

La creciente disolución del modelo contractual de control acrecienta diariamente el peligro del caos y la anarquia generalizados, que se evidencian en el aumento de conductas delictivas con violencia armada y su frecuente derivación en tomas de rehenes y tiroteos a muerte con la policía o particulares que se defienden. El negocio de venta de armas y de entrenamiento en su uso ha crecido en forma espectacular, y hay mercados paralelos de armas no registradas que podrían servir para equipar un ejército. Simples ladrones improvisados o principiantes, disponen de fusiles de guerra y metralletas en sus incursiones, con resultados tan cinematográficos como catastróficos.

La vida urbana del siglo XXI, más que vida, promete ser una pesadilla insufrible a la que el pago de más servicios no podrá aliviar. Se trata, sin duda, de una crisis social que impone reprogramar el estado, la política y las bases de la coexistencia. Por supuesto, estoy convencido de que la política criminal no dará solución a los gravísimos problemas socioculturales que exhibirá América Latina en la última noche del siglo XX. Cabe preguntarse, entonces, si no hemos subestimado la visión apocalíptica del estado de caos tras la disolución del pacto social, de un *Hobbes* relativizado por los enfoques más críticos de la criminología y el derecho penal de las últimas décadas.

Para concluir, es atinado hacer aqui una reflexión sobre la política criminal que es dable prever para la primera década del siglo XXI, a la luz de lo que vengo exponiendo.

Hasta el fin de siglo las fórmulas para el control social de los gobiernos latinoamericanos no toman en cuenta el factor social, y pretenden esgrimir la defensa de *valores comunes*, contra toda lógica y peor aún, contra los datos evidentes de la realidad. El modelo de la clase media alta, satisfecha y feliz, en su casa alpina rodeada de césped, con el último modelo de automóvil en la puerta (esta es, la

---

[2] Ya en 1990 *Heloisa Rodrigues Fernandes* había publicado su trabajo sobre los "justiceiros" de San Pablo en portugués, inglés y alemán. Es un análisis de policías asesinos que, luego de su expulsión institucional, son contratados por los excluídos que antes reprimiam, para ahora protejerlos y poner orden en sus favelas.

inverosímil "familia tipo" de América Latina que puede verse en la televisión) es claramente sectorial y excluyente. La defensa a ultranza de esta *ilusión de la felicidad* rodeada de fango, lleva al paradojal espectáculo de los barrios cerrados, con guardia armada en los accesos, cual cárceles de lujo, dentro de cuyos terrenos cada vez más pequeños los arquitectos compiten en la copia de los planos de Beverly Hills, generando urbanizaciones caóticas y artificiosas, al servicio de la pura competencia de vanidades hacinadas.

Imaginar una disciplina social mediante la cual la masa excluída adopte buenos modales y no moleste a los pudientes sobrados de todo, es algo tan poco imaginable como cenar opíparamente ante un grupo de hambrientos, ignorando su presencia. Paradójicamente, los medios, legisladores y políticos se alarman solo cuando un marginado ataca a alguien de una "familia tipo" o invade la privacidad alpina, o sea, cuando los mundos incompatibles se tropiezan en el mismo sitio. Esas circunstancias son la coyuntura que desata la histeria político criminal de clase, generando las campañas de ley y orden repentinistas y draconianas, impulsando modificaciones legales a granel, tomadas del reservorio descartado de la política criminal de décadas anteriores, o copiando los inventos de la parafernalia político criminal estadounidense, como "tolerancia cero", estigamatización pública, ejecuciones itinerantes, silla eléctrica o inyección letal. Esos momentos álgidos de reclamos airados, durante los cuales la política criminal se vuelve importante, son los que aprovechan los gobiernos, valiéndose de decretos expeditivos, para aumentar los sueldos a las fuerzas represivas, mejorar su armamento y sus vehículos y reclutar más personal, sin que la sociedad pueda objetar el desequilibrio presupuestario que implican, porque los más seguros beneficiarios – quienes manejan la economía y los medios - lo piden a gritos. En plena coyuntura enrarecida por el golpeteo mediático, resulta poco menos que imposible, o cuanto menos riesgoso, oponerse a la avalancha de ideas arcaicas que reflotan, destruyendo los aspectos racionales del control, y pretendendiendo implantar la seguridad del terror, dejando de lado razonamientos sobre su utilidad. Notablemente, las soluciones simbólicas que se adoptan no prevén de ningún modo la organización de medidas reales para paliar el sufrimiento de las víctimas, como centros de asesoramiento, contención o terapia, y mucho menos fondos indemnizatorios para compensar las pérdidas. Por el contrario, todo el debate se concentra en torno a los mejores modelos de rigor y denigración retributiva.

Entiendo que los criminólogos del siglo XXI no podrán convalidar estas políticas, aplicando el argumento pseudodemocrático de "escuchar las demandas sociales". No debe olvidarse tampoco, que con este argumento se justificam fenómenos como la televisión basura y otras muestras decadentes de la vida social. La base de toda discusión debe ser la exigencia de *una seguridad jurídica que tome realmente en cuenta a toda la sociedad, gratuita y fundamentalmente oficial, porque la seguridad como bien privado es injusta y desigual y porque las policías de plenos poderes, además de minar la democracia existente, son presupuesto indispensable de cualquier tentación totalitaria posterior.*

Nada indica, por ahora, que la terrible onda ascendente del control irracional vaya a abandonarse como política oficial en América Latina. Por cierto, será una tarea mui ardua la de no dejarse ganar por el escepticismo, la indiferencia o el desánimo que provocan las políticas criminales generadas por los modelos de exclusión. Pero lo cierto es que una prognosis de la evolución socioeconómica de los países latinoamericanos manteniendo las actuales tendencias, no hace pronosticable sino un agravamiento de los cuadros de violencia cruzada que actualmente presenciamos. Obviamente, una política criminal equilibrada requiere de un poder central que ejercite un rol de garante frente a los abusos y las disparidades sociales. Si no se apunta a este objetivo como punto de partida, la política criminal seguirá siendo un conjunto de recortes intercambiables, y el control a modo de espada sin cabeza contribuirá apenas a acelerar el derrumbe de un modelo de coexistencia que se desentiende de las catástrofes ajenas, incluso las que puedan arrastrarlo al abismo.

5.1. LOS PROYECTOS DE LA POLÍTICA CRIMINAL LATINOAMERICANA EN EL FIN DE SIGLO

No es necesario ser clarividente para anticipar que un modelo económico como el actual terminará, tarde o temprano, sosteniéndose por la fuerza, aún cuando las modalidades del ejercicio de la fuerza estatal de las próximas décadas sean todavía difíciles de imaginar y muy diferentes a las del siglo XX. La creciente violencia social acelera fatalmente la espiral represiva, con su intrínseca necesidad de apelar a cualquier recurso, desempolvando proyectos peores que los del viejo arsenal positivista, retrocediendo, si es necesario, a la ingeniería medieval.

Como sucede con cada segmento del aparato de control formal, es imposible entender el conjunto sin identificar un hilo conductor genérico que explique el porqué de los discursos oficiales, sus argumentos explícitos o declarados y los implícitos y no declarados. Esto es válido en todo lugar, pero la característica diferencial de los sistemas de control latinoamericanos radica en la intensidad e importancia que alcanzan los argumentos y funciones no declaradas, a los que invariablemente se presenta como "errores", "disfunciones" o "defectos transitorios". En la autointerpretación de los discursos oficiales se refuerza la idea del valor abstracto de las instituciones, con prescindencia de su orientación y control democrático. Las fuerzas del control son, así, una especie de cuenta corriente bancaria de donde se sacan y ponen valores, sin alterar el número ni el nombre del titular. Es en este marco de referencia general en que se insertan las políticas oficiales concretas tendientes a revertir el aumento de los delitos contra la propiedad y la violencia delictiva a la que se atribuye, con mayor o menor certeza, un crecimiento pavoroso, estableciendo siempre su origen en motivaciones exclusivamente individuales de los autores.

Es interesante practicar un somero repaso de las formas novedosas de "delincuencia" de fin de siglo, sea que las conductas más dañosas que analizaré estén o nó tipificadas.

En los últimos veinte años del siglo XX se registró la aparición de nuevas y eficaces técnicas de agresión a muchos bienes jurídicos esenciales. También se asiste a la intensificación de algunas que ya existían y frente a las cuales los sistemas penales ya eran - en buena medida - impotentes. Es importante destacar que estos fenómenos tienen carácter universal, si bien en algunos países latinoamericanos ciertos problemas son de importancia central, como la producción y distribución de drogas en Colombia. En una enumeración somera, puede advertirse la aparición o generalización de estos tipos de actividades:

– fraudes informáticos
– piratería de software
– saqueos y sabotajes informáticos
– "clonación" de automotores, tarjetas de crédito y teléfonos celulares
– odio racial y pornografia cibernética
– irrupción de mafias internacionales en el negocio del crimen organizado (rusa, china, coreana, etc.)
– explotación sexual infantil
– usurpación de tierras en territorio de países fronterizos por nacionales de países vecinos
– falsificación de medicamentos
– contrabando arqueológico, paleontológico, histórico, de especies vivas exóticas, etc.
– tráfico y venta de estupefacientes
– lavado de dinero proveniente de actividades ilícitas

Por otra parte, se advierte un espectacular incremento de actividades que por mucho tiempo o habían desparecido, o se mantenían en una intensidad controlable:
– evasión impositiva
– contrabando
– terrorismo internacional
– falsificación - con modernas tecnologías - de toda clase de documentos (de identidad, diplomas, certificaciones oficiales, etc.)
– corrupción en organismos oficiales y privados
– secuestros extorsivos, con su variante pobre: el llamado "secuestro express" o "de hambre" de México, por montos menores.
– incremento de los accidentes por infracciones de tránsito
– tráficos humanos (inmigración ilegal y prostitución)
– tráfico de armas para fines delictivos
– delitos contra turistas
– saqueos en ocasión de disturbios
– delitos individuales y masivos de violencia deportiva
– crímenes políticos
– reaparición de la piratería fluvial y marítima (especialmente en el norte de Brasil)
– tráfico internacional de automotores robados.

La lista podrá ser más amplia, pero bastan estos ejemplos para comprender que los recursos de nuestros sistemas de control formal *no son suficientes para atender esta demanda*, sea por razones de poder, humanas, tecnológicas o de recursos materiales. Cualquiera de las actividades apuntadas, en especial las que producen víctimas humanas, es digna de la mayor preocupación de cualquier sociedad; pero, paradojalmente, ello no se refleja en la prensa ni en las histerias político criminales de coyuntura, que, como siempre, apuntan excluyentemente a hurtos, robos y delitos sexuales, practicados individualmente o por grupos pequeños, inexpertos y de pocos recursos técnicos.

Tales paradojas, se hacen presentes también en el instrumental de recursos a que se ha apelado en las últimas décadas para afrontar una realidad tan compleja, de creciente agresividad.

La creatividad local en materia político criminal no presentó grandes novedades respecto al repertorio de control conocido, que alterna con etapas de democratización periódica. Así, por ejemplo, en momentos de gran conmoción, se apeló a las siguientes medidas:

– movilizar a las fuerzas armadas para controlar regiones o lugares sin presencia policial (favelas, zonas selváticas, situaciones de insurrección social, etc.)

- creación de grandes "consejos de seguridad" según el modelo de los gobiernos militares, para concentrar en un mando unificado a todas las fuerzas militares o policiales del control.
- endurecimiento legal generalizado (aumento de penas, creación de nuevos tipos penales y restricción de posibilidades de excarcelación o beneficios transitorios).
- aumento de las penas en materia de delitos sexuales
- ofrecimiento de recompensas por datos sobre sospechosos
- premios por delatar a inmigrantes ilegales
- transnacionalización de la actividad policial
- reclutamiento de empleados públicos como policías, para aumentar el número de efectivos en las calles.
- prisión por deudas a evasores impositivos mediante pomposos proyectos que, en definitiva, terminan aplicándose a los evasores de menor cuantía
- construcción de nuevas cárceles

Tales "programas", sancionados mediante decretos de emergencia o leyes, de obcecada ineficacia, terminaron posibilitando que en los países latinoamericanos se aplicaran respuestas novedosas que – en una magnitud importante - reflejan la influencia y el interés de los Estados Unidos en los problemas del control, especialmente en los judiciales.

Es casi sobreabundante recordar aquí el millón setecientos mil presidiarios estadounidenses, con más los varios millones de personas sometidas a regímenes de libertad controlada, para saber que se trata de la sociedad democrática más represiva del mundo, pese a lo cual, no logra limitar razonablemente la violencia que la caracteriza como sociedad.

Conviene efectuar un repaso al arsenal represivo de los Estados Unidos, para interpretar el modelo al que miran muchos de nuestros gobiernos en procura de soluciones y eficacia. Pueden recordarse algunas creaciones legales recientes, como la llamada "ley de los tres golpes" californiana (según la cual, al reincidir por tercera vez, el acusado recibe una pena automática de veinte años de prisión) o el modelo policial neoyorkino de "tolerancia cero" (intervención formal en todos los casos, aún los de mínima gravedad). En materia de delitos sexuales, se aprobó en 1996 la "Ley Megan", conforme a la cual, todos los estados de la Unión deben informar a la comunidad cuando una persona se radique en algún vecindario, tras haber cumplido condena por abuso sexual a menores. También se inscribe en esa orientación la ley californiana de 1996, imponiendo la "castración química" para los abusadores reincidentes de menores (Consiste en una serie de inyecciones que inhiben el impulso sexual, pero se teme que los efectos no sean temporales sino irreversibles. No obstante, se deja al condenado la posibilidad de optar por la castración quirúrgica).

Otras medidas consideradas eficaces en el país del norte son:

– el juzgamiento de menores por tribunales de adultos o como si fuesen adultos
– recompensas materiales para estudiantes que delaten a sus compañeros que lleven armas, consuman drogas o realicen actos de vandalismo (Los Angeles, 1995)
– restricciones a los derechos legales de los presos, su encadenamiento para trabajos forzados públicos, como limpiar carreteras, e incluso su alojamiento en carpas, como acontece en el Condado de Maricopa, en Arizona, donde se resolvió, mediante ese recurso, la falta de espacio para un exceso de 2000 internos sobre un total de 5000.[3]

En cuanto a las técnicas más novedosas, se encuentran el cinturón de disuasión por descargas eléctricas, la persecución por Internet, la construcción privada de cárceles por el sistema de módulos ampliables sin límite y la administración privada de las que se vayan construyendo. En materia de pena de muerte, se proyectaron las *ejecuciones itinerantes* para que, según la ley de Luisiana de 1997, las penas se cumplan en los mismos lugares en que fueron cometidos los delitos; sin perjuicio de ello, se intensificaron también las ejecuciones convencionales, que se cumplen en 38 estados, desde que fuera restablecida por la Corte Suprema en 1976. En Estados Unidos tiene tradición el sistema de "arrepentidos", y la pulsera electrónica de seguimiento de liberados bajo palabra. Merecen también ser recordadas estrategias como las del servicio secreto antidrogas de Estados Unidos (DEA), que maneja un presupuesto anual de 800 millones de dólares, contando con un ejército de agentes secretos y "encubiertos" entrenados como comandos. Estos últimos suelen tener inmunidad diplomática y actúan en cualquier sitio del mundo con total respaldo de sus embajadas, habiéndose dado casos en los que secuestraron traficantes en otros países para juzgarlos en el propio. Es un capítulo secreto el de los "trabajos sucios" al margen de la ley que deben ejecutar para realizar con éxito sus tareas.

Por último, la novedad más reciente y espectacular es el banco de ADN del FBI, que permitiría identificar a ex-convictos mediante el análisis de un cabello o una gota de traspiración. El macroarchivo

---

[3] Puede consultar-se la filosofía de su creador, *Joe Arpaio*, en el artículo *La cárcel debe ser un castigo*, Selecciones del Readers Digest, Noviembre de 1997.

se vale de 50 archivos estaduales y contiene el perfil genético de 250.000 delincuentes. El FBI aspira a incluir en el futuro a todos los ciudadanos del país.[4]

En lo que hace a los modelos jurídicos alentados por Estados Unidos en la última década, sobresale una intensa política de generosos créditos del Banco Mundial, acompañados de cursos locales o becas en Estados Unidos para jueces y funcionarios y el envio de "instructores" o "expertos", especialmente contratados con excelentes honorarios, para mejorar la labor judicial en los países latinoamericanos, lo que, en principio, parece muy loable. Sin embargo, si se miran atentamente los rumbos impresos a las administraciones de justicia locales y en especial, a la influencia ejercida sobre los ministerios correspondientes, se aprecia que se está empujando hacia una transnacionalización de nuestros sistemas judiciales, fácilmente visualizable a través de la copia grosera y directa de institutos y técnicas de la metodología enumerada en los párrafos anteriores. Por otra parte, ello no excluye el factor rentabilidad, ya que los créditos deben pargarse y Estados Unidos asumió el rol de exportador de *know how* punitivo. Por ejemplo, las empresas especializadas en construcción, venta y administración privada de cárceles y sus proyectos son, por coincidencia, estadounidenses, del mismo modo que los productores de las pulseras de control y, tal vez en un futuro próximo, la organización de nuestros bancos de ADN. Entre otras variables tomadas en cuenta para la concesión de créditos o la orientación de inversiones, el Banco Mundial elabora el *grado de conflictividad* de nuestros países mediante un *ranking* de criminalidad, que toma en cuenta exclusivamente el porcentaje de homicidios por cada 100 mil habitantes, conduciendo a resultados tan curiosos como unilaterales.

Pese a la tendencia señalada, considero que los intereses más profundos del empresariado estadounidense radican en el derecho privado, o sea, en la protección jurídica de sus inversiones dentro de fronteras inestables como las latinoamericanas. *Last but not least*, la exportación de aparatología del control es también un negocio redituable.

Por si se pensara que me mueve alguna motivación chauvinista, detallo seguidamente algunas de las más sanadas copias de los años recientes en nuestros países:

– la Policía Federal Argentina copió el uniforme y el equipo de la de Nueva York.
– se realizaron, desde los poderes ejecutivos, intensas campañas para la reimplantación de la pena de muerte. Cabe recordar que el Gene-

---

[4] "Página 12", Buenos Aires, 15.10.1998.

A Sociedade, a Violência e o
Direito Penal

75

ral *Oviedo*, del Paraguay, prometió, como candidato, ponerla en funciones, importando de Estados Unidos sillas eléctricas para cada uno de los Departamentos de su país.

– control ambulatorio piloto, mediante pulseras electrónicas. Se estableció en 1997 en la Província de Buenos Aires, y consiste en una tobillera hermética de acero que emite ondas que se reciben en una central de monitoreo satelital. La primera prueba incluye 300 aparatos. Curiosamente, la provisión del material y la central de monitoreo pertenecen a una empresa privada estadounidense.[5]

– implementación legal del "agente encubierto" y del "arrepentido" en las legislaciones penales y procesales.

– proliferación de agencias de vigilancia privada, las más rentables de las cuales comienzan a ser adquiridas por las poderosas empresas de vigilancia de Estados Unidos.

– favorecimiento legal, político y judicial de la intervención de agentes de la DEA en asuntos de delincuencia local vinculada al narcotráfico

– operativos combinados de deportación a Estados Unidos sin trámites de extradición, cuando algún país detiene un sospechoso buscado por Estados Unidos.

– construcción de supercárceles, con alto grado de automatización y controles remotos, para penados peligrosos. La primera de este tipo en Argentina se construye en Melchor Romero, Província de Buenos Aires, a un costo de 21 millones de dólares, para albergar a 240 presos: El énfasis puesto en destacar que se construye sobre un proyecto y mediante una empresa locales contrasta con el silencio sobre la sofisticada tecnología de control y sus proveedores y costo.[6]

– A tres meses de sancionada la ley californiana, un senador argentino copió literalmente la propuesta de la castración química y la elevó en diciembre de 1996, como proyecto de ley, para castigar a autores de violación seguida de muerte.

– Tras repentinas iniciativas del Poder Ejecutivo argentino, fueron puestos en estudio distintos proyectos para instaurar en algunos estados provinciales y a nivel nacional, el juicio por jurados.

– En la orientación de las jurisprudencias se han producido rápidos acercamientos al sistema jurídico y los pronunciamientos de Estados Unidos (de cuya legislación fueron tomados varios de los mecanismos recién enumerados). Por influencia de los generosos créditos y envios de asesores de organismos estadounidenses, se

---

[5] "Página 12", Buenos Aires, 19.4.97

[6] "Clarin", Buenos Aires, 4.8.1966.

tiende también a la estandardización del proceso penal, conforme al modelo anglosajón. Así, en algunos países se observa la apresurada implementación del proceso oral y de los sistemas fuertemente acusatorios, con posibilidades de negociación entre fiscales y defensores (juicio abreviado), así como la "simplificación de las formalidades" llevadas hasta el límite de la lesión de muchas garantías constitucionales, etc.

Con el mismo esquema previo a las privatizaciones de empresas estatales, se arguye que los sistemas jurídicos de nuestros países son "ineficientes" o "inseguros", lo que hace obvia la necesidad de su corrección o cambio, habilitando las consecuentes adaptaciones y copias. Considero que muchas de estas copias de última hora son parte de los fenómenos de dependencia cultural que analicé en los capítulos uno y dos, actualizados con razones coyunturales de fin de siglo. Si antes "todo lo europeo era bueno para adaptarnos a la civilización" mediante la copia de instituciones suizas, francesas, italianas o alemanas, en este momento, copiar a Estados Unidos es buscar una asimilación a la sociedad más poderosa y avanzada del planeta. Se trata de la potencia que hegemoniza no sólo la actividad económica y política de occidente y buena parte de oriente, sino que, además, ejerce el control militar planetario como policía supranacional, según quedó demostrado definitivamente con los recientes ataques de la OTAN a Yugoslavia. Tener el status de "socio menor" es una posición buscada desesperadamente por países que ven diluídas sus posibilidades de autodeterminación y buscan el apoyo del más fuerte, con el pretexto de la abolición de las fronteras por la globalización. Se pretende así, que la Aldea Global sería *una y la misma*, con valores y circunstancias sociales homogéneas y una policía central que delega algunas funciones, pero que acude con todo su poder allí donde la política nacional o regional toma cursos que no le satisfacen.

Como parte de los perjuicios históricos latinoamericanos, se sigue admirando y resaltando el pragmatismo anglosajón, capaz de atacar los problemas con *eficacia*, dejando de lado causas y efectos. Esta filosofía, según la cual lo que cuentan *son los resultados*, es ideal para justificar cualquier clase de injertos jurídicos, que frecuentemente confunden e involucran al discurso progresista sobre el control. En el caso de los jurados, por ejemplo, sus entusiastas locales toman en cuenta los precedentes históricos de gestación democrática de la justicia estadounidense, ignorando la realidad actual de la institución y de la sociedad de las cuales se pretende copiar elementos; peor aún, se descuidan o menosprecian los datos de la propia realidad social a la que se utilizará como cobayo del injerto.

Por via de las abstracciones institucionales, de mera obediencia a textos legales, como en el caso argentino, gran parte de estos traspasos acríticos son presentadas públicamente como "ampliaciones democráticas", "mejoras técnicas" o "aumentos de la eficacia", que invitan a sumarse al cortejo del progreso.

En realidad, la mayor parte de los "novedosos" proyectos terminan en la esterilidad, o sirviendo al endurecimiento del sistema legal, como ha acontecido con la "probation" o los juicios orales implementados a nivel federal en Argentina, en los cuales la valoración de la prueba puede realizarse conforme a la estimación subjetiva de los jueces, denominada técnicamente como "sistema de la libre convicción". Lamentablemente, no tienen en juicio el rol meramente ordenador del debate, propio de la judicatura de Estados Unidos, aspecto que hubiese sido más interesante adoptar.

En síntesis, la tendencia para la década inmediata indica como posible un incremento de la tendencia unificadora a estándares internacionales, para lo cual la potencia hegemónica del mundo cuenta con poder coactivo suficiente. Creo que, como primer paso para neutralizar los efectos más nocivos de esa actividad estandarizante, es preciso tomar conciencia de ella como un proceso que se ejecuta en las sombras, bajo seductoras banderas perfeccionistas. Lamentablemente, *la defensa y evolución de la identidad local es un dato imprescindible para generar planteos alternativos y la coyuntura no parece favorecerlo.* Solo el debate y el compromiso serán capaces de evitar que en todos los países latinoamericanos se vayan implantando usos tales como la pena de muerte y el encerramiento sin límites en la década venidera.

5.2. DOS PROBLEMAS: LA INSEGURIDAD DE LOS CIUDADANOS CONSUMIDORES Y LA DE LOS SUJETOS EXCLUÍDOS

Ha quedado suficientemente expuesto el modo en que los excluídos sociales carecen de justicia y seguridad, y los problemas que ello desencadena. En afán de ser justos, podría decirse que los más y los menos pudientes, padecen inseguridades parecidas, pero en condiciones de existencia totalmente distintas. Sin embargo, los insuficientes servicios oficiales y los privados adquiribles en el mercado, alcanzan solo al sector integrado, que es cada vez más estrecho.

Es cierto que nuestros países transitan por una inseguridad creciente, pero también es una simplificación identificar "la seguridad" con lo referente a la agresión delictiva a los sectores con capacidad de consumo, en un mundo en el que, por dar un ejemplo, sólo la mayor conquista técnico - social - el automóvil - provoca más muertes anuales que toda la delicuencia homicida y que varias enfermedades graves en conjunto. ¿Qué puede deducirse entonces del creciente conjunto de actividades dañosas de última generación que enumeré hace unos párrafos, que afectan al conjunto social, pero en mayor medida a los sectores con poder adquisitivo?

No es éste el lugar para elaborar catálogos de soluciones modélicas, porque no puede haberlas si no están basadas en estudios serios y pormenorizados, que tomen a la sociedad en su conjunto y la cuantifiquen y describan fundadamente.

Lo que sí puede afirmarse hoy, es que la debida descripción de la sociedad a controlar *debe ser entendida en su duplicidad de incluídos y excluídos*, programándose políticas diferentes para cada sector, así como espacios de diálogo conjunto o múltiple, que permitam aceptar la existencia de lo diferente y la negociación entre los diferentes. En otras palabras, debe abandonarse la base analítica irreal de una sociedad igualitaria que actúa en nombre de todos, en un orden de repartos en el que el repartidor actúa con equidad y prescindencia. Hasta ahora, los estudiosos de la criminología de base jurídica y los penalistas, han vertido aullándole a la luna mediante la manipulación de textos legales. Ya es notorio que la más bella de las legislaciones sin condiciones reales de efectividad resulta nuevamente una solución simbólica, a cuya adoración se consagran luego nuevas burocracias adosables a las precedentes.

Ha llegado el momento de transferir la expectativa de elaboración democrática del control a sus protagonistas, víctimas y victimarios, en un sentido similar a las gestiones del Tercer Sector. En este sentido, los grupos vecinales, las actividades de prevención comunitaria, la conciliación entre partes agresoras y agraviadas, así como una política cultural programática y consensuada sobre el tema de la violencia y las posibilidades de controlarla en situaciones cotidianas, apoyada por el estado a través los institutos de enseñanza y de todos los medios de difusión, podrían ser caminos válidos de reducción de violencia social delictiva. La espiral de reforzamiento del concepto de seguridad individual a partir de la dicotomía incluídos - excluídos está llevando a la disgregación, al odio social, a la imposibilidad de reconciliación cuanto menos en una interpretación común de lo que ocurre. El camino actual bloquea todos los canales de diálogo posible con los diferentes excluídos, a quienes solo se concibe ocultos, lejos encerrados como presupuesto de su inserción en la coexistencia colectiva.

Lógicamente, tal proceso de cambio cultural no puede ser repentino ni mágico, y debe resultar de un trabajo consecuente y con objetivos claros, acompañado de políticas oficiales eficaces para neutralizar factores de riesgo: severo control de la producción y tráfico de armas, decriminalización de la tenencia de estupefacientes para consumo personal, regulación oficial del consumo alternativo de drogas provistas por el estado, organización de centros de rehabilitación para adictos de todo tipo, hogares sustitutos y de refugio transitorio para chicos de la calle, desmantelamiento de los centros de reventa de bienes robados, etc., con más una política social que asegure, al menos, la alimentación y un servicio de salud para los excluídos, lo que para las políticas en curso es todavía un gasto prescindible por falta de rentabilidad.

Si, por el contrario, se sigue adelante con las presentes improvisaciones experimentales, estaremos jugando con una bomba de tiempo ya activada, sin que los sectores de poder se resignen a reconocerlo, confiando en la frágil seguridad de que los órganos de control formal les obedecen todavía de algún modo. Avanzamos hacia formas de violencia creciente, hacia sociedades de atomización y deterioro irreconciliables.

5.3. ALGUNAS CONCLUSIONES

Los programas de la política criminal no pueden seguir tomando como base filosófica la utopía iluminista en sus versiones del siglo XIX.

Solo desde la profundización democrática y la participación podrán conducirse políticas criminales efectivas en sus resultados, que deben apuntar a objetivos posibles y procesables con los recursos actuales. Las ideas de gestión comunitaria de seguridad, debidamente asesoradas, son un camino que há comenzado a ponerse en práctica tímidamente en los sectores de clase media afectados por robos reiterados. Justamente, ese es el modelo de control de seguridad que nació en los barrios más marginados, en las favelas y en las tribus andinas. Sería interesante gestionar organizaciones no gubernamentales que controlen la seguridad no solo a nivel local, sino que, por medio de centrales nacionales puedan ser interlocutoras y contraladoras de la política criminal estatal, especialmente en asuntos que involucren la intervención policial. A estas ideas se opondrán nuevamente argumentos de eficacia, acentuando los fracasos e ignorando los logros, máxime cuando los resultados de la prevención no son mensurables. Pero algo es seguro en el debate futuro: las políticas actuales no resisten ningún balance que mensure exclusivamente su eficacia. Por otra parte, todo temor a democratizar el control es parte de las políticas que le temen a la democratización de la sociedad y prefieren seguir valiéndose de herramientas jurídicas simbólicas.

6. Algumas controvérsias da culpabilidade na atualidade

Cezar Roberto Bitencourt
Doutor em Direito Penal. Coordenador do
Mestrado em Ciências Criminais da PUC-RS.
(ex)Procurador de Justiça. Advogado

Sumário: 6.1. Considerações introdutórias; 6.2. O finalismo: um divisor de águas na evolução da teoria do delito; 6.3. Culpabilidade como predicado do crime; 6.4. O "sabe" e o "deve saber" como moduladores da culpabilidade; 6.4.1. Postulados fundamentais das teorias do dolo e da culpabilidade; 6.4.2. Sentido e função das elementares "sabe" e "deve saber", na definição do crime de receptação.

6.1. CONSIDERAÇÕES INTRODUTÓRIAS

Pena e Estado são conceitos intimamente relacionados entre si. O desenvolvimento do Estado está intimamente ligado ao da pena. Para uma melhor compreensão da sanção penal, deve-se analisá-la, levando-se em consideração o *modelo socioeconômico* e a *forma de Estado* em que se desenvolve esse sistema sancionador.[1]

Convém registrar que a uma concepção de Estado corresponde uma de pena e a esta uma de culpabilidade. Destaca-se a utilização que o Estado faz do Direito Penal, isto é, da pena, para facilitar e regulamentar a convivência dos homens em sociedade. Apesar de existirem outras formas de controle social – algumas mais sutis e difíceis de limitar que o próprio Direito Penal[2] – o Estado utiliza a pena para proteger de eventuais lesões determinados bens jurídicos, assim considerados, em uma organização socioeconômica específica.

---

[1] Juan Bustos Ramirez & H. Hormazabal Milarée. *Pena y Estado...* p. 114.

[2] Francisco Muñoz Conde. *Derecho Penal y Control social...* p. 40.

Estado, pena e culpabilidade formam conceitos dinâmicos inter-relacionados. Com efeito, é evidente a relação entre uma teoria determinada de Estado com uma teoria da pena, e entre a função e finalidade desta com o conceito dogmático de culpabilidade adotado. Assim como evolui a forma de Estado, o Direito Penal também evolui, não só no plano geral, como também em cada um dos seus conceitos fundamentais. Von Liszt já destacava essa circunstância ao afirmar que "pelo aperfeiçoamento da teoria da culpabilidade mede-se o progresso do Direito Penal".[3] E essa afirmação é absolutamente correta, pois destaca um dos pontos centrais da ciência jurídico-penal a *culpabilidade*.

Um conceito dogmático como o de culpabilidade requer, segundo a delicada função que vai realizar – fundamentar o castigo estatal – uma justificativa mais clara possível do porquê e para que da pena. Sendo assim, é importante ressaltar, com Hassemer,[4] que a moderna dogmática da culpabilidade procura critérios para precisar o conceito de poder geral em um campo próximo: nos fins da pena. "Evidentemente, os fins da pena, como teorias que indicam a missão que tem a pena pública, são um meio adequado para concretizar o juízo de culpabilidade. Uma concreção do juízo de culpabilidade, sob o ponto de vista dos fins da pena, promete, além do mais, uma harmonização do sistema jurídico-penal, um encadeamento material de dois setores fundamentais, que são objeto hoje dos mais graves ataques por parte dos críticos do Direito Penal".

Atribui-se, em Direito Penal, um triplo sentido ao conceito de culpabilidade, que precisa ser liminarmente esclarecido.

Em primeiro lugar, a culpabilidade – como *fundamento* da pena – refere-se ao fato de ser possível ou não a aplicação de uma pena ao autor de um fato típico e antijurídico, isto é, proibido pela lei penal. Para isso, exige-se a presença de uma série de requisitos – *capacidade de culpabilidade, consciência da ilicitude e exigibilidade da conduta* – que constituem os elementos positivos específicos do conceito dogmático de culpabilidade. A ausência de qualquer destes elementos é suficiente para impedir a aplicação de uma sanção penal.

Em segundo lugar, a culpabilidade – como *elemento da determinação* ou medição da pena. Nesta acepção, a culpabilidade funciona não como fundamento da pena, mas como *limite* desta, impedindo que a pena seja imposta aquém ou além da medida prevista pela

---

[3] Franz Von Liszt. Tratado de Derecho Penal.... p. 390.

[4] Winfried Hassemer. *Fundamentos de Derecho Penal*, Barcelona, Bosch, 1984, p.290; Claus Roxin. *La determinación de la pena...* pp. 93 e ss.

própria idéia de culpabilidade, aliada, é claro, a outros critérios, como importância do bem jurídico, fins preventivos etc.

E, finalmente, em terceiro lugar, a culpabilidade – como conceito contrário à responsabilidade objetiva. Nesta acepção, o princípio de culpabilidade impede a atribuição da responsabilidade objetiva. Ninguém responderá por um resultado absolutamente imprevisível, se não houver obrado com dolo ou culpa.

Resumindo, pelo princípio em exame, não há pena sem culpabilidade. Neste estudo, no entanto, nos ocuparemos somente da primeira acepção, isto é, da culpabilidade como *fundamento* da pena.

6.2. O FINALISMO: UM DIVISOR DE ÁGUAS NA EVOLUÇÃO DA TEORIA DO DELITO

A teoria do delito encontra no finalismo um dos mais importantes pontos da sua evolução. E uma das mais caras contribuições da teoria finalista, que fora iniciada pelo *normativismo neokantiano*, foi a *extração* da culpabilidade de todos aqueles *elementos subjetivos* que a integravam até então e, assim, dando origem a uma concepção *normativa "pura" da culpabilidade*, a primeira construção verdadeiramente *normativa*, no dizer de Maurach.

Como se sabe, o *finalismo* desloca o dolo e a culpa para o injusto, retirando-os de sua tradicional localização, a culpabilidade, com o que, a *finalidade* é levada ao centro do injusto. Como conseqüência, na *culpabilidade*, concentram-se somente aquelas circunstâncias que condicionam a *reprovabilidade* da conduta contrária ao Direito, e o objeto da reprovação repousa no injusto.[5]

As conseqüências que a *teoria finalista* da ação trouxe consigo para a culpabilidade são inúmeras. Assim, a separação do tipo penal em *tipos dolosos* e *tipos culposos*, o *dolo* e a *culpa* não mais considerados como *formas ou elementos* da culpabilidade, mas como integrantes da ação e do injusto pessoal, constituem o exemplo mais significativo de uma nova direção no estudo do Direito Penal, num plano geral, e a adoção de *um novo conteúdo* para a culpabilidade, em particular.

Jiménez de Asúa, apesar de sua orientação causalista, definiu a culpabilidade do finalismo como "a reprovação do processo volitivo: nas ações dolosas, a reprovabilidade da decisão de cometer o fato; na produção não dolosa de resultados, a reprovação por não tê-los evitado mediante uma atividade regulada de modo finalista".[6]

---

[5] Santiago Mir Puig. *Derecho Penal*, parte general, Barcelona, PPU, 1985, p. 470.

[6] Jiménez de Asúa. *Tratado de Derecho Penal...* p. 199.

Se observarmos bem, a culpabilidade sob a ótica finalista, ou melhor, a definição que à mesma se dá, guarda muita semelhança com aquela do *normativismo neokantiano*.[7] No entanto, não se pode negar, há notáveis diferenças quanto ao conteúdo que ambas definições dão à culpabilidade. A *culpabilidade, no finalismo, pode ser resumida como o juízo de reprovação pessoal levantado contra o autor pela realização de um fato contrário ao Direito, embora houvesse podido atuar de modo diferente de como o fez.*

Tem sido dominante, entre os penalistas, a idéia de erigir a ação como a base do sistema jurídico-penal, tendência que se mantém atualizada. *Bustos Ramirez* explica que ditas proposições têm seus antecedentes no pensamento globalizador e totalizante dos *hegelianos*, para os quais, o *delito era igual à ação* e faziam coincidir em um só problema aspectos objetivos e subjetivos na teoria do delito, enquanto a ação apresentava uma estrutura objetivo-subjetiva. Os hegelianos, sem dúvida, já trabalhavam um conceito de ação similar ao *welzeliano*, mas que "aparecia enfraquecido pela confusão entre ação e culpabilidade, ao absorver todo o subjetivo naquele primeiro conceito".[8]

Em todo caso, o *finalismo* pode orgulhar-se de haver concretizado em seu ideário o *conceito final de ação humana* no atual estágio de evolução do Direito Penal. Do conceito final de ação se extraem interessantes conseqüências: dizer que ação não é *causal* mas *final* implica reconhecer que a *finalidade* da ação baseia-se no fato de que o homem, mercê de seu saber causal, pode prever, dentro de certos limites, as possíveis conseqüências de seu agir, podendo, por isso mesmo, propor-se fins diversos, e, conforme a um plano, dirigir sua atividade à obtenção de tais fins.[9] Com propriedade, Welzel afirmava que a *finalidade* é *vidente, e a causalidade é cega.*[10]

6.3. CULPABILIDADE COMO PREDICADO DO CRIME

A tipicidade, a antijuridicidade e a culpabilidade são *predicados* de um *substantivo* que é a *conduta humana* definida como crime. Não nos convence o entendimento dominante na doutrina brasileira, segundo o qual, a *culpabilidade*, no atual estágio, deve ser tratada como

---

[7] Manuel Vidaurri Aréchiga. *La culpabilidad en la doctrina jurídico-penal española* (tese de doutorado, inédita), Universidade de Sevilha: p. 116.

[8] Bustos Ramirez. *Manual de Derecho penal español*, ... p. 167.

[9] Bustos Ramirez. *Manual de Derecho penal*... p. 165.

[10] Hans Welzel. *Derecho Penal*, Santiago de Chile, Editorial Jurídica, 1970, p. 54.

um pressuposto da pena, e não mais como integrante da teoria do delito.[11]

A seguinte afirmação de Ariel Dotti teria levado Damásio de Jesus a mudar seu entendimento sobre a matéria: "O crime como ação tipicamente antijurídica é *causa* da resposta penal como *efeito*. A sanção será imposta somente quando for possível e positivo o juízo de reprovação que é uma decisão sobre um comportamento passado, ou seja, um *posterius* destacado do fato antecedente".[12] Esta afirmação de Dotti leva-nos, inevitavelmente, a fazer algumas reflexões: a) seria possível a imposição de sanção a uma *ação típica*, que não fosse *antijurídica*? b) poder-se-ia sancionar uma *ação ilícita* que não se adequasse a uma descrição típica? c) a sanção penal (penas e medidas) não é uma conseqüência jurídica do delito?

Seguindo nessa reflexão, perguntamos: a *tipicidade* e a *ilicitude* não seriam também *pressupostos da pena*? Ora, na medida em que a *sanção penal é conseqüência jurídica do crime*, este, com todos os seus elementos, é pressuposto daquela. Assim, não somente a culpabilidade, mas igualmente a tipicidade e a antijuridicidade são pressupostos da pena, que é sua consequência.[13] Aliás, nesse sentido, o saudoso Heleno Fragoso, depois de afirmar que "crime é o conjunto dos pressupostos da pena", esclarecia: "Crime é, assim, o conjunto de todos os requisitos gerais indispensáveis para que possa ser aplicável a sanção penal. A análise revela que tais requisitos são a conduta típica, antijurídica e culpável...".[14]

Welzel, a seu tempo, preocupado com questões semânticas, pela forma variada que penalistas se referiam à *culpabilidade normativa*, frisou que "a essência da culpabilidade é a reprovabilidade". Destacou ainda, que, muitas vezes, também se denomina "a reprovabilidade, *reprovação* da culpabilidade e a culpabilidade, *juízo de culpabilidade*". "Isto não é nocivo – prossegue Welzel – se sempre se tiver presente o *caráter metafórico* destas expressões e se lembrar que a culpabilidade é uma *qualidade negativa* da própria ação do autor e não está localizada nas cabeças das outras pessoas que julgam a ação".[15]

---

[11] Damásio de Jesus. *Direito Penal*, vol. 1, 12ª ed., São Paulo, Saraiva, 1988, p. 396; René Ariel Dotti. *O incesto*, Curitiba, Dist. Ghignone, 1976, p. 173.

[12] Dotti. *O incesto...* p. 176.

[13] Ver, em sentido semelhante: Fernando de Almeida Pedroso. *Direito Penal*, São Paulo, Ed. LEUD, 1993, p.375/76. No mesmo sentido, ver o art. de David Teixeira de Azevedo, *A culpabilidade e o conceito tri-partido de crime*, in Revista Brasileira de Ciências Criminais, n. 2, 1993, pp. 46-55.

[14] Heleno Claudio Fragoso. *Lições de Direito Penal...* p. 216.

[15] Welzel. *El nuevo sistema del Derecho penal – Una introducción a la doctrina de la acción finalista*, Barcelona, Ariel, 1964, p. 80.

Esta lição de Welzel, o precursor do finalismo, é lapidar e desautoriza inexoravelmente entendimentos contrários quanto a definição de crime e a própria localização da culpabilidade.

Na realidade, a expressão "juízo de censura" empregada com o significado de "censura", ou então "juízo de culpabilidade" utilizado como sinônimo de "culpabilidade", tem conduzido a equívocos, justificando, inclusive, a preocupação de Welzel, conforme acabamos de citar. É preciso destacar, com efeito, que censurável é a conduta do agente, e significa característica negativa da ação do agente perante a ordem jurídica. E "juízo de censura" – estritamente falando – é a avaliação que se faz da conduta do agente, concebendo-a como *censurável* ou *incensurável*. Esta avaliação sim – juízo de censura – é feita pelo aplicador da lei, pelo julgador da ação; por essa razão se diz que está na *cabeça do juiz*. Por tudo isso, deve-se evitar o uso metafórico de *juízo de censura* como se fosse sinônimo de *censurabilidade* que, constituindo a essência da culpabilidade, continua um atributo do crime. Enfim, o *juízo de censura* está para a *culpabilidade* assim como o *juízo de antijuridicidade* está para a *antijuridicidade*. Mas ninguém afirma que a antijuridicidade está na cabeça do juiz.

Rosenfeld, em sua crítica contundente à *teoria normativa*, afirmou que a culpabilidade de um homem não pode residir na cabeça dos outros.[16] Mezger, respondendo a essa objeção de Rosenfeld, reconhece que "O juízo pelo qual se afirma que o autor de uma ação típica e antijurídica praticou-a culpavelmente refere-se, na verdade, a uma determinada situação fática da culpabilidade, que existe no sujeito, mas valoriza-se ao mesmo tempo esta situação considerando-a como um processo reprovável ao agente. Somente através desse juízo valorativo de quem julga se eleva a realidade de fato psicológica ao conceito de culpabilidade".[17] O *juízo de censura* não recai somente sobre o *agente*, mas especial e necessariamente sobre a *ação* por este praticada. Seguindo nessa linha, e aceitando a crítica de Rosenfeld e a explicação de Mezger, Jiménez de Asúa reconhece que o *fato concreto psicológico* sobre o qual se inicia o *juízo de culpabilidade* é do autor e está, como disse Rosenfeld, na sua cabeça, mas a *valoração* para a *reprovação* quem a faz é um juiz.[18] E Manuel Vidaurri Aréchiga, adotando o mesmo entendimento, conclui que, quanto a isso, parece não haver dúvida, pois "o juiz não cria a culpabilidade".[19] Aliás,

---

[16] Manuel Vidaurri Aréchiga. *La culpabilidad en la doctrina jurídicopenal española* (tese de doutorado – inédita), Sevilha, 1989, p. 82.

[17] Edmund Mezger. *Tratado de Derecho Penal*, Madri, 1935, p. 12.

[18] Jiménez de Asúa. *Tratado de Derecho Penal*, Buenos Aires, Lozada, 1976, pp. 129 e 228.

[19] *La culpabilidad en la doctrina...* p. 83.

em não sendo assim, cabe perguntar aos opositores: onde estarão a *imputabilidade*, a *potencial consciência da ilicitude* e a *exigibilidade de conduta diversa*, elementos constitutivos da culpabilidade normativa? Estarão também na cabeça do juiz? Ora, fora da tese que sustentamos, estas indagações são irrespondíveis.

Por derradeiro, para não deixar dúvida sobre a natureza e localização da culpabilidade, defendida por Welzel, invocamos suas próprias palavras sobre sua concepção de delito: "O conceito da culpabilidade acrescenta ao da ação antijurídica – tanto de uma ação dolosa quanto de uma não dolosa – um novo elemento, que é o que a converte em delito".[20] Em sentido semelhante, é a lição de Muñoz Conde que, definindo o crime, afirma: "Esta definição tem *caráter seqüencial*, isto é, o peso da imputação vai aumentando na medida que passa de uma categoria a outra (da tipicidade à antijuridicidade, da antijuridicidade à culpabilidade etc.), tendo, portanto, que se tratar em cada categoria os problemas que lhes são próprios". Essa construção deixa claro que, por exemplo, se do exame dos fatos constatar-se que a ação não é típica, será desnecessário verificar se é antijurídica, e muito menos se é culpável. Cada uma dessas características contém critérios valorativos próprios, com importância e efeitos teóricos e práticos igualmente próprios.[21] Ora, é de uma clareza meridiana, uma ação típica e antijurídica somente se converte em delito com o acréscimo da culpabilidade.

Finalmente, também não impressiona o argumento de que o Código Penal brasileiro *admite a punibilidade da receptação*, mesmo quando "desconhecido ou *isento de pena* o autor do crime de que proveio a coisa" (grifo acrescentado). E, quando argumentam que, como a receptação pressupõe que o objeto receptado seja produto de crime, o legislador de 1940 estaria admitindo *crime sem culpabilidade*. Convém registrar que em 1942, quando nosso Código entrou em vigor, ainda não se haviam propagado as idéias do *finalismo welzeliano*, que apenas se iniciava.

Ao contrário do que imaginam, essa *política criminal* adotada pelo Código de 1940 tem outros fundamentos: 1º – De um lado, representa a adoção dos postulados da *teoria da acessoriedade limitada*, que também foi adotada pelo Direito Penal alemão em 1943, segundo

---

[20] Welzel. *El nuevo sistema...* p. 79.

[21] Muñoz Conde & García Arán. *Derecho Penal*, parte geral ... p. 215. Ainda no mesmo sentido, Jescheck, *Tratado de Derecho Penal...*p. 335: "Diante do tipo de injusto, como conjunto de todos os elementos que fundamentam o conteúdo do injusto típico de uma classe de delito, encontra-se o *tipo de culpabilidade*. Compreende os elementos que caracterizam o conteúdo de culpabilidade típico de uma forma de delito. A união de tipo de injusto e tipo de culpabilidade origina o *tipo de delito*". José Cerezo Mir. *Curso de Derecho Penal español*, p. 290.

a qual, para punir o *partícipe*, é suficiente que a ação praticada pelo autor principal seja *típica* e *antijurídica*, sendo indiferente a sua *culpabilidade*, que será sempre *individual*; 2º – de outro lado, representa a consagração da *teoria da prevenção*, na medida em que pior que o *ladrão* é o *receptador*, posto que a ausência deste enfraquece o estímulo daquele; 3º – finalmente, o fato de o nosso Código prever a possibilidade de punição do *receptador*, mesmo que o autor do crime anterior seja *isento de pena*, não quer dizer que esteja se referindo, *ipso facto*, ao inimputável. O *agente imputável*, por inúmeras razões, como, por exemplo, coação moral irresistível, erro de proibição, erro provocado por terceiro, pode ser *isento de pena*.

Concluímos, com a afirmação irrefutável de Cerezo Mir: "Os diferentes elementos do crime estão numa relação lógica necessária. Somente uma ação ou omissão pode ser típica, só uma ação ou omissão típica pode ser antijurídica e só uma ação ou omissão antijurídica pode ser culpável".[22]

6.4. O "SABE" E O "DEVE SABER" COMO MODULADORES DA CULPABILIDADE

O legislador brasileiro contemporâneo, ao definir as condutas típicas, continua utilizando as mesmas técnicas que eram adotadas na primeira metade deste século, ignorando a extraordinária evolução da Teoria Geral do Delito. Continua utilizando expressões, como, "sabe" ou "deve saber", que, outrora, eram adotadas para identificar a *natureza ou espécie de dolo*. A utilização dessa técnica superada constitui uma demonstração evidente do desconhecimento do atual estágio da *evolução do dolo* e da *culpabilidade*. Ignora nosso legislador que a *consciência da ilicitude* não é mais elemento do dolo, mas da culpabilidade e que tal *consciência*, por construção dogmática, não precisa mais ser *atual*, bastando que seja *potencial*, independentemente de determinação legal. A *atualidade* ou simples possibilidade de *consciência da ilicitude* servirá apenas para definir o *grau de censura*, a ser analisado na dosagem de pena, sem qualquer influência na configuração da infração penal.

Essa *técnica* de utilizar em alguns tipos penais as expressões "sabe" ou "deve saber" justificava-se, no passado, quando a *consciência da ilicitude* era considerada, pelos *causalistas*, elemento constitutivo do dolo, a exemplo do *dolus malus* dos romanos, um *dolo normativo*. No entanto, essa construção está completamente superada

---

[22] José Cerezo Mir. *Curso de Derecho Penal español*, p. 267.

como superada está a utilização das expressões "sabe" e "deve saber" para distinguir a *natureza do dolo*, diante da consagração definitiva da *teoria normativa pura* da culpabilidade, a qual retirou o dolo da culpabilidade colocando-o no tipo, extraindo daquele a *consciência da ilicitude* e situando-a na culpabilidade, que passa a ser puramente normativa.

Para entendermos melhor a nossa crítica sobre a *equivocada utilização* das expressões "sabe" e "deve saber ", nas construções dos tipos penais, precisamos fazer uma pequena digressão sobre a evolução da teoria do delito, particularmente em relação ao dolo e à culpabilidade.

Já sustentamos que a teoria do delito encontra no finalismo um dos mais importantes pontos da sua evolução. Uma das maiores contribuições da teoria finalista, que fora iniciada pelo *normativismo neokantiano*, foi a extração da culpabilidade de todos aqueles elementos subjetivos que a integravam até então.

Com a aparente semelhança entre os conceitos normativos – *neokantiano e finalista* – surge a necessidade de esclarecer em que aspectos no-lo são, isto é, onde se localizam as diferenças entre um e outro. Como se sabe, o finalismo desloca o dolo e a culpa para o *injusto*, retirando-os de sua tradicional localização, a culpabilidade, com o que, a *finalidade* é levada ao centro do injusto. Como conseqüência, na culpabilidade concentram-se somente aquelas circunstâncias que condicionam a reprovabilidade da conduta contrária ao Direito, e o objeto da reprovação repousa no próprio injusto.[23]

Na verdade, o conteúdo da culpabilidade finalista exibe substanciais diferenças em relação ao modelo *normativo neokantiano*, que manteve dolo e culpa como seus elementos. Diga-se, mais uma vez, que enquanto na concepção causalista, o dolo e a culpa eram partes integrantes da culpabilidade, no finalismo, passam a ser elementos, não desta, mas do injusto. E também, na corrente finalista se inclui o conhecimento da proibição na culpabilidade, de modo que o *dolo* é entendido somente como dolo natural (puramente psicológico) e não como *no causalismo*, que era considerado como o *dolus malus* dos romanos, constituído de *vontade, previsão e conhecimento da realização de uma conduta proibida.*[24]

Para melhor compreendermos a estrutura do dolo e da culpabilidade e, particularmente, a desintegração e reestruturação de am-

---

[23] Mir Puig. *Derecho Penal...* p. 470.

[24] Manuel Vidaurri Aréchiga. *La culpabilidad en la doctrina jurídicopenal española* (tese de doutorado – inédita), Sevilha, 1989, p. 116.

bos, faz-se necessário, pelo menos, passar uma vista d'olhos na evolução das teorias do dolo e da culpabilidade.

6.4.1. Postulados fundamentais das teorias do dolo e da culpabilidade

A teoria extremada do dolo, a mais antiga, situa o dolo na culpabilidade e a *consciência da ilicitude*, que deve ser *atual*, no próprio dolo. Defende a existência de um *dolo normativo*, constituído de: vontade, previsão e conhecimento da realização de uma conduta proibida (*consciência atual da ilicitude*). Por isso, para esta teoria, o erro jurídico-penal, independentemente de ser erro de tipo ou erro de proibição, exclui sempre o dolo, quando inevitável, por anular ou o elemento normativo (consciência da ilicitude) ou o elemento intelectual (previsão) do dolo. Equipara, assim, as duas espécies de erro quanto aos seus efeitos.[25]

A expressão "deve saber", se for considerada como indicativa de dolo - direto ou indireto - revive, de certa forma, a superada *teoria limitada do dolo*, com sua "cegueira jurídica", sugerida por Mezger, ao recriar uma espécie de "dolo presumido". Na verdade, para relembrar, a *teoria limitada do dolo* foi apresentada como um aperfeiçoamento da *teoria extremada* e, procurando evitar as *lacunas de punibilidade* que esta possibilitava, equiparou ao "conhecimento atual da ilicitude", a "cegueira jurídica" ou "inimizade ao direito". Segundo Welzel.[26] O aperfeiçoamento da *teoria estrita do dolo* foi buscado, sem sucesso, de duas formas: criando, de um lado, um tipo auxiliar de "culpa jurídica", pela falta de informação jurídica do autor, e, de outro lado, pela relevância da "cegueira jurídica" ou "inimizade ao direito", adotadas pelo Projeto de Código Penal de 1936. Para Mezger, há casos em que o autor do crime (normalmente, um delinqüente habitual) demonstra desprezo ou indiferença tais para com os valores do ordenamento jurídico que, mesmo não se podendo provar o *conhecimento da antijuridicidade*, deve ser castigado por crime doloso.[27] De certa maneira, ainda que por via transversa, com essa "equiparação" ou "ficção", Mezger substituiu, na teoria limitada do dolo,

---

[25] Muñoz Conde. *El Error...* pp.26 e 31. Para maior aprofundamento das Teorias do dolo e teorias da culpabilidade, ver: Francisco de Assis Toledo. *Teorias do dolo e teorias da Culpabilidade*, Revista dos Tribunais, vol. 566, ano 1982; Jorge de Figueiredo Dias, *O Problema da Consciência da Ilicitude em Direito Penal*, 3ª edição, Coimbra, Editora Coimbra, 1987, p. 150.

[26] Hans Welzel. *El nuevo sistema del Derecho Penal - Una introducción a la Doctrina de la Acción Finalista*, trad. de José Cerezo Mir, Barcelona, Ed. Ariel, p. 106.

[27] Mezger em edições posteriores explicou que, "a hostilidade ao direito é equiparável ao dolo em suas conseqüências jurídicas, e não no seu conceito", como entenderam alguns. Edmund Mezger. Derecho Penal, parte general, México, Cardenas Editor y Distribuidor, 1985, p. 251.

o conhecimento atual da ilicitude pelo conhecimento presumido, pelo menos nesses casos. Assim, Mezger, seu grande idealizador, introduziu, finalmente, o *polêmico elemento* denominado culpabilidade pela condução de vida, criando, dessa forma, a possibilidade de condenação do agente *não por aquilo que ele faz, mas por aquilo que ele é*, dando origem ao combatido *Direito Penal de Autor*.

No entanto, essa proposição de Mezger, de presumir-se o dolo quando a *ignorância da ilicitude* decorresse de "cegueira jurídica" ou de "animosidade com o direito", isto é, de condutas incompatíveis com uma razoável concepção de direito ou de justo, não foi aceita, diante da incerteza de tais conceitos.[28] A mesma sorte merece ter a expressão "deve saber", que cria uma espécie de "dolo presumido", dissimulador de *autêntica responsabilidade objetiva*, incompatível com a teoria normativa pura da culpabilidade. A mesma *rejeição* recebida pela variante da teoria do dolo, sugerida por Mezger, com sua "cegueira jurídica", deve ser endereçada às construções jurídicas que se utilizam de subterfúgios como as expressões antes referidas, por violarem o princípio da culpabilidade.

Não se pode perder de vista que a teoria estrita da culpabilidade parte da *reelaboração* dos conceitos de *dolo* e de *culpabilidade*, empreendida pela doutrina finalista, com a qual surgiu, cujos representantes maiores foram Welzel, Maurach e Kaufmann. Esta teoria separa o *dolo* da consciência da ilicitude. Assim, o dolo, no seu aspecto puramente psicológico - dolo natural - é transferido para o *injusto*, passando a fazer parte do tipo penal. A consciência da ilicitude e a exigibilidade de outra conduta passam a fazer parte da culpabilidade, num puro *juízo de valor*. A culpabilidade passa a ser um pressuposto básico do juízo de censura.[29]

Enfim, *dolo* e *consciência da ilicitude* são, portanto, para a *teoria da culpabilidade*, conceitos completamente distintos e com diferentes funções dogmáticas. Como afirma Muñoz Conde,[30] "o conhecimento da antijuridicidade, tendo natureza distinta do dolo, não requer o

---

[28] Mezger fez essa sugestão em 1952, segundo Juan Córdoba Roda. *El conocimiento de la antijuridicidad...* p. 62.

[29] Cezar Roberto Bitencourt. *Manual de Direito Penal...* pp. 355/356. (...) A teoria limitada da culpabilidade tem muitos pontos em comum com a teoria extremada da culpabilidade. Ambas situam o dolo no tipo e a consciência da ilicitude na culpabilidade; adotam o erro de tipo como excludente do dolo, e admitem, quando for o caso, o crime culposo; defendem o erro de proibição inevitável como causa de exclusão da culpabilidade, sem possibilidade de punição a qualquer título (dolo ou culpa). Diferem somente no tratamento do erro que incidir sobre as causas de justificação.

[30] Muñoz Conde. *El error...* p.33. Para maiores detalhes, veja-se Welzel. *El nuevo sistema...* pp. 112 e ss.

mesmo grau de consciência; o conhecimento da antijuridicidade não precisa ser atual, pode ser simplesmente potencial...".

6.4.2. Sentido e função das elementares "sabe" e "deve saber", na definição do crime de receptação

Dolo é o conhecimento e a vontade da realização do tipo penal. Todo dolo tem um aspecto intelectivo e um aspecto volitivo. O aspecto intelectivo abrange o *conhecimento atual* de *todas as circunstâncias objetivas que constituem o tipo penal.*[31]

Para a configuração do dolo exige-se a consciência daquilo que se pretende praticar. Essa consciência, no entanto, deve ser *atual*, isto é, deve estar presente no momento da ação, quando ela está sendo realizada. É insuficiente, segundo Welzel, a *potencial consciência* das circunstâncias objetivas do tipo, posto que prescindir da *consciência atual* equivale a destruir a linha divisória entre dolo e culpa, convertendo aquele em mera ficção.[32]

A *previsão*, isto é, a representação ou consciência, deve abranger correta e completamente todos os elementos essenciais do tipo, sejam eles descritivos ou normativos. Mas essa *previsão* constitui somente a *consciência dos elementos integradores do tipo penal*, ficando fora dela a *consciência da ilicitude* que, como já afirmamos, está deslocada para o interior da culpabilidade[33] É desnecessário o conhecimento da proibição da conduta, sendo suficiente o conhecimento das circunstâncias de fato necessárias à composição do tipo.

A Lei 9.426/96, ao disciplinar o crime de *receptação,* utilizou as expressões "*'sabe' ser produto de crime*", no *caput do art. 180 do CP*, e "*'deve' saber ser produto de crime*", no parágrafo primeiro do mesmo dispositivo. A *velha doutrina* ao analisar as expressões "sabe" e "deve saber" via em ambas a identificação do *elemento subjetivo* da conduta punível: o *dolo direto* era identificado pela elementar "sabe" e o *dolo eventual* pela elementar "deve saber" (alguns autores identificavam, neste caso, a culpa).[34] Aliás, foi provavelmente com esse sentido que se voltou a utilizar essas expressões, já superadas, na Lei 9.426/96.

---

[31] Welzel. *Derecho Penal Alemán*... p. 96.

[32] Welzel. *Derecho Penal Alemán*...p. 96; No mesmo sentido, Gomez Benitez: "o momento cognoscitivo compreende o conhecimento real ou atual (não somente potencial) da realização dos elementos descritivos e normativos do tipo..." (*Teoría jurídica del delito - derecho penal*, parte general, Madri, Ed. Civitas, 1988, p. 205.

[33] Cezar Roberto Bitencourt. *Manual de Direito Penal*... p. 235.

[34] Heleno Cláudio Fragoso. *Lições de Direito Penal*, parte especial, vol.1º, 11 ed., Rio de Janeiro, Forense, 1995; Nelson Hungria. *Comentários ao Código Penal*, vol. V, 5ª ed., 1979, Rio, Forense, 1979, p. 405; Damásio de Jesus. *Direito Penal*, vol. 2, São Paulo, Saraiva, 1979, p. 148, todos analisando o art. 130 do Código Penal.

Na hipótese do "sabe" - afirmavam os doutrinadores - há plena certeza da origem delituosa da coisa. Neste caso, não se trata de mera suspeita, que pode oscilar entre a dúvida e a certeza, mas há, na realidade, a plena convicção da origem ilícita da coisa receptada. Assim, a suspeita e a dúvida não servem para caracterizar o sentido da elementar "sabe". Logo - concluíam - trata-se de *dolo direto*.

Na hipótese do "deve saber" a origem ilícita do objeto material – afirmavam - significa somente a *possibilidade* de tal conhecimento, isto é, a *potencial consciência da ilicitude do objeto*. Nas circunstâncias, o agente *deve saber* da origem *ilícita* da coisa, sendo desnecessária a *ciência efetiva*: basta a *possibilidade* de tal conhecimento. Dessa forma, na mesma linha de raciocínio, concluíam trata-se de *dolo eventual*.[35]

No entanto, essa interpretação indicadora do dolo, através do "sabe" ou "deve saber", justificava-se quando vigia, incontestavelmente, a *teoria psicológico-normativa* da culpabilidade, *que mantinha o dolo como elemento da culpabilidade*, situando a *consciência da ilicitude* no próprio *dolo*. Contudo, a sistemática hoje é outra: a elementar "'sabe' que é produto de crime" significa *ter consciência da origem ilícita* do que está comprando, isto é, ter consciência da ilicitude da conduta, e a elementar "deve saber", por sua vez, significa *a possibilidade de ter essa consciência da ilicitude*. Logo, considerando que esse *elemento normativo* - consciência da ilicitude - integra a culpalidade, encontrando-se, portanto, fora do dolo, leva-nos a concluir que as *elementares* referidas – *sabe* e *deve saber* - são indicativas de *graduação da culpabilidade* e não do *dolo*, como entendia a velha doutrina.

Em contrapartida, a *consciência* do dolo - seu elemento intelectual - além de não se limitar a determinadas elementares do tipo, como *"sabe"* ou *"deve saber"*, não se refere à *ilicitude do fato*, mas à sua configuração típica, devendo abranger todos os elementos objetivos, descritivos e normativos do tipo. Ademais, o *conhecimento dos elementos objetivos do tipo*, ao contrário da consciência da ilicitude, tem que ser atual, sendo insuficiente que seja *potencial*, sob pena de destruir a linha divisória entre dolo e culpa, como referia Welzel. Em sentido semelhante, manifesta-se Muñoz Conde,[36] afirmando que: "O conhecimento que exige o dolo é o conhecimento atual, não bastando um meramente potencial. Quer dizer, o sujeito deve saber o que faz, e não, haver devido ou podido saber".

---

[35] Damásio de Jesus, em recente artigo publicado no Boletim do *IBCCrim*, n. 52, de março de 1997, pp. 5/7.

[36] Muñoz Conde & Mercedes García Arán. *Derecho Penal*, parte general, 2ª ed., Valência, Ed. Tirant lo blanch, 1996, p. 285.

A Sociedade, a Violência e o
Direito Penal

Na verdade, a admissão da elementar "deve saber" como identificadora de *dolo eventual* impede que se demonstre *in concreto* a impossibilidade de *ter* ou *adquirir o conhecimento da origem ilícita* do produto receptado, na medida em que tal conhecimento é *presumido*. E essa *presunção legal* não é outra coisa que autêntica responsabilidade objetiva: *presumir o dolo onde este não existe*! No entanto, reconhecendo-se a elementar "deve saber" como indicadora de *potencial consciência da ilicitude*, isto é, como elemento integrante da culpabilidade, poder-se-á demonstrar, quando for o caso, a sua inocorrência ou mesmo a existência de *erro de proibição*, permitindo uma melhor adequação da aplicação da lei. Com efeito, ante a reelaboração efetuada por Welzel, do conceito de consciência de ilicitude, introduzindo-lhe o *dever de informar-se*, flexibilizou-se esse elemento, sendo suficiente a potencial consciência da ilicitude. No entanto, "não basta, simplesmente, não ter consciência do injusto para inocentar-se. É preciso indagar se havia possibilidade de adquirir tal consciência e, em havendo essa possibilidade, se ocorreu negligência em não adquiri-la ou falta ao dever concreto de procurar esclarecer-se sobre a ilicitude da conduta praticada".[37]

Precisa-se, enfim, ter sempre presente, que não se admitem mais *presunções irracionais*, iníquas e absurdas, pois, a despeito de exigir-se uma *consciência profana* do injusto, constituída dos conhecimentos auridos em sociedade, provindos das normas de cultura, dos princípios morais e éticos, não se pode ignorar a hipótese, sempre possível, de não se ter ou não se poder adquirir essa consciência. Com efeito, nem sempre o *dever jurídico* coincide com a lei moral. Não poucas vezes o direito protege situações amorais e até imorais, contrastando com a *lei moral*, por razões de política criminal, de segurança social, etc. Assim, nem sempre é possível estabelecer, *a priori*, que seja o crime uma ação imoral.[38] A ação criminosa pode ser, eventualmente, até moralmente louvável. A norma penal, pela sua particular força e eficácia, induz os detentores do poder político a avassalar a tutela de certos interesses e finalidades, ainda que contrastantes com os interesses gerais do grupo social.

Por derradeiro, constar de texto legal a *atualidade* ou *potencialidade* da *consciência do ilícito* é uma erronia intolerável, posto que a Ciência Penal encarregou-se de sua elaboração interpretativa. A constatação de sua atualidade ou mera possibilidade fundamentará a maior ou menor *reprovabilidade* da conduta proibida.

---

[37] Cezar Roberto Bitencourt. Teoria Geral do Delito, São Paulo, Ed. Revista dos Tribunais, 1997, p. 206; *Manual de Direito Penal...* p. 352.

[38] Cezar Roberto Bitencourt. *Manual de Direito Penal* ... p.350; *Teoria Geral do Delito...* p. 205.

Concluindo, a *previsão*, isto é, o *conhecimento* deve abranger todos os elementos objetivos e normativos da descrição típica. E esse *conhecimento* deve ser *atual*, real, concreto e não *meramente presumido*. Agora, a *consciência do ilícito*, esta sim pode ser *potencial*, mas será objeto de análise somente no exame da *culpabilidade*, que também é predicado do crime.[39]

---

[39] Cezar Roberto Bitencourt. *Manual de Direito Penal* ... p. 294; *Teoria Geral do Delito*... p. 152.

7. A situação carcerária no Brasil e a miséria acadêmica[1]

James Louis Cavallaro
Diretor no Brasil da divisão das Américas da Human Rights Watch

Salo de Carvalho
Advogado, professor de Direito Penal e Criminologia, e coordenador de pesquisa do Instituto Transdisciplinar de Estudos Criminais/RS.

Primeiramente gostaríamos de explicitar perspectiva que difere significativamente da maioria apresentada. Somos, em primeiro lugar, pesquisadores e ativistas na área de direitos humanos e, em segundo lugar, estamos preocupados com a pesquisa acadêmica. Como resultado, o foco da nossa pesquisa está nas violações dos direitos humanos. No contexto do trabalho em penitenciárias, nossa atenção, e também das instituições a qual pertencemos – *Human Rights Watch* (HRW), *Instituto Transdisciplinar de Estudos Criminais* (!TEC) e *Universidade do Vale do Rio dos Sinos* (UNISINOS) –, voltou-se aos massacres em prisões e as péssimas condições que dominam os centros de detenção nas Américas, particularmente no Brasil. Neste momento, gostaríamos de situar os centros de detenções brasileiros no contexto Latino-Americano e, então, discutir as pesquisas realizadas até agora e que acreditamos deveriam ser continuadas. Levando em consideração o fato de que Rosa del Olmo já expôs os principais problemas que dizem respeito à América Latina, levaremos em conta até que ponto, e com que freqüência, os mesmos problemas são apresentados no Brasil.

O Brasil possui a maior população carcerária da América Latina, com 170.000 presos em 512 prisões – dados do Censo Penitenciário

---

[1] *Trabalho apresentado por James Cavallaro em Conferência na Universidade do Texas (Austin), sobre a temática* "O Aumento da Violência e da Resposta da Justiça Criminal na América Latina" (*Rising violence and the criminal justice response in Latin America*) – *no período de 6 à 9 de maio de 1999.*

de 1997 divulgado no ano passado. A população nestas prisões tem crescido regularmente desde a década passada. Apesar disso, o número de prisioneiros por 100.000 habitantes é o mesmo da maioria da América Latina, sendo menor do que alguns de seus vizinhos. Os gráficos de 1997, relativos ao número de encarcerados por 100.000 habitantes, mostram o seguinte: a) Chile - 173; b) Colômbia - 110; c) México - 108; d) Venezuela - 113; Estados Unidos - 645; Brasil – 108.[2]

Rosa del Olmo explicou em detalhes como o uso aberrante de detenções antes de sentença transitada em julgado resulta em superpopulação, aumentando os problemas relacionados ao encarceramento em quatro países latino-americanos. De fato, recente trabalho da *Human Rights Watch* sobre as condições carcerárias na Venezuela, registrado no livro chamado *"Punishment Before Trial"*, focalizou este assunto. Embora o encarceramento antes do julgamento seja muito comum no Brasil, os números não são tão graves quanto os de muitas outras nações latino-americanas. Exemplificativamente, podemos notar que enquanto mais de 70% dos presos na Venezuela não foram condenados, e mais de 90% no Paraguai ainda esperam pela sentença, este quadro, no Brasil, gira em torno de 30% nos últimos anos.

Apesar disso, este problema seria significativamente mais grave se a polícia fosse mais eficiente ao prender pessoas procuradas pelo Sistema Judiciário. De acordo com o Censo Penitenciário de 1994, havia 275.000 intimações ainda não cumpridas no Brasil. Especialistas em prisão, bem como policiais consultados, concordaram que este quadro é demasiado inflacionado, podendo inclusive duplicar, por causa de presos que têm mais de uma intimação e de outros que já estão até mesmo mortos. Seus pontos de vista nessa superestimação, no entanto, variam. Mas, se empregarmos uma estimativa conservadora de 70.000, ou aproximadamente 25%, a população carcerária sofreria um aumento de cerca de 40% e haveria, na realidade, mais prisioneiros detidos antes do julgamento do que condenados.

Talvez mais preocupante que os reais números de prisioneiros brasileiros, sejam as recentes tendências que demonstram um crescimento contínuo da população carcerária e a estagnação virtual na construção de novos centros de apartação. No relatório do ano de 1989, a *Human Rights Watch*, então *Americas Watch*, relatou que os gráficos governamentais de 1987 indicavam *deficit* de 50.934 vagas no sistema carcerário. No ano de 1997, aquele quadro quase duplicou, alcançando 96.010, por haver 2,3 prisioneiros por cada vaga no

---

[2] Human Rights Watch, *Behind Bars in Brazil*, Nova Iorque, 1998.

sistema carcerário formal. O número de prisioneiros por 100.000 passou significativamente de 95 em 1995 para 108 em 1997.

Em São Paulo, um dos pouquísssimos estados que têm mostrado esforços na ampliação de vagas, o programa de construção obteve como resultado aproximadamente 18.000 vagas. A principal meta do projeto era capacitar as autoridades estaduais a remover os prisioneiros das delegacias de polícia e transferi-los para o sistema penitenciário. Entretanto, nos dois anos desde que as construções começaram a população carcerária estadual cresceu a tal ponto que a redução da rede de prisioneiros em celas localizadas em delegacias de polícia foi zero. Após junho de 1997, havia aproximadamente 30.000 prisioneiros fora do sistema penitenciário formal, o mesmo número registrado no início desta semana.

Ao verificarmos a literatura existente sobre as condições carcerárias no Brasil, revisamos duas publicações clássicas dos últimos vinte anos. *"A Questão Penitenciária"*, de Augusto Thompson (1976), e *"Os Direitos do Preso"*, de Heleno Cláudio Fragoso, Yolanda Catão e Elisabeth Sussekind (1980). Infelizmente, ficamos impressionados ao percebermos que as condições nas prisões mudaram muito pouco nas duas últimas décadas. Estes autores citaram uma série de problemas crônicos que incluem: a) notável distância entre os direitos legalmente reconhecidos e aqueles garantidos na prática aos prisioneiros; b) o uso de prisões locais (celas em delegacias) como centros de detenções por longo tempo; c) tratamento médico precário; d) falta de assistência legal; e) falta de trabalho para os prisioneiros; f) acentuada superpopulação em celas de delegacias; e, g) falta de camas e o uso do chão como espaço para dormir.

Por mais de seis meses, os pesquisadores da *Human Rights Watch*, juntamente com Joanne Mariner, pesquisaram as condições de quarenta centros de detenções em sete estados brasileiros e no Distrito Federal. As averiguações das instituições duraram a maior parte do dia, ou mais, em algumas centros. Foram ouvidos prisioneiros individualmente, sendo entrevistados mais de 300 deles. Suas celas foram medidas, suas refeições foram comidas e suas reclamações foram ouvidas. Também foram realizadas entrevistas com funcionários das prisões, chefes dos distritos policiais, guardas e ONGs que trabalham nesta área. O que de imediato se constatou sobre as condições carcerárias foi reproduzido em *Behind Bars in Brazil*,[3] diferindo ligeiramente das situações descritas por Thompson e Fragoso, Catão e Sussekind nas décadas passadas.

---

[3] Human Rights Watch, *op. cit.*

A Sociedade, a Violência e o
Direito Penal

Em suma, foram documentadas condições físicas muito precárias na maioria das instalações, acentuada superpopulação (mais ou menos 40 presos em celas com estrutura para seis ou oito homens em algumas delegacias), violência institucionalizada (incluindo tortura em muitas das instalações policiais), atenção médica legal inadequada, falta de oportunidade de trabalho e estudo, etc.

Dois outros assuntos também chamaram atenção. O primeiro envolve a freqüente inaplicabilidade das penas alternativas à prisão (de acordo com o Censo de 1995 apenas 1,5% dos condenados recebeu tal condenação). As estatísticas brasileiras são terrivelmente baixas se comparadas às dos Estados Unidos e da Europa. Já o segundo diz respeito ao crescente uso de instalações de delegacias, construídas para detenção por períodos curtos, como centros de detenções. Em alguns estados, a maioria da população carcerária está sendo mantida nestes centros de custódia. Em Minas Gerais, por exemplo, de acordo com dados da CPI estadual de 1997, 82% da população carcerária é mantida nestas 'prisões improvisadas' (delegacias de polícia). Em São Paulo, unidade federativa que sozinha detém 40% de toda a população carcerária do país, aproximadamente metade de todos os internos tem sido mantidas em prisões inicialmente designadas para detenções em períodos temporários. Naturalmente, não existe nestes centros a infra-estrutura necessária para fornecer trabalho, educação ou qualquer outra ajuda que, remotamente, possa chegar perto de instalações de reabilitação sugeridas pela Lei de Execução Penal.

Apesar de não ser o foco de nossa pesquisa, outro assunto também chamou nossa atenção. Referimo-nos à violência sexual entre prisioneiros que, segundo vários funcionários penitenciários, baixou radicalmente desde que as visitas íntimas foram implementadas nos anos 70. O efeito das visitas de companheiras, bem como dos filhos, sob os presos nos centros de detenção é estudo que vale a pena ser explorado. Além de tornar o contato sexual íntimo possibilidade legítima, estas visitas têm impacto importante na dinâmica social do sistema: o sistema social não é mais exclusivamente masculino, pelo menos por um período de tempo que varia de uma semana a um mês. Deste dado nasce a indagação: qual seu efeito no sistema social da prisão?

Anteriormente, o Professor Luis Rodríguez Manzanera referiu-se as prisões mexicanas como uma bomba relógio. No Brasil, cremos justo dizer que a bomba explodiu. A manifestação desta explosão são as revoltas (rebeliões ou motins) que se tornaram, literalmente, eventos diários. Tais revoltas geralmente são seguidas por tentativas frustradas de fuga e comumente envolvem refens (geralmente guardas ou outros prisioneiros). Só em 1997, por exemplo, 195 rebeliões foram registradas nas prisões que estão sob a responsabilidade da polícia de São Paulo.

Enquanto este número é assustador, achamos que seria interessante direcionar a questão a partir de outra perspectiva que já havia sido proposta por vários pesquisadores ao explicarem a questão criminal nos últimos dias. Ao invés de perguntar porque a criminalidade têm crescido radicalmente, qualquer pessoa poderá questionar por que mais habitantes socialmente excluídos que fazem parte da minoria urbana pobre não se voltam ao crime? No contexto carcerário, qualquer pessoa também poderá questionar por que prisioneiros jovens que são brutalmente maltratados não se revoltam? Estas questões nos conduzem ao que consideramos um espaço significante na literatura carcerária brasileira e que tem consequências diretas e importantes na prevenção de revoltas trágicas e violentas.

A questão a qual nos referimos é a seguinte: por que alguns centros carcerários e delegacias literalmente explodem enquanto outras, que são mais populosas, não? Esta questão nos leva ao assunto sobre o controle do sistema social e carcerário, o qual inúmeros estudos têm sido realizados por toda parte.

Ao enfatizar a pesquisa no Brasil, vemos relativa abundância de estudos legais que se centralizam na necessidade de reformas judiciais (v.g. a redução de superpopulação através de uso muito amplo das penas alternativas). Neste sentido, Julita Lemgruber, da *Penal Reform International* (PRI), atualmente ouvidora da polícia do Rio de Janeiro, publicou livro e organizou conferências procurando avançar no uso de alternativas para as penas carcerárias.

Poucas pesquisas, porém, têm sido realizadas sobre as condições carcerárias a partir de uma perspectiva acadêmica. De fato, além dos trabalhos de Thompson e Fragoso (*et. al.*) anteriormente referidos, e de João Batista Herkenhoff (*Crime: tratamento sem prisão*, 1987) e Odete Maria de Oliveira (*"Prisão: um paradoxo social"*, 1984), a maioria das pesquisas feitas sobre as condições carcerárias tem sido realizada por ONGs. Mesmo assim, por muitos anos, a maioria dos trabalhos realizados pelas ONGs sobre sistema carcerário consistiu apêndices de trabalhos mais amplos sobre as violações dos direitos humanos no Brasil. Em outubro de 1992, após o massacre na Casa de Detenção do Carandiru em São Paulo, uma mudança nesta tendência ocorreu. As organizações *Human Rights Watch* (1992) e *Anistia Internacional* (1993), por exemplo, lançaram relatórios específicos sobre aquela tragédia, bem como foi instaurada Comissão Especial pela *Bar Association*.

Desde então, surgiram inúmeras iniciativas institucionais, a dizer, a) críticas às violações dos direitos da população carcerária, como a realizada pelo *Relatório Azul* - publicação anual da *Comissão sobre Cidadania e Direitos Humanos da Assembléia Legislativa do Rio Grande do Sul* (CCDH); b) viabilização de processo de "descarcerização" pelos sistemas judiciários e executivos, como o projeto para implementar penas alternativas realizados pelo *ILANUD* em São Paulo, Mato Grosso e Rio Grande do Sul; e, c) investigação legislativa sobre irregularidades administrativas – São Paulo em 1996 e Minas Gerais em 1997, onde foram implementadas CPIs acerca dos sistemas penitenciários. O trabalho do *Núcleo de Estudos da Violência* (NEV) da Universidade de São Paulo (USP) no "*Dossiê dos Direitos Humanos no limiar do séc. XXI*" (SP: USP 1998) também proporcionou importantes contribuições na área.

Em síntese, gostaríamos de mostrar um pouco das necessidades mais óbvias de pesquisa acadêmica na esfera prisional: (a) pesquisa sobre o problema da reincidência, seu tratamento pela legislação penal e o impacto no sistema de garantias; (b) estudos sobre os sistemas de controle carcerário, sua eficácia e sua relação com os direitos humanos; (c) estudos sobre o papel das visitas íntimas e seus efeitos nos apenados, na violência sexual carcerária e na dinâmica do sistema social das prisões; (d) avaliação acerca dos laudos e exames criminológicos e seus efeitos em nível de garantias individuais da pessoa presa; (e) investigação sobre o impacto da militarização do controle penitenciário em algumas unidades da federação (em dois estados visitados a Polícia Militar foi levada às prisões e atualmente é responsável pelo controle interno).

Enfoque geral nestas pesquisas, que acreditamos ser promissor, é a transdisciplinariedade e a união entre sociedade acadêmica e civil. É que não invariavelmente as ONGs têm acesso a informações e meios de apoio que faltam aos centros de estudos e pesquisas acadêmicas; no entanto, em alguns casos, as ONGs pecam pela falta de capacitação e/ou do *know-how* dos pesquisadores universitários. A pesquisa carcerária é uma área em que esforços conjuntos poderiam produzir resultados importantes, não apenas para a compreensão da realidade Latino Americana, mas, principalmente, para a inteligente ação de mudá-la.

8. Princípio da insignificância

Jorge Luiz dos Santos Moraes
Advogado

Paolo del Gos
Advogado

Wolmir Müller
Advogado

Sumário: 8.1. Introdução; 8.2. Conceito; 8.3. Fundamentos do princípio da insignificância: a fragmentariedade; 8.4. Evolução histórica; 8.5. Causas de exclusão da tipicidade; 8.5.1 Adequação social; 8.5.2 Princípio da insignificância; 8.5.3 Concepção realística do crime; 8.6. Conclusão; 8.7. Jurisprudências; 8.8. Bibliografia.

8.1. INTRODUÇÃO

Este trabalho trata de um princípio que não tem qualquer tipo de previsão legal, mas que, no entanto, enseja uma série de discussões doutrinárias e jurisprudenciais, visto se tratar de uma adequação da norma legal à realidade fática. Iremos falar do princípio da insignificância, também conhecido por crime de bagatela.

Analisaremos o desenvolvimento e a evolução histórica deste princípio, trazendo também algumas definições doutrinárias. Desenvolveremos nosso estudo buscando a fundamentação do princípio da insignificância, e como se desenvolve essa relação com a tipicidade e a aplicação do princípio da legalidade, tudo isto como forma de demonstrar a aceitação ou não do princípio da insignificância no campo penal.

O objetivo maior deste trabalho é aferir a real extensão e/ou vigência do princípio da legalidade frente às normas penais desatualizadas da realidade e carentes de adaptações a sua aplicação, considerando-se as reações da sociedade que passa, ao longo dos tempos, a não mais reprovar uma determinada conduta como norma costumeira de seus valores.

8.2. CONCEITO

Para introdução ao conceito deste tema que fomenta as discussões doutrinárias das mais diversas maneiras, valemo-nos das palavras de Maurício Ribeiro Lopes ao dizer que o Princípio da Insignificância decorre da concepção utilitarista que se vislumbra modernamente nas estruturas típicas do Direito Penal. No exato momento em que a doutrina evoluiu de um conceito formal a outro material de crime, adjetivando de significado lesivo a conduta humana necessária a fazer incidir a pena criminal pela ofensa concreta a um determinado bem jurídico, fez nascer a idéia da indispensabilidade da gravidade do resultado concretamente obtido ou que se pretendia alcançar.[1]

Aberta discussão sobre o ponto a ser debatido, entendemos por bem dar uma breve noção do significado de Princípio como mandamento nuclear, fundamento de um Sistema. Nas palavras de Celso Bandeira de Mello, violar um princípio é muito mais grave que transgredir uma norma. A desatenção aos princípios implica ofensa não apenas a um específico mandamento obrigatório, mas a todo o sistema de comandos. É a mais grave forma de ilegalidade ou inconstitucionalidade, conforme o escalão do princípio atingido, porque representa insurgência contra todo o sistema, subversão de seus valores fundamentais.[2]

Quanto à definição do que seja insignificância, como palavra isolada, entendemos não o objeto deste estudo, mas agregada a palavra princípio, apresentam um modelo de justiça, uma ferramenta a serviço do Estado para a proteção do cidadão, como tentaremos traduzir nas linhas que se seguem.

Primeiramente a noção de crime como fato típico, ilícito e culpável exige a noção do que seja Tipicidade.

---

[1] RIBEIRO LOPES, Maurício Antonio. *Princípio da Insignificância no Direito Penal: análise à luz da Lei 9.099/95- Juizados Especiais Criminais e da jurisprudência atual*, São Paulo, RT, 1997, pp. 33-34.

[2] MELLO, Celso Antônio Bandeira de. *Elementos de direito administrativo*, São Paulo: RT, 1988, p. 230.

Tipicidade formal - é a adequação do fato típico a norma penal em abstrato. É a qualidade que possui o fato de encontrar correspondência descritiva no modelo legal. É a qualidade que se atribui a um comportamento, quando é subsumível à hipótese de fato de uma norma penal.[3]

Vico Manãs, referido por Maurício Ribeiro Lopes, diz que a postura de um juízo de tipicidade formal não satisfaz a moderna tendência de deduzir ao máximo a área de influência do Direito Penal, de seu reconhecido caráter subsidiário já que manifesta a sua ineficiência como único meio de controle social.[4]

Tipicidade material - Francisco de Assis Toledo, fazendo um contraponto com a tipicidade formal, afirma que em 1906 Beling tinha uma definição de Tipo puramente formal, meramente seletiva, não implicando, ainda, um juízo de valor sobre o comportamento que apresentasse suas características. Modernamente, porém, procura-se atribuir ao tipo, além desse sentido formal, um sentido material. Assim, a conduta, para ser crime, precisa ser típica, precisa ajustar-se formalmente a um tipo legal de delito. Não obstante, não se pode falar ainda em Tipicidade, sem que a conduta seja, a um só tempo, materialmente lesiva a bens jurídicos, ou ética e socialmente reprovável.[5]

Assim também entende Sanguiné, ao dispor que a tipicidade não se esgota na concordância lógico-formal do fato no tipo. A ação descrita tipicamente há que ser geralmente ofensiva ou perigosa para um bem jurídico.[6]

A norma penal ao ser criada para aplicação na vida real leva em consideração modelos de vida perniciosos a sociedade que devem ser castigados para evitar a sua proliferação (função preventiva da pena), e procura alcançar um círculo limitado de situações, mas falha ante a gama de possibilidades do inter-relacionamento humano. Por isso a tipificação ocorre conceitualmente de forma absoluta, causando discrepâncias entre o concreto e o abstrato. Para corrigir a diferença entre esses dois mundos do direito que é o formal-abstrato e o material-concreto, Sanguiné entende eficaz a utilização do princípio da Insignificância. Diz, ainda, que a solução do conflito de inte-

---

[3] MUÑOZ CONDE, Francisco. *Teoria Geral do Delito*, Tradução de Juarez Tavares e Luiz Regis Prado. Porto Alegre, Fabris, 1988, p. 42.

[4] RIBEIRO LOPES, Maurício Antonio. *Princípio da Insignificância no Direito Penal, op. cit.* p. 110.

[5] TOLEDO, Francisco de Assis. *Princípios Básicos de Direito Penal: de acordo com a lei 7209 de 11-7-1984*, 3 ed. São Paulo, Saraiva, 1987, pp. 118-119.

[6] SANGUINÉ, Odone. *Observações sobre o Princípio da Insignificância, in Fascículos de Ciências Penais*, Porto Alegre, Fabris, v.3, n.1, jan.-mar./1990, p. 46.

resses utilizando o recurso da atipicidade, quando a lesão ao bem jurídico é irrelevante é predominante na Alemanha .[7]

Depois dessas preleições sobre o conceito do Princípio da Insignificância, importante seria procurar entender porque alguns autores como Carlos Vico Mañas,[8] Diomar Ackel Filho,[9] Odone Sanguiné[10] e Maurício Antônio Ribeiro Lopes[11] proclamam a Insignificância como Princípio, enquanto outros, Roxin,[12] Luiz Flávio Gomes,[13] Teresa Armenta Deu[14] e outros, falam em criminalidade de bagatela.

Para fins de entendimento da matéria, seria interessante uma distinção doutrinária entre *crime de bagatela* e *princípio da insignificância*, para evitar um encaminhamento desses institutos ao campo do princípio da oportunidade da ação penal, defendendo assim a existência de um procedimento menos rígido, ou para entendê-los como abrangidos na categoria de *infrações de menor potencial ofensivo*, não querendo assim incluir delitos de nenhuma repercussão social.

A C.F.B., em seu artigo 98, inciso I, numa tentativa de eliminar a tendência da doutrina moderna, cria o Juizado Especial Criminal para processar e julgar infrações de menor potencial ofensivo. Estas infrações devem ser entendidas como uma escala entre as de grande potencial ofensivo e as de nenhum potencial para a sociedade. Nesse ponto, Luiz Flávio Gomes fala em pequena e média criminalidade, também entendida como de bagatela, querendo separá-la das de grande potencial lesivo.

O *princípio da insignificância*, face à noção moderna de tipicidade material, que exige um resultado lesivo concreto e relevante para a sociedade como um todo, não há crime em ações com desvalor do resultado, pela falta da qualidade do evento. Exemplo é a simples lesão materializada por um tapa no rosto, que geralmente causa um simples rubor (heritema). Esta ação gera um procedimento policial

---

[7] Idem, pp. 46-47.

[8] VICO MAÑAS, Carlos. *O Princípio da Insignificância como Excludente da Tipicidade no Direito Penal*, São Paulo, Saraiva, 1994.

[9] ACKEL FILHO, Diomar. O Princípio da Insignificância no Direito Penal, *in Revista de Jurisprudência do Tribunal de Alçada Criminal de São Paulo*, v. 94, pp.72-7, abr.-jun./1998.

[10] SANGUINÉ, Odone. Observações sobre o Princípio da Insignificância, *in Fascículos de Ciências Penais*, Porto Alegre, Fabris, v.3, n.1, jan.-mar./1990. p. 46.

[11] RIBEIRO LOPES, Maurício Antonio. *Princípio da Insignificância no Direito Penal: análise à luz da Lei 9.099/95- Juizados Especiais Criminais e da jurisprudência atual*. São Paulo, RT, 1997.

[12] ROXIN, Claus. Princípios del Derecho Penal Mínimo (para uma teoria de los derechos humanos como objetivo y limite para la ley penal), *in Doctrina Penal*.

[13] GOMES, Luis Flávio. Tendências Político-Criminais quanto à Criminalidade de Bagatela, *in Revista Brasileira de Ciências Criminais*, São Paulo, Ed. RT, 1992, pp.88-109.

[14] *Criminalidad de bagatela y princípio de oportunidad*. Alemania y España, Barcelona: PPU, 1991.

e judicial, se a vítima assim o quiser, uma vez que formalmente típico, mas em razão do desvalor do resultado, pela falta de um valor lesivo concreto para a Ordem Social, teria-se a inexistência da tipicidade material pela a incidência do Princípio da Insignificância, entendendo o fato por atípico na esfera penal.

O legislador, ao realizar o trabalho de redação do tipo penal, tem em mente apenas os prejuízos relevantes que o comportamento incriminado possa causar a Ordem Jurídica e Social. Todavia não dispõe nesse momento de meios para evitar que os casos mais leves sejam também alcançados pela norma. O princípio da insignificância, segundo Vico Manãs, surge justamente para evitar situações dessa espécie, atuando como instrumento de interpretação restritiva do tipo penal, colocado nas mãos do aplicador do direito.

8.3. FUNDAMENTOS DO PRINCÍPIO DA INSIGNIFICÂNCIA: A FRAGMENTARIEDADE

O direito penal não foi construído com objetos jurídicos de tutela exclusiva como a vida-saúde-segurança-liberdade. Ao contrário, sua formulação sempre esteve condicionada por um processo de eleição e proteção de bens estranhos, informados por outros ramos do direito, em razão de fatos históricos, culturais e outros.[15] O direito penal não encerra um sistema exaustivo de proteção dos bens jurídicos, mas um sistema descontínuo de ilícitos decorrentes da necessidade de criminalizá-los, por ser este o meio indispensável de tutela jurídica. Por exemplo: penalizava-se a remarcarão de preços. Penalizam-se as violações à fauna, à flora, ao sistema financeiro etc.

Nilo Batista afirma que se o fim da pena é fazer justiça, toda e qualquer ofensa ao bem jurídico deve ser castigada; se o fim da pena é evitar o crime, cabe indagar da necessidade, da eficiência e da oportunidade de cominá-la para tal ou qual ofensa.[16]

Assis Toledo, ao falar de fragmentariedade, diz que o Direito Penal só deve ir até onde seja necessário para proteger o bem jurídico violado - não deve se preocupar com bagatelas. Assim sendo, em questões como o crime de dano do Código Penal, não deve ser qualquer dano a coisa alheia, mas sim aquele que represente prejuízo material concreto, efetivo ao proprietário. Os crimes contra a Honra

---

[15] RIBEIRO LOPES, Maurício Antonio. *Princípio da Insignificância no Direito Penal: análise à luz da Lei 9.099/95- Juizados Especiais Criminais e da jurisprudência atual*. São Paulo, RT, 1997.

[16] BATISTA, Nilo. *Introdução Crítica ao direito penal brasileiro*, Rio de Janeiro, Revan, 1990.

devem se referir a fatos que realmente possam afetar a dignidade e reputação, ficando de fora aqueles fatos vazios e sem expressão.[17]

Subsidiariedade - pelo que foi visto, a subsidiariedade, em termos de direito penal, pressupõe por certo a fragmentariedade, sendo o remédio jurídico extremo a ser aplicado quando os outros ramos do direito falharam, como barreiras protetoras do bem jurídico. Segundo Claus Roxin, um dos primeiros idealizadores do Princípio da Insignificância, a intromissão do direito penal onde bastam outros procedimentos mais suaves para preservar e reinstaurar a Ordem apenas perturba a paz jurídica, produzindo efeitos que contrariam os objetivos do direito.[18]

Proporcionalidade - Segundo Zaffaroni o fundamento do princípio da insignificância está na idéia de proporcionalidade que a pena deve guardar em relação à gravidade do crime. Assim nos casos de mínima afetação ao bem jurídico não subsiste razão para a pena.[19] A violação do princípio da proporcionalidade afasta a idéia da finalidade do Direito Penal, compatível com as bases de sustentação do Estado Social e democrático de direito.

Já nos crimes de bagatela, que seriam os casos de pequena ou média criminalidade, existe realmente uma lesão a um bem protegido, e que não pode ser reputada como insignificante para a sociedade, incidindo aqui, se for o caso, os ritos dos crimes de Menor Potencial Ofensivo, porque se trata de ações com resultado lesivo concreto e agora relevante, justamente aquele apregoado pelo legislador em razão dos princípios de proteção a vida e saúde. Por exemplo, aquela lesão física que incapacita para as ocupações habituais por vários dias.

Infrações de menor potencial ofensivo, se assim o são, não possuem natureza penal, em razão do princípio da intervenção mínima e das características de fragmentariedade e subsidiariedade, pois ao direito penal só cabe intervir nas hipóteses em que a vida é atingida de maneira intolerável. Além do mais, o dispositivo constitucional (Juizado Especial Criminal) não diz que se devam penalizar casos de bagatela, apenas mostra uma diretriz processual para o julgamento dessas ofensas.[20]

---

[17] TOLEDO, Francisco de Assis, *Princípios Básicos de Direito Penal: de acordo com a Lei 7209 de 11-7-1984*, 3 ed. São Paulo, Saraiva, 1987, p. 121.

[18] RIBEIRO LOPES, Maurício Antonio. *Princípio da Insignificância no Direito Penal*, op. cit.

[19] ZAFFARONI, Eugênio Raúl. *Manual de derecho penal*, Buenos Aires, Editar, 1986.

[20] RIBEIRO LOPES, Maurício Antonio. *Princípio da Insignificância no Direito Penal*, op. cit., p. 175.

8.4. EVOLUÇÃO HISTÓRICA

Claus Roxin, citado no livro de Maurício Ribeiro Lopes[21], foi quem, em 1964, primeiro introduziu o tema como Princípio geral de exclusão da tipicidade, como recurso de interpretação restritiva dos tipos penais. Para ele, na maioria dos casos seria possível fazer-se, desde o início, a exclusão de pequenos ataques a bens jurídicos.

Odone Sanguiné,[22] entendendo ser de Roxin a formulação do princípio, informa que o tema já era debatido por Franz Von Liszt em 1903: "a nossa atual legislação faz da pena, como meio de luta, um emprego excessivo. Se deveria refletir se não mereceria ser restaurado o antigo princípio – *minima non curat praetor* – ou como regra geral de direito processual, ou como norma de direito substancial (isenção de pena pela insignificância da infração)".

Seguindo a exposição, Roxin teria se valido do brocardo latino para justificar e apoiar a criação do Princípio ao estudar o delito de constrangimento ilegal[23]. Sanguiné novamente faz referência ao estudo de Roxin, dizendo que aqueles constrangimentos ilegais sem duração e sem conseqüências relevantes não são prejudiciais ou danosos em sentido material. Essa idéia foi aprofundada por Roxin, que chamou a atenção para a natureza fragmentária do direito penal, que deveria se preocupar em envolver apenas aqueles fatos potencialmente danosos à vida em sociedade.

Diomar Ackel Filho, citado por Maurício Ribeiro Lopes,[24] relata que o princípio da Insignificância já vigorava no direito Romano, onde o pretor não cuidava, de modo geral, de causas ou delitos de bagatela, consoante o brocardo latino citado. O autor faz uma crítica a esse posicionamento, informando que o Direito Romano era dirigido para as relações de Direito privado, e não para o direito público.

Na modernidade, o princípio surge na Europa, com a denominação alemã de Criminalidade de Bagatela[25] - *bagatelledelike* - em razão dos problemas econômicos surgidos com a primeira guerra mundial e aumentaram após o segundo confronto, coincidindo com um considerável aumento de delitos de caráter patrimonial e econômicos em razão da devastação no continente. Esses crimes consistiam em sua maioria de pequenas subtrações sem muita relevância.

---

[21] RIBEIRO LOPES, Maurício Antônio. *Princípio da Insignificância no Direito Penal. op. cit.* p. 82.

[22] SANGUINÉ, Odone. Observações sobre o Princípio da Insignificância, *in Fascículos de Ciências Penais*, Porto Alegre, Fabris, v.3, n.1, jan.-mar./1990. p. 40.

[23] Idem, ibidem, p. 39.

[24] RIBEIRO LOPES, Maurício Antônio. *Princípio da Insignificância no Direito Penal, op. cit.*, pp. 37-38.

[25] DEU, Teresa. Citada por Maurício Ribeiro Lopes, p. 39.

O Princípio da Insignificância foi esculpindo tomando como base o Princípio da Legalidade - *nullun crimen nulla poena sine lege* - que é a mais sólida garantia conferida à liberdade individual dentro de um Estado democrático de direito. Com as transformações sofridas pelo princípio da legalidade chegou-se ao *nullun crimen nulla poena sine lege praevia* reconhecendo-se assim as idéias garantidoras dos princípios da anterioridade e da irretroatividade da lei penal incriminadora e após a retroatividade da lei penal mais benéfica. Baniu-se após a eleição consuetudinárias de comportamentos penais típicos com a criação do *nullun crimen nulla poena sine lege scripta*. Recentemente, a criação do princípio da Taxatividade, proibindo-se assim incriminações vagas e indeterminadas.

Merece destaque em meio ao movimento iluminista que nascia com a preocupação de reagir contra o absolutismo monárquico, o pensamento de Beccaria,[26] "a exata medida do crime é o prejuízo causado a sociedade" e segue "apenas as leis podem indicar as penas de cada delito e que o direito de estabelecer leis penais não pode ser senão da pessoa do legislador, que representa toda a sociedade ligada por um contrato social".

A declaração Universal dos direitos do homem e do Cidadão, em 1789, inseriu fortemente o princípio da legalidade em seu artigo oitavo "ninguém pode ser punido senão por força de uma lei estabelecida e promulgada antes do delito e legalmente aplicada" e no seu artigo quinto vem esculpido o Princípio da Insignificância, criando um caráter seletivo ao Direito penal, revelando que a lei não proíbe senão as ações nocivas à sociedade, desprezando as ações insignificantes ou de menor lesividade.

8.5. CAUSAS DE EXCLUSÃO DA TIPICIDADE

Este assunto é tratado de maneiras diversas conforme a fonte consultada: Técnicas de descriminalização no Direito Penal Comparado;[27] Técnicas de descriminalização[28] e Meio de Penetração do Princípio da Insignificância no Sistema Penal.[29]

A busca por um direito penal mínimo, mais justo, garantidor de liberdades é motivo para um confronto dogmático entre quem defende o desvalor da ação, como forma de interpretação e compreen-

---

[26] BECCARIA, Césare. *Dos Delitos e das Penas*, São Paulo, Hemmus, 1983.

[27] SANGUINÉ, Odone. Observações sobre o Princípio da Insignificância, *in Fascículos de Ciências Penais*, Porto Alegre, Fabris, v.3, n.1, jan.-mar./1990.

[28] VICO MAÑAS, Carlos. *O Princípio da Insignificância como Excludente da Tipicidade no Direito Penal*, São Paulo, Saraiva, 1994.

[29] RIBEIRO LOPES, Maurício Antônio. *Princípio da Insignificância no Direito Penal, op. cit.*

são dos tipos penais como Welzel ao formular o Princípio da Adequação Social; quem defende o desvalor do resultado, como Roxin, buscando uma interpretação restritiva dos tipos penais ao criar o Princípio da Insignificância e aqueles que buscam um repensamento dos conceitos de bem jurídico e evento típico, como a doutrina Italiana, na Concepção Realística do Crime.

8.5.1 Adequação social

Formulada por Welzel, surgiu como princípio de interpretação e compreensão dos tipos penais. Não são consideradas típicas aquelas condutas que se movem por completo dentro de um marco de ordem social, histórico, normal da vida porque são socialmente adequadas[30]. Aqui estariam incluídos aqueles ataques irrelevantes aos bens penalmente protegidos, por serem socialmente aceitos e adequados, num mundo que está em constante transformação, ao lado de um sistema penal conservador. Como exemplos, temos o artigo 58 da LCP (Jogo do Bicho), o artigo 229 do CPB (casa de Prostituição, ou local para encontros libidinosos) e a tolerância ao conteúdo do artigo 233 do mesmo diploma (ato obsceno).

Hoje vemos as apostas clandestinas em todo lugar e naturalmente aceitas; o mesmo com os motéis e por fim as cenas de nudez pelos meios de comunicação. Para Welzel, bastaria a aplicação do Princípio da adequação social para excluir certas lesões insignificantes, pois a função do tipo de apresentar um modelo de conduta proibida se põe de manifesto que as formas de conduta selecionadas por ele têm por uma parte, um caráter social, é dizer, estão referidos à vida social, mas por outra parte, são precisamente inadequadas a uma vida social ordenada[31]. Assim esta teoria se funda no desvalor da ação, desde que a conduta praticada seja aceita ou tolerada pela sociedade.

Busto Ramirez faz uma crítica à teoria de Welzel, por sua imprecisão derivada do conceito de socialidade, que não oferece um parâmetro jurídico para se aferir a tipicidade.[32]

8.5.2. Princípio da insignificância

É um instrumento de interpretação restritiva, fundado na concepção material do tipo penal, por intermédio do qual é possível

---

[30] WELZEL, Hans. *Derecho Penal Aleman, Parte General*, 11.ed., trad. De Juan Bustos Ramirez, ed. Jurídica de Chile, 1976, pp. 83 e segs.

[31] WELZEL, Hans, *Derecho Penal Aleman, op. cit.*, p. 83.

[32] Busto Ramirez, Juan. Manual de derecho penal, Parte General, 3.ed. Ariel, 1989, p.188, citado por Odone Sanguiné *in Fascículos de Ciências Penais*, v.3, Porto Alegre, Fabris, 1990, p. 39.

alcançar, pela via judicial e sem macular a segurança jurídica do pensamento sistemático, a proposição político-criminal da necessidade de descriminalização de condutas que, embora formalmente típicas, não atingem de forma relevante os bens jurídicos protegidos pelo direito penal.[33] É a principal causa de exclusão da tipicidade, pela sua penetração no seio do direito penal, valorando apenas condutas significantes à realidade social, num estado democrático de direito. A Tipicidade material, em tempos de patente descodificação do direito penal, com a criação a todo instante de leis, que por serem esparsas perdem na noção do todo, quebrando princípios importantes da liberdade individual como o da individualização da pena, o da proporcionalidade, o da intervenção mínima, é o instrumento mais eficaz à disposição do julgador e/ou aplicador do direito, diante do caso concreto. Assim, à luz do resultado lesivo e concreto do ato praticado em confronto com o tipo formal, deveremos examinar a relevância do dano causado ao bem jurídico. Se formalmente e materialmente relevante, ou seja, se merecedor da reprimenda estatal, o cidadão poderá ser apenado.

Antes de levarmos adiante o raciocínio, devemos entender que bem jurídico protegido pela norma penal é aquele que o legislador quis garantir no momento da edição do preceito, ou seja, aquele que a sociedade entende como necessário a sua manutenção e continuidade. Assim as lesões insignificantes, de pequena monta, de menor potencial ofensivo, de bagatela, não podem ser alvo de reprimenda penal, por ofenderem o Princípio da Proporcionalidade e da Razoabilidade apregoados por Montesquieu não afetando assim interesses do Estado.[34]. Os ataques, ditos ínfimos, a interesses individuais podem ser resolvidos à luz da Constituição Federal do Brasil, em seu artigo 5º, inc. X,[35] por exemplo. Assim irrelevante a violação causada, usando-se como parâmetro o apenamento jurídico penal previsto e o dano social, deve o magistrado, valendo-se da interpretação restritiva do Princípio da Insignificância, declarar o fato atípico em nome da política criminal pelo simples desvalor do resultado para a sociedade, pois é razoável nesse caso que não se utilize o instituto da pena para fazer justiça.

---

[33] Vico Manas, Carlos. *O princípio da Insignificância como excludente da tipicidade no direito penal*, São Paulo, Saraiva, 1994.

[34] MONTESQUIEU. *Do espírito da leis*. Traduzido por F.H. Cardoso e L.M. Rodriguez. São Paulo, 1962.

[35] "São invioláveis a intimidade, a vida privada, a honra e a imagem das pessoas, assegurado o direito a indenização pelo dano material ou moral decorrente de sua violação".

8.5.3. Concepção realística do crime

Tem sua origem na dogmática italiana. Essa concepção parte do princípio de que devem ser repensados os conceitos de bem juridicamente protegido e de eventos danosos, para que a ofensa ao interesse tutelado seja um requisito autônomo do tipo. Seria elegido como o Princípio da Ofensividade. Odone Sanguiné relata que de acordo com esse pensamento, exclui-se a punibilidade daqueles fatos adequados ao tipo, porém inofensivos enquanto inidôneos para lesionar o interesse protegido.[36].

Maurício Ribeiro Lopes, refere, ainda, outros institutos, destinados a evitar a intervenção estatal nas liberdades individuais, quais sejam: a Descriminalização, de índole legislativa, retiraria um dos elementos estruturais do crime (fato típico, antijurídico e culpável) tornando-o um simples fato desprovido de sanção penal; o segundo seria a despenalização, através do aumento das permissivas judiciais, permitindo ao magistrado tornar isento de pena o autor de um crime considerado insignificante. Este instituto recebe as críticas do autor, em razão de ficar a livre interpretação do Poder Judiciário, sobre o alcance do princípio.

8.6. CONCLUSÃO

Após este breve estudo do tema, tão antigo e ao mesmo tempo inovador, ousamos concluir que o princípio da insignificância não interfere com o princípio da legalidade, norteador da aplicação da lei penal e segurança de toda sociedade. Ao contrário, desde a sua criação, a sua função foi a de tentar segurar o totalitarismo de muitos governantes que lapidavam o Sistema Jurídico de seus países, embora com base no direito positivo, da maneira que melhor contivesse as manifestações sociais.

Como explicitado, o legislador, ao editar as leis que ditarão o rumo da sociedade organizada, não leva em conta a criatividade humana. Por isso a tipificação penal ocorre conceitualmente alcançando casos anormais ao interesse do Estado.

A vida em sociedade requer por parte do Estado, desde o contrato social, que determinadas leis penais sejam criadas para que a ordem seja mantida e assim garantido, os direitos individuais e as liberdades.

---

[36] SANGUINÉ, Odone, Observações sobre o princípio da Insignificância, *in Fascículos de Ciências Penais*, c. 3, n. 1, p. 39.

Quando ocorre a incidência da norma penal indiscriminadamente, sobre toda e qualquer agressão a um bem jurídico sem que o aplicador do direito tenha a noção da fragmentariedade, subsidiariedade e proporcionalidade do direito penal, temos a materialização do direito opressivo, injusto e ineficaz. Ineficaz, pois encarcera todo e qualquer cidadão que pelas circunstâncias comete um ou mais pequenos delitos de inexpressivo valor social, dando origem a grande volume carcerário que temos de manter e temer.

Para corrigir essas discrepâncias entre o concreto e o abstrato, ou seja, entre a Tipicidade material e a formal, o princípio da Insignificância, moderna ferramenta da doutrina, que pelo desvalor do resultado ou pelo grau de ofensividade ao bem jurídico, leva a atipicidade do fato imputado, pois o interesse é da sociedade em querer reprovar ou não uma ou outra conduta, cabendo ao cidadão individualmente buscar junto ao Poder Público uma resposta civil e/ou administrativa para o seu interesse violado.

E o Estado como protetor da vida, deve oferecer as ferramentas sociais para isso, deixando o Direito Penal, para os casos realmente penais. Assim entendemos que a Justiça estará sendo realizada, deixando para o Poder Judiciário aqueles casos que realmente interessem a proteção da vida em comum. Acreditamos que se os fatos de pequena monta forem tratados de maneira diferenciada pelo estado, não teremos a impunidade e a sensação de desproteção, pois geralmente as vítimas buscam é a reparação material do pequeno dano sofrido e este fato pode ser tratado sem envolver o Direito Penal.

O reconhecimento e ou a intervenção direta do princípio da insignificância, no nosso ordenamento jurídico, como Princípio Fundamental de um Estado democrático de Direito, depende de alterações legislativas. A descriminalização e a despenalização, como soluções aventadas dentro das causas de exclusão da tipicidade, passam pelo filtro da interpretação material da tipicidade. Entendemos que aumentar as causas excludentes ou retirar elementos da definição criminosa, não resolveria o problema social da criminalidade, pois a norma foi criada para proteger e alcançar situações que alterem o modelo de vida da sociedade.

O princípio, como já mencionado, tem caráter político-criminal, haja vista que busca dar solução a situações de injustiça pelo desencontro da conduta dita reprovável e a pena aplicável.

Os defensores deste princípio, por sua vez, argumentam que a norma jurídica não deve dissociar-se da norma cultural, pois o fenômeno jurídico não é explicado pelo legislador, devendo ser analisado em consonância com a história da sociedade e suas reações, tais como os valores morais, escolásticos, razões de ordem política e filosóficas e principalmente na criminologia, sendo esta mais dinâmica que a letra fria da lei, elaborada num determinado tempo, noutra realidade, sem a previsão do legislador das mutações que poderiam ocorrer, sendo necessárias algumas adaptações à correta e justa aplicação da lei penal, haja vista que esta foi elaborada como meio de proteção de uma sociedade dinâmica, e a ela deve moldar-se.

O trabalho de reconhecimento do referido princípio é lento, mas necessário, e depende da melhor percepção pelos legisladores, que são eleitos para seus mandatos a serviço da sociedade e devem representá-la, com propostas de alterações dos textos legais, já ultrapassados no sentido do seu implemento e adaptação das inter-relações sociais, moldando a lei às reais necessidades da sociedade.

Por fim, vemos que através da intromissão do Princípio da insignificância, como instrumento de interpretação, não se está ferindo o princípio da Legalidade, apenas depura o rigorismo do sistema contendo os excessos não queridos pelo legislador em nome da Política Criminal de um Direito menos intervencionista e da valorização da pena como instrumento de contenção social.

A criminologia auxilia neste ponto, ao inferir que a transformação do Direito Penal em ciência de situações sociais, respeitados os princípios gerais do Estado de Direito, leva-nos à necessidade de adequação do Direito Penal às situações de fato, ou seja, de uma adequação social do Direito Penal, com a idéia de um ajustamento.

8.7. JURISPRUDÊNCIAS

(502419) – DESACATO – Inexistência do dolo específico. Corrupção ativa. Princípio da insignificância. Patrulheiro rodoviário. Incidente com motorista que trafegava sem a documentação do veículo que dirigia. Ameaça de prisão do condutor e apreensão do veículo. Revide com empurrão e fuga do motorista a pé à ordem ilegal de prisão. Inexistência da vontade de ultrajar ou desprestigiar a função pública. A negativa de entrega das chaves do veículo, desacompanhado de documentação, pode tipificar a conduta descrita no art. 329 do CP (resistência). Denúncia que não contém explícita ou implicitamente elementos que autorizem a desclassificação. Impossibilidade de mudança do libelo, na Segunda Instância (Súmula 453 do STF). Corrupção ativa. Ínfima expressão econômica da vantagem oferecida. Aplicação do princípio da insignificância. Absolvição do acusado. (TRF 5ª R. – ACr. 970 – RN – 3ª T. – Rel. Juiz Ridalvo Costa – DJU 02.09.1994) (RJ 209/131)

(502986) – CONTRABANDO OU DESCAMINHO – ART. 334, §
1º, C, DO CP – PRINCÍPIO DA INSIGNIFICÂNCIA – Não caracteriza o crime previsto no art. 334, § 1º, c, do CP, a apreensão em depósito de duas unidades de mercadorias de ínfimo valor em situação irregular, em meio a grande quantidade examinada e devidamente acompanhada de documentação fiscal. (STJ – RHC 5.920 – RJ – 5ª T. – Rel. Min. Cid Flaquer Scartezzini – DJU 16.12.1996)

8.8. BIBLIOGRAFIA

ACKEL FILHO, Diomar. *O Princípio da insignificância no direito penal.* Jutacrim-SP, São Paulo, v.94, pp. 72-77, abril/junho 1998.

BARATTA, Alessandro. *Criminologia Crítica y Crítica del Derecho Penal*, México: Siglo XXI, 1986.

——. Princípios del Derecho Penal Mínimo, in *Doctrina Penal.*

BATISTA, Nilo. *Introdução crítica ao direito penal brasileiro.* Rio de Janeiro: Revan, 1990, 136p.

BECCARIA, Césare. *Dos Delitos e das Penas.* São Paulo: Hemmus, 1983.

BITENCOURT, Cezar Roberto. *Lições de direito penal*: Parte Geral. 3ª ed. Porto Alegre: Do advogado, 1995.

BUSTO RAMIREZ, Juan. Manual de derecho penal, Parte General, 3.ed. Ariel, 1989,p.188, citado por Odone Sanguiné in *Fascículos de Ciências Penais*, v.3, p. 39, Porto Alegre: Fabris, 1990.

FRAGOSO, Cláudio Heleno. *Lições de direito penal.* v. 1. Rio de Janeiro: Forense, 1985.

GOMES, Luis Flávio. Tendências Político-Criminais quanto à Criminalidade de Bagatela, in *Revista Brasileira de Ciências Criminais.* São Paulo: RT, 1992.

JESUS, Damásio Evangelista de. *Direito Penal.* São Paulo: Saraiva, v.1, 1993.

LUISI, Luis. *Os Princípios Constitucionais Penais.* Porto Alegre: Fabris, 1991.

——. *O Tipo Penal, a teoria finalista e a nova legislação penal.* Porto Alegre: Fabris, 1987.

MAÑAS, Carlos Vico. *O princípio da insignificância como excludente da tipicidade no direito penal.* São Paulo: Saraiva, 1994.

MELLO, Celso Antônio Bandeira de. *Elementos de direito administrativo.* São Paulo: RT, 1988, p. 230.

MIRABETI, Julio Fabbrini. *Manual de direito penal.* 8ª ed. São Paulo: Saraiva, 1991.

MUÑOZ CONDE, Francisco. *Teoria Geral do Delito*, Tradução de Juarez Tavares e Luiz Regis Prado. Porto Alegre: Fabris, 1988.

RIBEIRO LOPES, Maurício Antonio. *Princípios Constitucionais de Direito Penal.* São Paulo: Pontifícia Universidade Católica, 1991.

——. *Princípio da Insignificância no Direito Penal: análise à luz da Lei 9.099/95 - Juizados Especiais Criminais e da jurisprudência atual.* São Paulo: RT, 1997.

ROXIN, Claus. *Política criminal y sistema del derecho penal.* Trad. Francisco Muñoz Conde. Barcelona: Bosch, 1972.

——. Princípios del Derecho Penal Mínimo (para uma teoria de los derechos humanos como objetivo y limite para la ley penal), in *Doctrina Penal.*

SANGUINÉ, Odone. Observações sobre o princípio da insignificância. *Fascículos de Ciências Penais*. Porto Alegre. v. 3, nº 1, pp. 36-50, Jan-Mar.1990.

SILVA FRANCO, Alberto. *Temas de Direito Penal*. São Paulo: Saraiva, 1986.

TAVARES, Juarez. *Teorias do delito*. (Variações e Tendências). 1ª ed. Revista dos Tribunais. São Paulo: 1980.

TOLEDO, Francisco de Assis. *Princípios básicos de direito penal*. 5ª ed. São Paulo: Saraiva, 1998.

VICO MAÑAS, Carlos. *O Princípio da Insignificância como Excludente da Tipicidade no Direito Penal*. São Paulo: Saraiva, 1994.

———. A Concepção Material do tipo Penal, *in Revista da Procuradoria Geral do Estado de São Paulo*, São Paulo, 30: 147-151, dez. 1988.

ZAFFARONI, Eugênio Raúl. *Manual de derecho penal*. Buenos Aires: Editar, 1986.

WELZEL, Hans. *Derecho Penal Aleman, Parte General, 11.ed., trad. De Juan Bustos Ramirez, Ed. Jurídica de Chile, 1976.*

9. As (novas) penas alternativas à luz da principiologia do Estado Democrático de Direito e do Controle de Constitucionalidade

Lenio Luiz Streck
Doutor em Direito
Procurador de Justiça-RS
Professor dos Cursos de Mestrado e Doutorado em Direito da UNISINOS-RS

Sumário: 9.1. A lei e suas contradições; 9.2. A nova Lei e a morte (definitiva) da teoria do bem jurídico: a violação da principiologia constitucional; 9.3. Dos obstáculos (constitucionais) à aplicação da nova Lei; 9.3.1. Tratamento igualitário de bens jurídicos díspares: uma isonomia incompatível com a Constituição ou de como não devemos banalizar o direito penal; 9.3.2. O conceito de "violência e grave ameaça" e o fetichismo da lei: uma crítica necessária ou a pergunta que não quer calar; 9.3.3. A necessária incidência da Constituição na discussão dos critérios para a aplicação da Lei 9.714; 9.4. Do exame da (in)constitucionalidade *stricto sensu* do inciso I do art. 44 do Código Penal.

9.1. A LEI E SUAS CONTRADIÇÕES

Recentemente, foi promulgada a Lei 9.714 estabelecendo penas restritivas autônomas, substitutivas das penas privativas de liberdade, dando, assim, nova redação ao art. 44 do Código Penal. O dispositivo mais polêmico consta no inciso I do art. 44, uma vez que possibilita a aplicação de pena alternativa autônoma *a todos os crimes cuja pena concretizada não ultrapasse 4 anos de reclusão, desde que não tenham sido cometidos com violência ou grave ameaça à pessoa.*

A toda evidência, a nova lei representa considerável avanço, especialmente se verificarmos, p.ex, que o parágrafo terceiro introduz claramente o princípio da proporcionalidade, permitindo que a Lei seja aplicada até mesmo em favor dos condenados reincidentes, desde que, em face de condenação anterior, a medida seja socialmente recomendável.

Por outro lado, exsurgem pontos negativos/paradoxais, *como a infeliz repristinação/ressuscitação, no mesmo parágrafo 3º do art. 44, da* (serôdia) *reincidência específica*, o que faz com que, por exemplo, o cometimento de um furto simples enseje, mais adiante, a proibição da aplicação dos favores da Lei àquele que cometa um novo crime de furto simples, o que, a toda evidência, fere o princípio da razoabilidade.

A questão mais polêmica, entretanto - e a este ponto se restringem os objetivos destas reflexões - , decorre do alcance a ser dado ao disposto no inciso I do art. 44. Com efeito, várias perguntas continuam sem resposta:

a) Poderia o legislador[1] ter estabelecido que qualquer pena concretizada em até 4 anos, resultante de delito cometido sem violência à pessoa, seja passível de ser substituída por pena alternativa?

b) Tem o legislador *carta branca* para estabelecer sanções e favores no nosso sistema jurídico?

c) Quais os limites que a Constituição coloca ao legislador?

d) Ou esses limites inexistem?

e) Afinal, os princípios constitucionais vinculam ou não vinculam o legislador ordinário?

9.2. A NOVA LEI E A MORTE (DEFINITIVA) DA TEORIA DO BEM JURÍDICO: A VIOLAÇÃO DA PRINCIPIOLOGIA CONSTITUCIONAL

De pronto, da simples leitura do aludido dispositivo, exsurge o aniquilamento (canto de cisne) da teoria do bem jurídico, uma vez que, ao estabelecer como *tabula rasa* o favor legal da substituição autônoma para *TODOS* os crimes cometidos sem violência ou grave ameaça, cuja pena aplicada não ultrapasse 4 anos, o legislador tratou isonomicamente bens jurídicos *absolutamente discrepantes entre si*, como o patrimônio individual, o patrimônio público, o patrimônio

---

[1] Quando me refiro à figura do "legislador", estou ciente da problemática relacionada ao "mito do legislador racional" e suas "treze características", muito bem enfocadas e ironizadas - por Santiago Nino e Ferraz Jr. Trata-se, conforme Ferraz Jr, "de uma construção dogmática que não se confunde com o legislador normativo (o ato juridicamente competente conforme o ordenamento) nem com legislador real (a vontade que de fato positiva normas). É uma figura intermédia, que funciona como um terceiro metalingüístico em face da língua normativa (LN) e da língua-realidade (LR). A ele a hermenêutica se reporta quando fala que "o legislador pretende que...", "a intenção do legislador é que..." ou mesmo "a *mens legis* nos diz que...".". Consultar, para tanto, Ferraz Jr, Tércio Sampaio. *Introdução ao estudo do direito*. São Paulo, Atlas, 1989, pp. 254/5.

social (direitos de segunda geração), o meio ambiente (direitos de terceira geração), a moralidade pública, etc. *Isto para dizer o mínimo!*

É nesta verdadeira "isonomia" às avessas (ou isonomia *ad-hoc*) que reside, pois, *a primeira violação da Constituição Federal*, uma vez que, se a Constituição estabelece que o Brasil é uma República Federativa, *que se institui como Estado Democrático de Direito*, é porque, seguindo o moderno constitucionalismo, *fica implícito que estamos diante de uma Constituição normativa e dirigente.*

Isto, à evidência, acarreta compromissos e inexoráveis consequências no campo da formulação, interpretação e aplicação das leis. Para tanto, parto da premissa - e não há nenhuma novidade em dizer isto - que a Constituição de 1988 é dirigente e compromissória, apresentando uma direção vinculante para a sociedade e o Estado. A Constituição é, assim, resultante de um "constituir social". Nesse sentido é a já clássica lição de Catotilho, em seu "Constituição dirigente e vinculação do legislador - contributo para a compreensão das normas constitucionais programáticas". Desnecessário dizer que adoto *essa posição* de Canotilho e *não a sua revisão crítica* (ou uma delas), publicada nos *Cadernos de Direito Constitucional e Ciência Política* nº 15, pp. 7-17, intitulada "Rever ou Romper com a Constituição Dirigente? Defesa de um constitucionalismo moralmente reflexivo". Portanto, entre a posição clássica de Canotilho e a posição recentemente revisada, a toda evidência prefiro a primeira, mormente porque falo a partir da realidade de um país de terceiro mundo, onde, v.g., sequer se cumpre o art. 196 da Constituição, que *específica e claramente* estabelece que a saúde é um direito de todos e um *DEVER* do Estado, e que a propriedade tem uma função social, ao mesmo tempo que 2% da população detêm 50% das terras do território nacional...

Logo, em assim sendo, continuo a insistir (e acreditar que) *todas as normas da Constituição têm eficácia*,[2] e as assim denominadas normas "programáticas", como as que estabelecem a busca da igualdade (redução da pobreza, proteção da dignidade etc.), *comandam a atividade do legislador*, buscando alcançar o objetivo do constituinte. Esse comando (ordem de legislar)[3] traz implícita - por exemplo, no campo

---

[2] Torna-se despiciendo elencar, aqui, os constitucionalistas cujo posicionamento aponta para a ampla eficácia de todas as normas da Constituição (Canotilho, Jorge Miranda, Paulo Bonavides, Celso Antônio Bandeira de Mello, Eros Grau, para citar apenas alguns).

[3] Entendo que o direito, no Estado Democrático de Direito, tem uma *função transformadora*, sendo, pois, um *plus* normativo em relação ao Estado Social e ao Estado Liberal. A Constituição estabelece as diretrizes econômico-políticas para o desenvolvimento do Estado. Como bem ressalta Canotilho, o princípio da democracia econômica e social constitui uma autorização constitucional no sentido de o legislador democrático e os outros órgãos encarregados da concretização político-constitucional *adotarem as medidas necessárias para a evolução da ordem*

do direito penal - a necessária hierarquização que deve ser feita na distribuição dos crimes e das penas.

Nesse sentido, vem a magistral lição de Palazzo, para quem, enquanto as indicações constitucionais de fundo (que atuam no sentido da descriminalização) são, ainda, expressão de um quadro constitucional característico do Estado Liberal de Direito, pressupondo, outrossim, uma implícita relação de "tensão" entre política criminal e direito penal, *as vertentes orientadas no sentido da criminalização traduzem a expressão de uma visão bem diversa do papel da Constituição no sistema penal*: as obrigações de tutela penal no confronto de determinados bens jurídicos, não infreqüentemente característicos do novo quadro de valores constitucionais e, seja como for, sempre de relevância constitucional, *contribuem para oferecer a imagem de um Estado empenhado e ativo (inclusive penalmente)* na persecução de maior número de metas propiciadoras de transformação social e da tutela de interesses de dimensões ultraindividual e coletivas, exaltando, continuadamente, *o papel instrumental do direito penal com respeito à política criminal*, ainda quando sob os auspícios - por assim dizer - da Constituição.[4]

O jurista italiano afirma, ainda, que junto às expressas cláusulas de penalização (registre-se que, no Brasil, há o comando expresso de penalizar com rigor os crimes hediondos, da tortura, do racismo, etc.) *existem outras que, tacitamente, obrigam o legislador a estabelecer penalizações*. Isto porque o que se acha no bojo da ordem constitucional e impõe a proteção penalística dos valores, mesmo não sendo objeto de uma cláusula expressa de penalização, *há, de qualquer modo, de ser entendido como parte integrante do que foi expressamente afirmado pelo constituinte*.[5]

Dito de outro modo, não há dúvida, pois, que as baterias do Direito Penal do Estado Democrático de Direito devem *ser direcionadas preferentemente para o combate dos crimes que impedem a realização dos objetivos constitucionais do Estado*. Ou seja, no Estado Democrático de Direito - instituído no art. 1º da CF/88 - devem ser combatidos os crimes que *fomentam a injustiça social*, o que significa afirmar que o direito penal deve ser reforçado naquilo que diz respeito aos crimes que promovem e/ou sustentam as desigualdades sociais.

---

constitucional sob a ótica de uma "justiça constitucional" nas vestes de uma "justiça social". O princípio da democracia econômica e social *impõe tarefas ao Estado* e justifica que elas sejam tarefas de conformação, transformação e modernização das estruturas econômicas e sociais, de forma a promover a igualdade real entre os cidadãos. Cfe. Canotilho, J.J. Gomes. *Direito Constitucional*. Coimbra, Almedina, 1996, p. 468.

[4] Cfe. Palazzo, Francesco C. *Valores constitucionais e direito penal*. Trad. de Gerson Pereira dos Santos. Porto Alegre, Sergio Fabris, 1989, p. 103.

[5] Idem, ibidem, p. 105.

Nessa linha, nada melhor que a lição de Ferrajoli,[6] quando trata da *eleição dos novos bens jurídicos fundamentais* no Estado Democrático de Direito, afirmando que um programa de direito penal mínimo deve apontar para uma massiva deflação dos bens penais e das proibições legais, como condição de sua legitimidade política e jurídica. Alerta, entretanto, que é possível, também, que *nesta reelaboração seja necessário, no campo da tutela de bens fundamentais, de uma maior penalização de comportamentos hoje não adequadamente proibidos e castigados*, como por exemplo, a introdução do delito específico de tortura ou a criação de novos delitos ambientais.

Dito de outro modo, na esteira de Baratta, *trata-se de dirigir os mecanismos da reação institucional para a criminalidade econômica, para os desvios criminais dos organismos estatais e para o crime organizado.*[7] Para reforçar a tese, Araujo Jr.[8] diz que a sanção penal deve ser reservada para *garantir a consecução dos objetivos do Estado de realizar a justiça social*: tais são os limites dentro dos quais deverá atuar o legislador penal, ou seja, *"a repressão à criminalidade econômica deverá ser instrumentalizada no sentido de, regulando o mercado e protegendo os menos favorecidos pela fortuna, promover o desenvolvimento nacional e a justiça social"*.

Não há dúvida, pois, que o legislador está umbilicalmente obrigado a legislar de acordo com a Constituição, entendida no seu todo principiológico (seu conteúdo material), sendo os princípios a condição de possibilidade do sentido da Constituição (não se olvide que princípios *são normas* e, portanto, vinculam!). Nenhuma lei pode ser editada se qualquer de seus dispositivos confrontar um princípio da Lei Maior.

No campo do direito penal,[9] em face dos objetivos do Estado Democrático de Direito estabelecidos expressamente na Constituição

---

[6] Cfe. Ferrajoli, Luigi. *Derecho y Razón: teoria del garantismo penal.* Madrid, Ed. Trotta, 198, p. 477.

[7] Cfe. Baratta, Alessandro. *Criminologia crítica e crítica do direito penal.* Trad, de Juarez Cirino dos Santos. Rio de Janeiro, Revan, 1996, p. 202; também Castilho, Ela W. de. *O controle penal nos crimes contra o sistema financeiro nacional.* Belo Horizonte, Del Rey, 1998, p. 75.

[8] Cfe. Araujo Jr, João Marcelo & Santos, Marino Barbedo. *A reforma penal: ilícitos penais econômicos.* Rio de Janeiro, Forense, 1987, p. 80.

[9] Concordo com Marcia Dometila de Carvalho (*Fundamentação constitucional do direito penal.* Porto Alegre, Sergio Fabris, 1996, pp. 44 e 45), quando diz que, *ao lado de uma política de despenalização, deve haver um processo de penalização, devendo ser tipificado todo fato que fomente a injustiça social, que a Constituição pretende eliminar.* Por outro lado - e a advertência é de Baratta - devemos tomar cuidado *para não cair na armadilha de uma política reformista e ao mesmo tempo "panpenalista".* Para tanto, o criminólogo fala de dois perfis que derivam de uma crítica do direito penal como direito desigual. O primeiro deles é justamente o que trata de *dirigir os mecanismos da reação institucional para o confronto da criminalidade econômica, dos grandes desvios criminais dos órgãos e do corpo do Estado, da grande criminalidade organizada.* Trata-se, ao mesmo tempo, acentua o mestre, de assegurar uma maior representação processual em favor dos interesses coletivos. Consultar, nesse sentido, Baratta, *op. cit*, p. 202.

(erradicação da pobreza, redução das desigualdades sociais e regionais, direito à saúde, etc.), os delitos que devem ser penalizados com (mais) rigor são justamente os que, de uma maneira ou outra, obstaculizam/dificultam/impedem a concretização dos objetivos do Estado Social e Democrático.

Saliento, desde logo - até por entender que a Constituição brasileira é dirigente e vinculante – que, no debate entre *procedimentalistas* (Habermas e Garapon, por exemplo) e *substancialistas* (Dworkin, Cappelletti, Bonavides, entre outros), fico com tese substancialista. Ou seja, ao contrário do procedimentalismo habermasiano, que sustenta que a judicialização da política é um mal e que os princípios constitucionais não devem emprestar à ordem Constitucional qualquer conteúdo substantivo, entendo que, no Estado Democrático de Direito, *deve haver um sensível deslocamento da esfera de tensão do poder legislativo e do poder executivo para o poder judiciário*, a partir da idéia de que o poder judiciário pode contribuir para o aumento da capacidade de incorporação do sistema político, garantindo a "grupos marginais", destituídos de meios para acessar "os poderes políticos", uma oportunidade para a vocalização das suas expectativas de direito no judicial process, na esteira do sustentam Capelletti e Dworkin. Dito de outro modo, como adepto do substancialismo, entendo, com Dworkin, Cappelletti, Bonavides e outros, *que a criação do Direito e o intervencionismo do poder judiciário encontra seu fundamento na primazia da Constituição.*[10]

Em outras palavras, o direito, *inclusive o penal*, assume novos contornos *no novo modelo estabelecido pelo Estado Democrático e Social de Direito*. Com efeito, enquanto no Estado Liberal o direito tinha uma função meramente ordenadora (dicotomia proibido/permitido), e no Estado Social sua função é reguladora/promovedora, no Estado Democrático (e Social) de Direito a função do direito tem um caráter transformador (o Estado Democrático de Direito estabelece uma espécie de *plus* normativo em relação aos estágios anteriores).

Por isto, no campo penal, devemos pugnar por um direito penal mínimo para condutas (bagatelares, de mera conduta, etc.) que não lesam a comunidade (ou que têm baixa lesividade) e os objetivos do Estado Democrático de Direito, *e por um direito penal interventivo*

---

[10] Consultar, para tanto: Habermas, Jurgen. *Direito e democracia - entre facticidade e validade*. Rio de Janeiro, Tempo Brasileiro, 1997; Garapon, Antoine. *Le Gardien de Promesses*. Paris, Odile Jacob, 1996; Cappelletti, Mauro. *Juízes Legisladores*. Porto Alegre, Fabris, 1993; idem, *Acesso à Justiça*. Porto Alegre, Fabris, 1988; Dworkin, Ronald. *L'Empire du Droit*. Paris, PUF, 1994; idem, *Taking Rights Seriously*. Cambridge, Harvard University Press, 1977; Bonavides, Paulo. *Curso de Direito Constitucional*. São Paulo, Malheiros, 1997; e, especialmente, Vianna, Luiz Verneck et al. *A judicialização da política e das relações sociais no Brasil*. Rio de Janeiro, Revan, 1999.

naquilo que diz respeito à criminalidade econômico-social, estes sim, lesivos aos propalados objetivos desse novo modelo de Direito (como a igualdade, justiça social, etc.). Como bem assevera Ferrajoli (ibidem), *somente um direito penal reconduzido unicamente às funções de tutela de bens e direitos fundamentais pode, de fato, conjugar garantismo, eficiência e certeza jurídica!*

9.3. DOS OBSTÁCULOS (CONSTITUCIONAIS) À APLICAÇÃO DA NOVA LEI

Em face disto, respeitando sobremodo opiniões em contrário,[11] entendo estar evidenciado que a nova lei 9.714 não pode ser aplicada a todos os delitos cometidos sem violência ou grave ameaça à pessoa, mesmo que a pena aplicada seja inferior a 4 anos. Isto por várias razões, a seguir delineadas:

9.3.1. Tratamento igualitário de bens jurídicos díspares: uma isonomia incompatível com a Constituição *ou de como não devemos banalizar o direito penal*

O dispositivo sob comento encontra sérios obstáculos para a sua aplicação porque, fosse possível aplicar o benefício da substituição *a todas* as penas inferiores a 4 anos, resultantes de *quaisquer crimes* cometidos sem violência ou grave ameaça, estaríamos, como já dito, *solapando a teoria do bem jurídico*, eis que colocaríamos em pé de igualdade delitos das mais variadas espécies.

Não se está, à evidência, defendendo a (velha) teoria do bem jurídico subjacente ao atual Código Penal. A teoria do bem jurídico, *filtrada constitucionalmente*, deve estar em consonância com os ditames do novo modelo de Direito estabelecido pelo Estado Democrático de Direito e seus objetivos de resgate das promessas da modernidade. Impossível, destarte, por incompatibilidade constitucional, a permanência da serôdia teoria do bem jurídico que sustenta nosso Código, no interior do qual a propriedade recebe proteção infinitamente superior à vida, à integridade corporal, à honra, etc. O Código Penal vigente, de há muito, agoniza, pois.

O *Direito Penal sustenta-se justamente na diversidade dos bens jurídicos que os tipos penais "protegem"*. Assim, torna-se quase que despi-

---

[11] Em favor da aplicação a todos os delitos, posicionam-se Damásio de Jesus, Luis Flávio Gomes, Luis Vicente Cernichiaro, entre outros. Com posição contrária, Cezar Bitencourt (*Novas Penas Alternativas*, São Paulo, Saraiva, 1.999), que sustenta a incompatibilidade dos crimes hediondos com a nova Lei.

ciendo - pela obviedade que representa (embora isto seja óbvio, esta obviedade deve ser des-velada) - registrar que *não pode uma lei equiparar ou isonomizar delitos como o contrabando, a sonegação de impostos, o tráfico de entorpecentes, a remessa ilegal de divisas, crimes cometidos por Prefeitos (Decreto 201), a lavagem de dinheiro e o meio ambiente, com delitos como o furto, estelionato e a apropriação indébita,* os primeiros nitidamente crimes graves, que violam e causam múltiplas lesões a bens jurídicos difusos e coletivos, e os segundos, restritos que são ao patrimônio (meramente) individual.

Dito de outro modo, *isonomizar (sic)* delitos que lesam bens tão díspares nada mais é do que *banalizar o direito penal,* reforçando (ainda mais) a tese de que o direito penal cumpre uma *missão secreta* na sociedade, qual seja, a de apontar as suas baterias para as camadas excluídas da sociedade. Nesse sentido, busco socorro em Norberto Bobbio, no prólogo que fez à obra *Derecho y Razón,* de Ferrajoli, quando adverte para o fato de que "la tesis del derecho penal mínimo abre su frente principal contra las teorías del derecho penal máximo (que culminam en la defensa de la pena de muerte), *pero no puede pasar por alto las doctrinas abolicionistas o substitutivistas, según las cuales la pena, por el contrario, estaría destinada a desaparecer.*

E alerta: "A veces los extremos se tocan: la libertad regulada debe oponerse tanto a la antilibertad, es decir, a cualquier forma de abuso del derecho a castigar, como la carencia de reglas, o sea, a la libertad salvage. El principio de legalidad es contrario al arbitrio pero también al legalismo obtuso, mecánico, *que no reconoce la exigencia de la equidad,* al que con expresión tomada de la lógica de conceptos el autor llama poder de ación, y la presencia de espacios en los que habitualmente se ejerce el poder del juez. En el positivismo jurídico el problema de la justicia está separado del de la legitimación interna del ordenamiento o de la validez: una posición como ésta se encuentra a caballo tanto de la redución del segundo al primero, lo que es propio del iusnaturalismo clásico, como de la reducción del primero al segundo, que caracteriza al legalismo ético".

9.3.2. O conceito de "violência e grave ameaça" e o fetichismo da lei: uma crítica necessária ou a pergunta que não quer calar

Passados tantos anos desde a entrada em vigor do atual Código Penal, parece(ria) razoável supor que o conceito de violência, forjado no modelo liberal-individualista, merece(ria) uma (re)discussão. Afinal, o que significa a expressão "*crime cometido sem violência ou grave ameaça à pessoa*"? Mais do que isto, a pergunta que se impõe é: Poderia o legislador - fazendo *tabula rasa* - isonomizar a violência resultante de crimes tão díspares quanto lesões corporais (leves ou graves) com a violência decorrente, p. ex., do crime de estupro? Como, afinal, o legislador tratou da morte (e conseqüentemente da vida), ao permitir, por exemplo, que nos casos de crimes culposos, qualquer que seja a pena, seja possível aplicar o favor legal da substituição da pena?

Nessa linha, e somente *por amor ao debate*, poder-se-ia afirmar que é equivocado pensar que violência somente é aquela que provoca mal físico *imediato*. Poder-se-ia dizer, assim, que o entendimento tradicional que a dogmática jurídica dá ao conceito de violência resulta de uma *interpretação fetichista da lei*. Ou seja, é como se o texto da lei (no caso, o inciso I do art. 44) fosse uma lei-em-si, e que no seu significante estivesse contido o significado do que seja violência (ou a grave ameaça). Estar-se-ia, assim, em face de uma espécie de significante primevo-fundante, de cunho kantiano ou aristotélico...Poder-se-ia lembrar, então, como contraponto, que o texto legal não pode ser abstraído das condições históricas e nem de sua necessária inserção na sociedade, e que, mais do que isto, *hermenêutica é aplicação; fazer hermenêutica é produzir-atribuir sentido ao texto, que passará a ser norma a partir da interpretação.*

Nesse amor ao debate, poder-se-ia ainda referir que esse processo de produção de sentido (*Sinngebung*)[12] deve levar em conta a Constituição em sua materialidade, isto é, com toda carga eficacial da principiologia. Nessa linha, não seria dessarrazoado sustentar, sempre *dialetizando*, que o conceito de violência aceito pela doutrina tradicional (violência física *stricto sensu*!) é metafísico-objetificante. Por isto, *em termos de relação social, mergulhando no rio da história, violência é/poderia ser também a violência simbólica, a violência reflexa; a violência social, a violência da omissão, a violência da exclusão social, e assim por diante...* Poder-se-ia perguntar, finalmente, se alguém tem dúvidas que o crime de sonegação de impostos[13] causa mais violên-

---

[12] Ver, nesse sentido, Streck, Lenio Luiz. *Hermenêutica Jurídica E(m) Crise. Uma exploração hermenêutica da construção do direito.* 2ª ed. rev. ampl. Porto Alegre, Livraria do Advogado, 2000.

[13] Para se ter uma idéia, e acabar com (eventuais) ficções, fetiches e ilusões que se possa ter acerca do assunto, lembro que informes oficiais sinalizam que as 460 pessoas mais ricas do Brasil detêm, juntas, um patrimônio de 26,7 bilhões de dólares, maior que a soma dos PIBs de Uruguai, Paraguai e Bolívia. Ou 6% do PIB brasileiro. Selecionando-se os 50 mais ricos deste grupo, descobre-se que seus patrimônios somam 12 bilhões de dólares. Sabem quanto estes 50 ricos pagam de imposto de renda? Apenas 32,5 milhões de dólares. *Dados da Receita dão conta de que, enquanto a classe média paga 1 real de imposto para cada 10 reais de patrimônio, o clube dos 460 recolhe somente 1 real para cada 821.* Outro dado: Os 460 contribuintes em questão

cia (e morte) do que um crime de lesões corporais ou até mesmo de um crime de roubo?[14]

Nesse sentido, o que dizer da remessa ilegal de divisas ao exterior combinada com sonegação de impostos propiciada pelas contas CC-5? Segundo levantamento da CPI dos Bancos, das 90 pessoas que mandaram mais de R$ 20 milhões ao exterior por meio de contas CC-5, apenas 20 pagaram Imposto de Renda em 1998. As outras 70 se declaram isentas (*sic*) ou simplesmente não prestaram qualquer tipo de informação à Receita Federal. Três dessas pessoas, mesmo tendo remetido entre R$ 22 milhões e R$ 75 milhões, declararam-se isentas do pagamento de IR - para isso, deveriam ter rendimento mensal inferior a R$ 900,00!!! *Esse grupo de 90 pessoas com remessas superiores a R$ 20 milhões foi responsável por 58% dos 7,5 bilhões*[15] enviados para outros países entre 1992 e 1998 via CC-5. No total, a lista do Banco Central tem cerca de 1.500 nomes![16]

Basta abrir os jornais para constatar o aumento da criminalidade do colarinho branco. Para se ter uma idéia, somente no Estado do Mato Grosso houve uma movimentação de R$ 4 bilhões entre os anos de 1994 e 1996, que circulou em contas "fantasmas", criadas com documentos falsos e "laranjas" (pessoas que tiveram dados pessoais utilizados por terceiros). Somente duas agências bancárias de Ponta Porã movimentaram essa cifra! Esse volume de dinheiro equivale a três vezes o orçamento daquele Estado.[17]

Repito, pois, a pergunta que não quer calar: tinha o legislador *carta branca*, isto é, tinha ele absoluta discricionariedade para equiparar e estabelecer o elenco de crimes passíveis de receber o benefício da substituição da pena? Tinha o legislador discricionariedade para equiparar/isonomizar crimes do naipe da sonegação de tributos e remessa de divisas (*de cunho transindividual*, por lesarem milhões de pessoas, cometidos pelas camadas médio-superiores da sociedade),

---

respondem por apenas 0,25% do total arrecadado pela receita federal(Dados da Revista Veja, edição nº1.365, de 9.11.94, pp. 106 e segs.). E então? *O que dizer sobre isso? O que dizer sobre a descoberta feita no âmbito de uma CPI do Congresso Nacional de que a sonegação de impostos chega ao montante de 82 bilhões de dólares?* Mais ainda - e sempre visando a resgatar a capacidade de indignação do cidadão e do operador do Direito - no ano passado, uma das maiores mineradoras do Brasil pagou apenas R$ 1 mil de ICMS; uma das maiores redes de supermercado de Minas Gerais (e do Brasil) pagou *R$ 0* de ICMS, tudo feito de acordo com a "lei"... (Cfe. Gaspari, Elio. Santa Sonegação. *In: Zero Hora* de 20.06.99, p.5.).

[14] Para exemplificar: arma de brinquedo é considerada como arma, servindo, inclusive, para qualificar o crime de roubo. Ou seja, para a dogmática jurídica tradicional, o cometimento de um roubo com arma de brinquedo é considerado um crime violento.

[15] Para se ter uma idéia, essa cifra (R$ 7.500.000.000) representa aproximadamente o orçamento anual do Estado Rio Grande do Sul, um dos Estados mais desenvolvidos da federação.

[16] Só 22% dos 90 maiores da CC-5 pagam IR. *In: Folha de São Paulo*, 1-6, 7 jun 1999.

[17] "Fantasmas" movimentaram R$ 4 bi no MS. *In: Folha de São Paulo*, 1-14, 13 jun 1999.

com delitos de cunho interindividual, como furto, estelionato, etc., cometidos, via de regra, pela patuléia?

Está na hora de o nosso legislador retirar a máscara! Historicamente tem feito leis para proteger os interesses das camadas que dominam as relações sociais. Desde o Código Criminal do Império, feito para perseguir escravos, até os Códigos que se seguiram: proclamada a República, já no ano seguinte tínhamos um novo código criminal. Afinal, uma nova "clientela", saída da escravidão, devia ser reprimida... Iniciando a industrialização (segunda fase do processo de substituição de importações), surge um novo código penal, agora para "atender" uma "nova clientela", sem esquecer a lei das contravenções penais, para "calibrar" o comportamento da sociedade (mendicância, jogo do bicho, vadiagem, perturbação do sossego público, etc.) ...

Quando a violência começa a colocar em xeque mais diretamente a segurança das elites, passa-se a editar leis mediante a técnica de políticas legislativas *ad-hoc,* fruto do *"movimento da lei e da ordem"* ...Tais leis - e parece desnecessário lembrar - sempre foram dirigidas *contra as camadas excluídas* da sociedade. Na divisão dos tipos penais, basta ver como o legislador penal tem tratado os delitos contra a vida e integridade corporal e os delitos contra o patrimônio...*E quando se trata de punir os delitos cometidos EXCLUSIVAMENTE pelas camadas médio-superiores, cria-se uma série de favores legais, que vão desde a extinção da punibilidade pelo ressarcimento do prejuízo ao erário, até a discrepância que existe entre as penas desses delitos e a dos delitos cometidos pela patuléia.*

Nesse sentido, *compare, por exemplo, a pena do crime de sonegação de impostos com a pena de um furto qualificado* (observe-se que, para que um furto simples se transforme em qualificado, basta que, em vez da subtração ser feita por uma pessoa, *seja feita por duas...,* e a pena passa para o mínimo de 2 e o *máximo de 8)!* Compare-se, finalmente, a pena do crime de lavagem de dinheiro com a pena do crime de adulteração de chassis de um automóvel!!! Ou seja, não há como não dar razão à frase do camponês salvadorenho, de que *"la ley es como la serpiente; solo pica a los descalzos"*...

De qualquer sorte, muito embora o profundo questionamento sociofilosófico que se possa (e que se deva) fazer acerca da "opção" do legislador, a expressão "violência" deverá ser entendida, no âmbito deste trabalho - *e para que não se diga que a ousadia do texto é demasiada* - como sendo a violência física *stricto sensu,* perpetrada no ato da ação delituosa. Ou seja, a fundamentação de minha tese para a não-incidência do art. 44, I, para determinados delitos não passa pela redefinição do conceito de violência ou grave ameaça, muito embora a tentação que isto represente...

9.3.3. A necessária incidência da Constituição na discussão dos critérios para a aplicação da Lei 9.714

As condições de possibilidades para a aplicação do novo dispositivo legal demandam, definitivamente, uma discussão acerca da efetiva inserção do direito penal no âmbito do direito constitucional. Parece não haver dúvida de que o direito penal do Estado Democrático de Direito implica uma *indispensável adequação da tipicidade penal aos valores e princípios constitucionais, discutindo-se os limites à criminalização e a vinculação do poder legiferante aos princípios da Constituição.*

Ou seja, o "legislador" - *de lege ferenda* - não tem liberdade para *incluir ou excluir tipos penais de leis que visem a beneficiar acusados de crimes e tampouco para prejudicá-los.* Do mesmo modo que a hediondez de um crime, isto é, as condições de possibilidades de um determinado delito ser ou não tipificado pela lei como "hediondo", há de ser perquirida na Constituição - visto que a lei penal não pode criar tutelas que *desatendam à hierarquia dos bens jurídicos constitucionais e tampouco ignorar o valor atribuído pela Constituição aos interesses de dimensões ultra-individuais e coletivas* - não tenho dúvida em afirmar que *também o elenco dos delitos sob o manto da nova Lei 9.714 deve estar condizente com os valores Constitucionais.*

Dito de outro modo, o legislador ordinário, ao estabelecer que *qualquer pena* privativa de liberdade que não seja superior a 4 anos pode ser substituída por penas restritivas, exigindo tão-somente, para tanto, que não tenha - genericamente - havido violência ou grave ameaça à pessoa, *VIOLOU a principiologia do Estado Democrático de Direito previsto na Constituição.*

Isto decorre da relevante circunstância de que os crimes graves como a sonegação de tributos, os crimes contra o meio ambiente, o tráfico de entorpecentes, a corrupção, a lavagem de dinheiro, *são delitos que lesam múltiplos bens sociais,* além de colocar em xeque os valores objetivados pela República no texto constitucional, como a construção de uma sociedade justa, com a redução das desigualdades sociais, etc. Mais do que isto, e desvendando as máscaras do direito penal e do papel da pena, a qual, como diz Ferrajoli,[18] continua tendo um caráter *retributivo,*[19] há que se ter claro que, se o

---

[18] Ver Ferrajoli, Luigi. *Derecho y Razón. Teoria del Garantismo Penal.* 2ª ed. Madrid, Editorial Trotta, 1997, pp. 335 e segs.

[19] Nesse sentido, Luiz Alberto Machado já na década de setenta dizia que a pena é imposta como castigo, devendo estar livre de preocupações metafísicas de prevenção do crime e ressocialização do criminoso. Mais ainda, alertava os juristas sobre a hipócrita afirmativa da recuperação, sob pretexto da qual são mantidos os mais desumanos e medievais suplícios. Consultar "Uma visão sistemático-dogmática da pena." *In: Revista Ciência Penal* n.4. São Paulo, Ed. Convívio, 1976, p. 119).

legislador constituinte determinou que alguns crimes deveriam ser hediondos, *é porque não poderia o legislador ordinário tratá-los da mesma forma que àqueles não elencados como hediondos.*

É o caso específico do crime de tráfico de entorpecentes, que foi elencado no rol dos delitos hediondos. Ora, se o tráfico de entorpecentes é hediondo, é porque gera violência e porque coloca em risco os objetivos do Estado Democrático de Direito. Dizendo de uma maneira mais simples, parece óbvio e evidente que, se o tráfico de entorpecentes é considerado um crime hediondo, é porque, para que se enquadre uma conduta no tipo penal do art. 12 da Lei 6.368, essa conduta *deve lesar interesses múltiplos e transindividuais.* Sua violência, é dizer, seu potencial de (altíssima) lesividade, nasce da sociedade, representada no processo constituinte, que gerou a Constituição. Com isto, de pronto mostra-se *desarrazoado e absolutamente paradoxal* encaixar os crimes tidos como hediondos no rol dos crimes não violentos explicitados na Lei 9.714. *Há nisto uma escandalosa e flagrante contradição.*

Ou isto, ou que se retire - de imediato - o tráfico de entorpecentes do rol dos crimes hediondos, o que enseja(ria) outra discussão. Dito de outro modo: se o Poder Judiciário aplicar o inciso I do art. 44, fruto da redação que lhe foi dada pela Lei 9.714, a um crime de tráfico de entorpecente, na prática estará retirando a pecha de hediondo do crime de tráfico. Estará, pois, legislando, *ou se arrependendo de não ter, desde há muito, declarado inconstitucional a inclusão do crime de tráfico de entorpecentes no rol dos crimes hediondos!* Ou seja, de paradoxo em paradoxo, chega-se ao máximo de todos: *primeiro,* inclui-se um crime no rol dos hediondos (cuja conseqüência jurídica é de todos sabida), para, *depois,* como que fazendo uma catarse, permite-se que o mesmo crime qualificado como hediondo obtenha o mesmo favor legal, é dizer, substituição de pena, que os pequenos delitos (não hediondos) recebem... Primeiro, chicoteamos; depois, oferecemos o linimento...

Contra a posição aqui adotada tem sido dito que expressiva parcela dos criminosos que respondem processos por crime de tráfico de entorpecentes não passa de pequenos criminosos, havendo até teóricos que sustentam a existência de "tráfico famélico". Ora, se parcela considerável dos condenados por tráfico são pequenos criminosos, *é porque, no plano da aplicação da lei, há uma errônea compreensão do tipo penal previsto no art. 12 da Lei 6368.* Parece óbvio que a velha Lei 6.368, por ser de origem anterior à Constituição de 1988, necessita passar por uma *releitura constitucional* (filtragem constitucional).

Explicando melhor: quando a Lei 6.368 entrou em vigor, o tráfico (art. 12) *não era crime hediondo,* categoria esta que somente ingressou em nosso universo jurídico a partir de 5 de outubro de 1988. Consequentemente, quando a Lei dos Crimes Hediondos *alçou o crime de tráfico à categoria de hediondos,* a nova Lei e a própria Constituição estabeleceram *um novo fundamento de validade à antiga lei.* Ou seja, a partir da transformação do tráfico de entorpecentes em crime hediondo, o conceito de tráfico *não é mais o mesmo* que o do antigo texto da Lei;[20] o tráfico, agora, *é o tráfico hediondo,* exsurgente do novo *topos* hermenêutico-constitucional. Desnecessário e totalmente despiciendo remeter, aqui, o leitor à Kelsen, porque sobejamente conhecido pela comunidade jurídica, naquilo que se chama de princípio da recepção das normas, assim como também à Ferrajolli, na discussão da dicotomia *vigência-validade,* onde a primeira é secundária em relação à segunda, *a qual sempre será aferida a partir da confrontação com a Constituição.*

Isto significa dizer que, se simples "consumidores", "possuidores" ou "pequenos traficantes" são processados (e condenados) por crime de tráfico, é porque o tipo penal está sendo aplicado de forma indevida e equivocada. Falta, pois, *in casu,* um olhar constitucional e constitucionalizante. *Ou seja, é preciso ter presente que, em face do crescimento da criminalidade, está ocorrendo a banalização da criminalização, representada pela equivocada aplicação da lei penal,* onde não se obedece (mais) nem sequer a legalidade formal (conceito analítico de delito). Dito de outro modo, se o Estado estabeleceu que o crime de tráfico de entorpecentes deveria ser alçado à categoria de hediondo - e, registre-se, tal classificação não foi nem sequer questionada pelo Poder Judiciário -, é porque o crime de tráfico coloca em xeque a sociedade (*e não a saúde individual enquadrável na relação interindividual!!!*). Logo, não há como entender a existência de "traficantes bagatelares". Pequeno traficante ou traficante bagatelar é uma contradição em si mesmo!

---

[20] Complementando a nota anterior, acrescento que, com Eros Roberto Grau, faço a distinção entre texto (jurídico) e norma (jurídica). Isto porque o texto, preceito ou enunciado normativo é alográfico. Não se completa com o sentido que lhe imprime o legislador. Somente estará completo quando o sentido que ele expressa é produzido pelo intérprete, como nova forma de expressão. Assim, o sentido *expressado* pelo texto já é algo novo, diferente do *texto.* É a norma. A interpretação do Direito faz a conexão entre o aspecto geral do *texto* normativo e a sua aplicação particular: ou seja, opera sua *inserção no mundo da vida.* As normas resultam sempre da interpretação. E a ordem jurídica, em seu valor histórico concreto, *é um conjunto de interpretações,* ou seja, um conjunto de normas. O conjunto das disposições (textos, enunciados) é uma *ordem jurídica* apenas *potencialmente,* é um *conjunto de possibilidades,* um *conjunto de normas potenciais.* O significado (ou seja, a norma) é o resultado da tarefa interpretativa. Ver, para tanto, *La doble desestruturación y la interpretación del derecho.* Barcelona, Editorial M.J. Bosch, SL, 1998, pp. 67 e segs. (grifos do autor) Também ver Streck, Hermenêutica, *op. cit.*

De observar que, como lembra Luis Flávio Gomes,[21] diferentemente do que ocorre em várias legislações estrangeiras, no Brasil não existe uma figura intermediária entre o art. 16 e o art. 12 da Lei de Tóxicos.[22] E critica o sistema brasileiro, dizendo: *"Todos, mesmo que gratuitamente, cedem drogas são 'traficantes'. Isto é um exagero"*. Concordo totalmente. Entretanto, o estimado jurista paulista cai naquilo que se pode denominar de *contradição secundária* do problema, deixando de enfrentar a *contradição principal*. Explico: Luis Flávio sustenta ser cabível a substituição da pena para crimes de tráfico de entorpecentes, sob o argumento de que, p.ex., um jovem, universitário, primário, que cede gratuitamente a droga a outro companheiro, não pode ter o mesmo tratamento do grande traficante. Assim, diz ele, é o caso concreto que deverá ser o norte da decisão de substituição.

O argumento de Luis Flávio é sedutor. Ocorre que, como já dito, esta é a contradição secundária do problema. *A principal reside no fato de que o jovem universitário do exemplo citado por Luis Flávio, que cede a droga gratuitamente a um companheiro, não cometeu o crime hediondo de tráfico*. Aí está o equívoco! O jovem universitário, a toda evidência, com seu ato, não ofendeu o bem jurídico protegido pelo art. 12, classificado, após a CF/88, como hediondo! Ou seja, a falta de um tipo penal intermediário, específico para condutas como a do exemplo, não deve(ria) e não pode(ria) *levar ao atropelo da teoria do bem jurídico*. Resumindo: em face da falta de um tipo intermediário entre o art. 16 e o 12, nossos operadores do Direito enquadram diariamente jovens, primários e universitários (e também os pobres, analfabetos e não-primários) como os do exemplo citado, no crime de tráfico hediondo, para, depois, em uma espécie de catarse, conceder-lhes a substituição da pena.

De qualquer sorte, embora relevante, esta é uma das facetas do problema. *Mutatis, mutandis*, é como discutir o crime de contrabando ou descaminho. Qual o bem jurídico protegido? É evidente que um cidadão que passa pela fronteira com um rádio ou uma TV portátil não está cometendo o delito, ou seja, *não estará incorrendo no tipo penal*. Nesse sentido, registre-se julgado proveniente da 3ª Turma do TRF 1ª Região, tendo como relator o Juiz Cândido Ribeiro, onde, por unanimidade, foi confirmada absolvição de primeiro grau de cidadão acusado do crime de descaminho (art. 334 do CP). Segundo a denúncia, o réu transportava mercadorias estrangeiras, sem a devida

---

[21] Cfe. Gomes, Luis Flávio. Crimes Hediondos, Tráfico de Entorpecedentes e Penas Substitutivas. *In: Boletim do IBCCrim*. Ano 7, n. 83, Out/99, pp. 7 e 8.

[22] Ver, para tanto, Carvalho, Salo de. *A política Criminal de Drogas no Brasil*. Rio de Janeiro, Luam, 1996.

A Sociedade, a Violência e o
Direito Penal

nota fiscal, no valor de 1.183 dólares. O Tribunal, seguindo magistério de Francisco de Assis Toledo, Heleno Fragoso, Mir Puig e Maurício Ribeiro Lopes, deixou assentado que, se o tipo - que deve ser sempre analisado em sua materialidade - não tiver expressividade econômica, *é de ser afastada a condenação, porque não ocorre, aí, a subsunção do conceito de crime, segundo a teoria finalista*. Textualmente, declarou o Tribunal que "a moderna dogmática penal, ao tratar do princípio da insignificância, toma a tipicidade em seu conteúdo material, dando-lhe o elemento valorativo necessário. Assim, *em face da ausência de tipicidade, não se há de falar em infração penal, sendo de absolver-se o réu com fundamento no art. 386, III, do CPP*".[23] É o mesmo caso do assim chamado "chibeiro" (comerciante que faz comércio "formiga"). Do mesmo modo, como já referi anteriormente, devemos analisar o tipo penal do crime de tráfico de entorpecentes! É o bem jurídico que deve balizar a adequação típica – porque o Direito Penal, conforme ensina Assis Toledo, só vai até onde seja necessário para a proteção do bem jurídico (*tipicidade material*) - e não o contrário (tipicidade meramente formal).

Dito de outro modo: a teoria do delito deve ter utilidade social. Crime é um fato típico, antijurídico e culpável. A tipicidade é material/substancial. A teoria não deve ficar restrita aos bancos das escolas de preparação para concursos e nem aos bancos escolares...De frisar, por relevante, que, a ser válido o argumento de que expressiva parcela dos condenados por tráfico são "traficantes bagatelares", não se pode deixar de registrar que a expressiva maioria dos condenados por assalto também o são por pequenos assaltos, muitos deles feitos com armas de brinquedo, e até mesmo sem o uso de arma, para subtrair um par de óculos e meia dúzia de moedas (quando não se tratar de tíquetes refeição, tíquetes de transporte coletivo, etc.). Se existe o "pequeno traficante" ou o "traficante bagatelar", o que dizer do "pequeno assaltante"?[24]

Essas questões, aliás, tornam-se pressuposto para o enfrentamento, desde logo, das críticas que advirão à posição aqui assumida, em especial a de que estaria propondo a absolutização da regra que permite a substituição, impedindo o exame das exceções.[25] Ora, se

---

[23] Cfe. *Cadernos de Direito Constitucional e Ciência Política*, n. 26, pp. 307-309.

[24] Despiciendo dizer que não se está aqui a defender a tese – simplista – da existência de assaltos famélicos, etc., ou roubos "insignificantes". A comparação e o contraponto se impõem para pôr a lume as incoerências da dogmática jurídico-penal, uma vez que, em tese, não há diferença entre um "pequeno traficante" e um "pequeno assaltante"...

[25] Na verdade, *a absolutização partiu do legislador*, que restringiu o benefício das penas substitutivas apenas aos crimes cometidos sem violência ou grave ameaça, cometendo, com isso, dois equívocos: a da 'equiparação' do desvalor de bens jurídicos absolutamente discrepantes como o furto com a corrupção ou lavagem de dinheiro, etc., circunstância que fere frontalmen-

examinarmos a Lei, veremos que a *regra* é a sua aplicação a todas as pessoas que cometem crimes sem violência ou grave ameaça, cujas penas não ultrapassem 4 anos (condições objetivas). A substituição depende, ainda – e aí reside o problema - , de análise *favorável* da culpabilidade, dos antecedentes, da conduta social e da personalidade do condenado (*sic*) – art. 44, III (são, pois, as condições subjetivas). *Ou seja, se a situação pessoal do réu não recomendar, a substituição estará vedada.* Está-se, assim, diante de uma exceção pela negação: *a lei sempre poderá ser aplicada em favor de quem for condenado a uma pena de até 4 anos de reclusão em crimes cometido sem violência ou grave ameaça, desde que o réu preencha as condições (favoráveis).* A *contrario sensu*, é possível dizer que sempre é possível substituir a pena de reclusão; só não será possível se o réu for portador de maus antecedentes, personalidade inadequada etc.

Sem entrar em uma outra discussão – como a de que essa exceção/exigência *reafirma uma concepção de culpabilidade individualista (culpabilidade-em-si), muito aproximada do odioso direito penal do autor,*[26] *violadora também do princípio da secularização -,* é possível/necessário trazer à baila um contraponto, fortemente sustentado no princípio da isonomia. Explico, indagando: se o art. 44, I, diz que a substituição é cabível para todos os delitos cometidos sem violência ou grave ameaça, com pena concretizada de até 4 anos, e que, a *contrario sensu,* o benefício pode ser negado dependendo da situação pessoal do réu, a pergunta que cabe é: por que não aplicar o mesmo critério – agora por viés contrário – aos demais delitos, desde que a pena não ultrapasse 4 anos, *em tendo o réu os requisitos subjetivos todos a seu favor?* Dizendo de outro modo, se a situação pessoal/particular do réu é condição de possibilidade para a concessão/exclusão no caso dos delitos cometidos sem violência ou grave ameaça, *porque essa mesma*

---

te a Constituição, como já delineado à saciedade anteriormente, e o não sopesamento entre os vários tipos penais, o que faz com que alguém que comete um homicídio no trânsito possa receber o benefício e aquele que comete uma lesão leve não (não importa o argumento de que, para a lesão, cabe o *sursis*; importa, sim, discutir os critérios utilizados pelo legislador!). Não é demais lembrar que sonegação de impostos e lavagem de dinheiro (para citar apenas alguns tipos penais) são crimes que as camadas médio-superiores da sociedade cometem, assim como o próprio tráfico, que dia a dia invade as camadas mais *abstratas*... Já os demais delitos – que não admitem substituição – são daqueles "destinados socialmente" às camadas excluídas da sociedade...

[26] Do mesmo modo e na mesma linha de raciocínio, cabe lembrar que, ao *condicionar os benefícios* (que na verdade são direitos públicos subjetivos) como o livramento condicional, progressão de regime, *sursis,* etc., ao *aferimento das condições pessoais* do réu, o Código Penal mostra forte ascendência da tese do direito penal do autor. Isto se torna bem mais acentuado no conteúdo do art. 59, de onde exsurgem fortes traços etiológicos, mormente na parte que diz respeito à aferição da personalidade (*sic*) do réu.

situação pessoal/particular não pode significar a exceção – agora positiva – para todos os demais crimes?

Usando o mesmo exemplo de Luis Flávio Gomes, poder-se-ia dizer que um jovem, primário, universitário, que comete um roubo sem uso de arma *também não mereça ser tratado como o grande assaltante* (numa alusão ao 'grande traficante'). Veja-se o exemplo: um jovem encontra um menino andando de bicicleta na via pública. Ameaça-o com seu porte físico e lhe subtrai a bicicleta (ou um par de tênis). Em tese, qual o Juiz que não o condena por roubo? Os exemplos estão aí, às centenas! Sua pena ficaria no mínimo legal: 4 anos, a ser cumprida, inexoravelmente, em presídio. Em valendo a exigência prevista no inciso III, art. 44 – *que ao mesmo tempo é exceção para a concessão -*, por que também não aplicar a esse réu uma pena substitutiva? Qual é a diferença que existe entre o exemplo do jovem, universitário, primário, que comete tráfico (*sic*) com o do jovem, universitário (ou não), primário, que comete um roubo (*sic*), *se ambos têm em seu favor os requisitos subjetivos?*

Parece razoável concluir que essa tese (concessão de penas alternativas a todos os crimes, dependendo tal benefício da situação pessoal do agente) não teria possibilidade de prosperar, porque se poderia dizer, por exemplo, que a concessão (ou não) ficaria demasiadamente ao arbítrio do juiz, etc., além de outros argumentos, como o de quem, em um caso (tráfico) não há violência ou grave ameaça (*sic*), e no outro (roubo) houve grave ameaça, e assim por diante, todos os argumentos calcados na dogmática tradicional... *E nem é isso que se quer, porque, como já dito, deixar a concessão do benefício a depender da situação pessoal do réu é repristinar a tese antigarantista do direito penal do autor, além de violar o princípio da secularização do direito, proporcionado pelo Estado Democrático de Direito!* Sem embargo, trago-a à colação para *contrapor às críticas* de que a tese aqui exposta (não aplicação da substituição aos crimes de tráfico de tóxico, sonegação de tributos, etc., como explicado retro) é absolutizante por não permitir exceções.

Como já referi, é sedutor entender que é o Juiz que, no caso concreto, examinará as circunstâncias pessoais do réu, para conceder-lhe ou não o benefício. Porém, *insisto em lembrar que o direito penal é do fato e não do autor e que a tipicidade é material e não formal*, e aqui lembro os elucidativos exemplos de Assis Toledo: o *dano* do art. 163 do CP não deve ser qualquer lesão à coisa alheia; o *descaminho* do art. 334 não será certamente a posse pequena de quantidade de produto estrangeiro, mas sim, de mercadoria que provoque lesão ao Fisco; o *peculato* do art. 312 não pode estar dirigido a ninharias; a *injúria*, a *difamação* e a *calúnia* devem igualmente restringir-se a fatos que realmente possam afetar significativamente a dignidade, a reputação, a honra, e assim por diante, acrescentando que a *sonegação* deve significar efetiva lesão ao erário e ao objetivo do Estado do Estado-Fiscal-Social, a *corrupção* não será a pequena corrupção, etc. Em razão disso, reafirmo o que anteriormente grifei: falar em pequeno traficante, pequeno contrabandista, pequeno sonegador, são contradições em si mesmo, que violam o princípio da *tipicidade material*.

Numa palavra, tudo isto, aliado à errônea aplicação da teoria, do delito (e sua conseqüente banalização) não justificam *isonomizar*, *às avessas*, delitos de índole interindividual com delitos que provocam danos de natureza transindividual, os quais a Constituição, pela sua principiologia, determina que sejam punidos com rigor.

9.4. DO EXAME DA (IN)CONSTITUCIONALIDADE *STRICTO SENSU* DO INCISO I DO ART. 44 DO CÓDIGO PENAL

Por tudo isto, na discussão em tela, em que se coloca em xeque a aplicação genérica (*tabula rasa*) da nova Lei a todos os delitos cujas penas concretizadas não ultrapassem o limite de 4 anos e que tenham sido cometidos sem violência (*sic*) ou grave ameaça (*sic*) à pessoa, é necessário que se faça um exame acerca da constitucionalidade da citada Lei. Com efeito, *não sendo o Poder encarregado de elaborar as leis, como já dito, livre para estabelecer quais os delitos que podem receber os favores de uma substituição por penas restritivas* (pela simples razão de que não dispunha de carta branca para tal!), a questão deve ser resolvida no âmbito do controle da constitucionalidade, com a necessária intervenção do Poder Judiciário.

Não se trata, aqui, de aplicar o princípio da interpretação conforme a Constituição (*verfassungskonforme Auslegung*). Na verdade, está-se diante de um típico caso de *declaração de nulidade parcial sem redução de texto, ou, se quiser, inconstitucionalidade sem redução de texto*, técnica derivada do direito alemão (*Teilnichtiger Klärung ohne Normtextreduzierung*) que o Supremo Tribunal já vem adotando em nosso direito.[27] Muito embora a confusão que se possa fazer entre a declaração de nulidade sem redução de texto com a interpretação conforme a Constituição, deve ficar claro, com Gilmar Ferreira Mendes, que, enquanto nesta se tem, dogmaticamente, a declaração de que

---

[27] Nesse sentido, remeto o leitor aos seguintes julgados do Supremo Tribunal Federal: ADIn n. 319, rel. Min. Moreira Alves, DJ 30.04.93, p. 7563; ADIn n. 491, Rel. Min. Moreira Alves, RTJ 137, pp. 90 e segs; ADIn 1370-0-DF.

uma lei é constitucional com a interpretação que lhe é conferida pelo órgão judicial, *naquela ocorre a expressa exclusão, por inconstitucionalidade, de determinada(s) hipótese(s) de aplicação (Anwendungsfälle) do programa normativo sem que se produza alteração expressa do texto legal.*[28]

Mais ainda, diz Mendes, se se pretende realçar que determinada aplicação do texto normativo é inconstitucional, *dispõe o Tribunal da declaração de inconstitucionalidade sem redução de texto, que, além de mostrar-se tecnicamente adequada para esses situações,* tem a virtude de ser dotada de maior clareza e segurança jurídica expressa na parte dispositiva da decisão[29](no caso em exame, o art. 44, do CP, com a redação que lhe foi dada pela Lei 9.714, no seu inciso I, é inconstitucional se aplicável às seguintes hipóteses: crimes hediondos *lato sensu*; crimes de sonegação de tributos, crimes contra o meioambiente, crimes de corrupção, remessa de divisas, lavagem de dinheiro, e improbidade administrativa, por exemplo; ou, *a contrario sensu,* a exemplo do que fez o STF na ADIn 491, *a norma impugnada só é constitucional se se lhe der a interpretação que este Tribunal entender compatível com a Constituição*).

Isto significa dizer que as decisões de não aplicação da Lei 9.714 aos casos de tráfico de entorpecentes pelos Tribunais, ainda que corretas no mérito, incorrem, ao não suscitarem o incidente de inconstitucionalidade, na violação do art. 97 da Constituição Federal.[30] Como se sabe, nosso sistema de controle de constitucionalidade abrange tanto o controle concentrado (por ADIn, ADC, ADInPO e Ação Interventiva), como o controle difuso, este vigorante entre nós desde a Constituição Republicana de 1891. Desse modo, através do controle concreto (difuso), qualquer magistrado de primeiro grau pode deixar de aplicar uma lei (ou parte dela) por considerá-la inconstitucional. *Já os órgãos fracionários necessitam, em face do disposto no art. 97 da CF, suscitar o incidente de inconstitucionalidade.*

Desnecessário lembrar que os Tribunais, ao deixarem de aplicar uma lei - mesmo que em parte -, de forma alguma estão isentos de justificar e fundamentar tais decisões. Ora, um Tribunal, ao dizer que a Lei não se aplica aos crimes de tráfico de entorpecentes porque estes são hediondos, *está a dizer, taxativamente, que a nova Lei é incompatível com a determinação constitucional que considera os crimes hediondos inafiançáveis e insuscetíveis de outros benefícios, além da cominação*

---

[28] Cfe. Mendes, Gilmar Ferreira. *Jurisdição Constitucional.* São Paulo, Saraiva, 1998, p. 275.

[29] Cfe. Mendes, *op. cit.,* p. 275.

[30] Embora chame a atenção para as dificuldades que surgem sobre uma eventual declaração de inconstitucionalidade (nulidade) sem redução de texto feita no controle difuso, Mendes (ibidem) aponta para a necessidade de suscitação do incidente de inconstitucionalidade, *uma vez que a declaração de nulidade sem redução de texto é uma forma de controle de constitucionalidade.*

stricto sensu *do tráfico como hediondo por expressa autorização constitucional*. Logo, está a dizer que a nova Lei é inconstitucional, no mínimo em parte. *Está fazendo, na espécie, uma nulidade parcial sem redução de texto (Teilnichtiger Klärung ohne Normtextreduzierung)*, porque a lei permanece, em sua literalidade, vigente no sistema.[31]

Mas, se ela permanece inteiramente vigente no sistema, o que autoriza o Poder Judiciário a não aplicar essa Lei? Somente uma resposta, *in casu*, é possível: *é porque parte dela é inconstitucional*.[32] Conseqüentemente, em sede de Tribunal de segundo grau, não fica dispensado o órgão fracionário de *suscitar o respectivo incidente de inconstitucionalidade*. Se não o fizer, estará "legislando", modificando uma lei feita pelo parlamento. Mais do que violar o art. 97 da CF, estará violando a própria Constituição, naquilo que se consagra como a tripartição de poderes da República.

Em face do exposto, proponho que, na aplicação do art. 44, I, do CP, se for o caso,[33] *seja declarada a nulidade parcial do aludido*

---

[31] Entendo, mormente levando em contas as peculiaridades do nosso sistema jurídico, que a nulidade sem redução de texto enseja um apelo ao legislador (*Appellentscheidun*). Nesse sentido, ver Schefold e Leske, *Hochschulvorschaltgesetz: verfassungswidrig aber nicht nichting*, NJW 1973, p. 1297 (1299); Söhn, *Anwendugsplicht oder Aussetzungsplicht bei festgestellter Verfassugnswidrigkeit von Gesetzen?* p.37, apud Mendes, Jurisdição, op.cit, p. 231. Isto porque o Judiciário, ao aplicar a lei com a restrição de algumas hipóteses de incidência, nada mais faz do que apelar ao legislador para que, dentro de sua prerrogativa constitucional, adapte a lei à Constituição! Com isto, se evitará uma discussão pretoriana infindável.

[32] A propósito de violação do art. 97 da CF, veja-se a decisão proferida pelo Tribunal de Justiça do Estado do Rio de Janeiro, no proc. n. 98.059.02524, ao negar a aplicabilidade do art. 44, I, a uma hipótese de tráfico de entorpecentes. Na argumentação, o citado Tribunal diz que "se a CF, no seu art. 5º, XLIII, considera o crime de tráfico ilícito de entorpecentes ou drogas afins, ao lado dos a ele equiparados e aos hediondos, inafiançáveis e insuscetíveis de graça ou anistia; se a Lei 8.072, seguindo a esteira da Lei Maior, proíbe qualquer forma de liberdade provisória (...); se, no curso do processo, por estar sendo o agente acusado da prática de infração gravíssima, deve ser mantido preso, e quando condenado, seria um contra-senso colocá-lo em liberdade. E de certo, esta não foi a vontade do legislador que conflitaria com a Lei Maior....(...)". Assim, *na hipótese, o Tribunal carioca operou uma nulidade sem redução de texto, o que demandaria a suscitação do incidente de inconstitucionalidade, para o fiel cumprimento do art. 97 da Constituição Federal.*

[33] Desnecessário advertir que o objetivo deste texto é discutir o problema constitucional relacionado *aos requisitos objetivos* para a obtenção do favor legal previsto no inciso I do art. 44. *Não se desconhece que o inciso III do mesmo art. 44 é obstáculo à aplicação do benefício, nos casos em que a culpabilidade, os antecedentes, a conduta social e a personalidade* (sic) *do condenado contra-indicarem a aplicação do favor legis.* Sobre isto, aliás, já teci considerações no item 8.3.3, retro, *in fine.* Ou seja, é evidente que, em muitos casos, mesmo que preenchidos os requisitos objetivos, um traficante, mesmo condenado à pena inferior a 4 anos, não receberá o benefício. *Não é esta, pois, a discussão.* A preocupação das presentes reflexões é com a violação da principiologia do Estado Democrático de Direito e com o pouco caso que a dogmática jurídica dá à teoria do bem jurídico, fazendo vistas grossas aos delitos que colocam em xeque os objetivos da República, em especial naquilo que é o Estado-Fiscal. Ou seja, se o Estado deve ter uma função social, atuando/intervindo para o resgate das promessas da modernidade, somente pode vir a fazê-lo com a arrecadação de impostos. No caso presente, tudo está a indicar que o *establishment* atua na contramão desse resgate, porque, a exemplo do que já ocorreu com o art. 34

A Sociedade, a Violência e o
Direito Penal

141

dispositivo sem redução de texto, afastando-se a sua incidência nas hipóteses de penas concretizadas de até 4 anos nos crimes de tráfico de entorpecentes, *por serem hediondos*,[34] violando, nesse caso, o art. 5º, XLII, da CF, e, nos crimes de sonegação de impostos, lavagem de dinheiro, crimes contra o meioambiente, corrupção, crimes cometidos por Prefeitos, remessa de divisas e improbidade administrativa, *por violação dos arts. 3º, I, III e 4º, II, da CF, normas-programa que apontam para a construção de uma sociedade justa e igualitária, com a obrigação da erradicação das desigualdades sociais, pelas quais, à toda evidência, crimes como evasão de divisas e sonegação de impostos, não podem ser equiparados - e nem receber o mesmo favor legis - a crimes como furto, apropriação indébita, etc. (aqui, a violação é do art. 5º, caput), além da violação dos princípios constitucionais como da proporcionalidade e da razoabilidade, reconhecidos pelo Supremo Tribunal desde a década de 50.*[35]

A necessidade (e a possibilidade) do controle da constitucionalidade das leis com base nos princípios constitucionais (explícitos e implícitos) e das próprias normas "programáticas" tem sido defendida por inúmeros doutrinadores. Lamentavelmente, os tribunais têm permanecido reticentes e refratários a esse controle. *Sair dos livros e das teses da academia para o mundo vivido, trazendo esse tencionamento para o âmbito do judiciário: este é o desafio e o dilema.* Como bem lembra Fernando Facury Scaff,[36] qualquer ato ou norma que venha a infringir os princípios fundamentais da Constituição Federal, como os que estabelecem como objetivos fundamentais a construção de uma sociedade livre, justa e solidária, que garanta o desenvolvimento nacional erradicando a pobreza e a marginalização e reduza as desigualdades sociais e regionais, deve ser considerado *inconstitucional*, através de controle difuso ou concentrado, por magistrado *de qualquer instância, a fim de permitir que a Constituição prevaleça, e que a vontade do povo ao instituir aquele documento não seja posta de lado.*

---

da Lei 9.249 (regalo natalino concedido aos sonegadores de impostos), agora equipara crimes como sonegação a um simples furto, como se o bem jurídico protegido tivesse a mesma hierarquia constitucional!

[34] Por outro lado, é razoável afirmar que *não aplicar, p. ex., a nova Lei para o tráfico de entorpecentes e aplicá-la para os sonegadores de impostos é fazer uma confissão da seletividade arbitrária*, fruto de uma hermenêutica jurídica *ad-hoc*, ratificando, assim, *a missão secreta do direito* penal. É, enfim, entender que o traficante é mais perigoso para a sociedade que o sonegador de impostos, o corrupto, o depredador da natureza, do administrador que lesa o patrimônio público, etc. *Com a palavra, os juristas!*

[35] Do mesmo modo, não há óbice de se incluírem no rol dos crimes passíveis de substituição pequenos delitos como o de lesões corporais leves dolosos. No caso, o raciocínio da inclusão é o mesmo da exclusão, uma vez que o legislador, como já referido *ad nauseam*, não é livre para estabelecer favores e privações legais e procedimentais.

[36] Cfe. Scaff, Fernando Facury. *Controle Público e Social da Atividade Econômica.* XVII Conferencia Nacional dos Advogados. UERJ. 31.8.99, p. 21.

E não se diga que, ao restringir o uso da nova Lei, estar-se-á fazendo uma analogia *in malam partem* ou uma interpretação *in pejus*, ou, ainda, uma violação do princípio da legalidade.[37] Não há analogia *in malam partem* em relação ou contra à Constituição. Há que deixar-se claro, de uma vez por todas, que *o legislador não tem discricionariedade para estabelecer tipos, penas e favores legais.*

Ou isto, ou teríamos que considerar intocável, por exemplo, um dispositivo legal que viesse a descriminalizar o delito de corrupção ou sonegação de tributos ou as queimadas de florestas, tudo em nome do princípio da legalidade (norma vigente = norma válida???)!

Registre-se, por fim, que a crise que atravessa a dogmática jurídica tem obstaculizado a necessária filtragem hermenêutico-constitucional do direito penal. Vige, ainda, a crença no caráter fetichista da lei, *no interior do qual confunde-se vigência com validade.* Observe-se, nessa linha, que *não foram resolvidos,* até hoje, *alguns paradoxos do sistema jurídico, que deveriam indignar, sobremodo, a comunidade dos operadores do Direito,* como é o caso da dicotomia "art. 16 do CP x art. 34 da Lei.9249/95".

Explicando: enquanto o art. 16 estabelece que, nos crimes sem violência, em sendo reparado o dano ou restituído objeto, haverá uma redução de pena de um a dois terços, o art. 34 da Lei 9.249 beneficia sobremodo àqueles que sonegam impostos, ao autorizar a extinção da punibilidade, desde que o prejuízo seja ressarcido antes do recebimento da denúncia.[38] Ora, está-se nesse caso diante de uma flagrante violação da Constituição, tanto no que tange à sua principiologia - que aponta para a necessária hierarquização dos bens jurídicos -, como no que pertine ao princípio da isonomia. *Como é*

---

[37] No Estado Democrático de Direito, legalidade significa validade da norma em conformidade com a Constituição, entendida em sua materialidade. Não basta, pois, a mera vigência da norma para que se lhe dê operacionalidade. Frise-se, com Palazzo, para a possibilidade de adequação constitucional de disposições incriminadoras isoladas, no âmbito interpretativo, por parte da jurisprudência constitucional ou ordinária, independentemente de incidência sobre a estrutura externo-lingüísticas do tipo, mas atuando, tão-só, sobre o conteúdo normativo interno, no sentido de melhor adaptá-lo ao cambiante quadro de valores constitucionais. Uma primeira espécie desse proceder ocorre com a substituição da originária objetividade jurídica por outra mais conformada à Constituição: no respeito à letra da lei, que permanece inalterada, pode a operação permitir a obtenção de mais satisfatórios resultados interpretativos. Cfe. Palazzo, ibidem, pp. 96 e 97.

[38] No plano da dogmática penal, a co-existência dos dois dispositivos (art. 16 do CP e art. 34 da Lei 9.249) tem sido fundamentada tão-somente com base no argumento da discricionariedade do legislador. Mais ainda, tem-se somente admitido a aplicação do art. 16 quando a devolução for *sponte sua,* não se admitindo o favor legal, *ipso facto,* quando a *res* é apreendida ou quando não resta qualquer prejuízo para a vítima. Contra esses argumentos, é relevante lembrar que, no caso da sonegação de impostos, também a devolução jamais ocorre por livre e espontânea vontade do agente, e, sim, somente quando este estiver ameaçado de sofrer processo criminal!

possível permitir que o legislador trate com benevolência crimes graves como a sonegação de tributos e não conceda o mesmo favor aos crimes menos graves, como o furto, a apropriação indébita etc.?

O exemplo em tela ilustra a crise pela qual passa o direito penal. Daí a necessária constitucionalização do direito. Por vezes, penso dar razão a Jimenez de Asúa, quando disse, certa vez, que, ao se promulgar uma nova Constituição, dever-se-ia fazer novos Códigos, para evitar a aplicação das leis anteriores (fruto do sistema constitucional derrogado) ao arrepio do novo fundamento de validade (novo modelo de Direito representado pela nova Constituição). Nessa linha, em vista do total desrespeito ao texto constitucional e permitindo-me ser irônico, acrescentaria ao dizer de Asúa que talvez o constituinte brasileiro de 1988 devesse ter incluído um dispositivo, *determinando que todas as leis que viessem a ser feitas a partir daquela data deveriam respeitar o conteúdo formal e material da Constituição, sob pena de serem inconstitucionais...* Afinal, há que se avisar a comunidade jurídica que princípios valem, regras vigem, como diz Bonavides, e que a violação de um princípio é mais grave do que a violação de uma norma, como assevera Celso Antônio Bandeira de Mello. É necessário, pois, dizer o óbvio: a Constituição constitui; a Constituição estabelece as condições do agir político-estatal. Esse óbvio, porém, utilizando a linguagem heideggeriana, é mera aparência, isto porque o óbvio, para se manter "como" óbvio, deve permanecer oculto. A obviedade exsurgirá "como" obviedade a partir de seu des-velamento (*alétheia*).

10. Tipo penal: breves anotações sobre o dolo e a tipicidade subjetiva

Luiz Carlos Sá de Souza
Advogado

Sumário: 10.1. Considerações preliminares; 10.2. Da Conduta; 10.3. Do tipo. Do *tatbestand*; 10.3.1. Teorias sobre o tipo; 10.3.2. Funções do tipo penal; 10.3.3. Elementos estruturais do tipo; 10.4. Tipicidade. Dolo; 10.4.1. Teorias do dolo; 10.4.2. Elementos do dolo; 10.5. Conclusão; 10.6. Bibliografia

10.1. CONSIDERAÇÕES PRELIMINARES

No meio social existem, de forma latente, relações e manifestações que revelam uma conduta anti-social e moralmente reprováveis. São relações que denunciam uma antijuridicidade anterior aos preceitos estabelecidos por uma legislação positiva, válida e vigente.

Como consequência deste comportamento contrário a convivência social disciplinada e fundada no livre arbítrio, respeito e dignidade humana, " *o direito institucionaliza, via comandos normativos, o proibido e o permitido"*,[1] exercendo o Estado o poder que lhe é delegado para manter a ordem social.

O crime é um fato humano (atualmente há a concepção que a sociedade jurídica também comete crime) que produz lesão a bens jurídicos ou os expõem a perigo de lesão. Bens jurídicos devem ser entendidos, segundo Wessels,[2] como "os bens vitais, os valores e os *interesses juridicamente reconhecidos do indivíduo ou da coletividade, que, em virtude de seu especial significado para a sociedade, requerem proteção jurídica".*

---

[1] REALE JÚNIOR, Miguel. *Teoria do delito.* São Paulo, SP. Revista dos Tribunais, 1998, p. 17.

[2] WESSELS, Johannes. *Direito penal - Parte Geral.* 5ª ed. Porto Alegre. Sergio Fabris Editor, 1976, p. 3.

O relevante é que todo fato-crime está fundado em um comportamento, cuja conduta seja ativa ou omissiva. Entretanto, é necessário que este fato para tornar-se crime deve sofrer a incidência positiva de valorações jurídicas, ou seja, a tipicidade, antijuridicidade e culpabilidade. O ponto de referência do Direito Penal é a conduta humana (ação e omissão), ligada às conseqüências danosas que atingem a sociedade.

O conceito analítico de crime, portanto, é aquele em que o fato produzido é conseqüência de uma ação típica, antijurídica e culpável.

A antiga teoria causal entende que a ação humana é um processo causal-naturalístico, que através do movimento muscular altera o mundo exterior. Trata-se de um movimento corpóreo voluntário com conseqüências no mundo físico exterior, não se indagando acerca do conteúdo do acontecimento. Entende a teoria causal da ação que o crime possui como elementos estruturais : a) ação; b) tipicidade; c) antijuridicidade; d) culpabilidade.

Para a teoria finalista da ação, proposta por Hans Welzel,[3] há o entendimento que o agir é a efetividade da atividade finalista, produzindo um acontecimento previsto, representado e querido (vontade) e não somente causal. O agir finalista é um atuar consciente, volitivo, em busca da concretização de um objetivo. A teoria finalista procura compreender o estado anímico do comportamento humano. A finalidade, para a Teoria da Ação Finalista, se constitui na antecipação de fins; é o controle das conseqüências causais da conduta humana com antecipação de fins.

Portanto, finalidade é a antecipação de fins com a respectiva previsão de conseqüências possíveis do saber causal. O finalismo deslocou o dolo e a culpa para o injusto, levando, dessa forma, a finalidade da culpabilidade para o centro do injusto. Para os finalistas, crime é a ação típica, antijurídica e culpável. O objeto da valoração é a conduta humana, tida como censurável; a valoração do objeto é o juízo de censura que se faz sobre a ação que se valora.

Faz-se necessário a ressalva manifestada por Condeixa da Costa,[4] referindo-se a Carlos Cossio: "teleologia não se contrapõe à causalidade, senão ao mecanicismo; pelo contrário, a teleologia se move dentro da causalidade e ambas são lógica do ser. Comprova-o a vida animal, que é teleológica e que pertence ao ser. O importante é

---

[3] WELZEL apud TOLEDO, Francisco de Assis. *Princípios básicos de Direito Penal.* São Paulo-SP. Saraiva, 1994, p. 95.

[4] CARLOS COSSIO apud COSTA, Carlos Adalmyr Condeixa. *Dolo no tipo - Teoria da ação finalista no Direito Penal.* Rio de Janeiro. Editora Liber Juris Ltda, 1989, p. 12.

diferenciar devidamente entre teleologia e normatividade; a primeira é uma lógica finalista, e a segunda uma lógica imputativa; a primeira recorre ao verbo ser como cópula, enquanto a segunda recorre ao verbo dever ser ".

10.2. DA CONDUTA

"O Direito é conduta; conduta humana interferida intersubjetivamente na lei. A conduta é o dever ser existencial."[5]

O fato considerado crime, quando integrador dos elementos da tipicidade, antijuridicidade e culpabilidade, consiste necessariamente na conduta humana ressalvada a possibilidade, atualmente em discussão, da pessoa jurídica ser autor de crime. Ocorre que a contrariedade ao comando da norma só é estabelecida diante do exercício da ação ou omissão. Disto resulta a realização e concretização de um tipo que estabelece os elementos do crime.

Esta conduta, caracterizada pela ação ou omissão, é direcionada pela vontade que se dirige ao objeto, alterando-o. Paralelo ao ato de vontade, há o ato de conhecimento que, segundo Zaffaroni[6] "é o que se limita a fornecer dados ao observador, sem alterar o objeto enquanto 'matéria do mundo'".

Sendo assim, considerado a conduta como a manifestação da vontade e do "querer" através de uma ação ou omissão, o direito pretende regular a conduta. Segundo a teoria causal da ação, esta é um comportamento corporal voluntário. A voluntariedade exige um "querer" ativo. No entanto, nessa teoria não se indaga sobre o conteúdo da vontade, do que realmente o agente quis.

Na teoria finalista da ação, como referido anteriormente, a ação é um exercício de atividade final, ou seja, o objetivo (fim), segundo Luisi[7] "o orienta no sentido de ordenar o processo causal para a concreção do objetivo colimado".

A ação humana é ontologicamente finalista (pertence ao ser da conduta). Segundo ensinamentos de Luisi,[8] pode ser fracionada em dois momentos, apesar de sua unicidade. No primeiro momento, o agente propõe e antecipa o fim, representando-o, processando os meios necessários para almejar este fim, prevendo suas conseqüên-

---

[5] COSTA, *op. cit.*, p. 83.

[6] ZAFFARONI, Eugenio Raúl & PIERANGELI, José Henrigue. *Manual de Direito penal brasileiro - Parte Geral*. São Paulo, SP. Editora Revista dos Tribunais, 1999, p. 407.

[7] LUISI, Luis. *O tipo penal a teoria finalista e a nova legislação penal*. Porto Alegre. Sergio Fabris Editor, p. 39.

[8] LUISI, *op. cit.*, p. 40.

cias; no segundo momento, há o desenrolar da ação no mundo físico, objetivo. Portanto, a vontade finalista, com a qual trabalhamos, além dos meios escolhidos e as conseqüências secundárias previstas como possíveis, inclui, evidentemente, o fim último. Luisi,[9] referindo-se a exemplos fornecidos por Welzel em suas obras, alerta que uma ação finalista de matar alguém pode ser um fim em si mesmo ou um meio para alcançar determinado objetivo diverso daquele.

Assim, o homem com fundamento em seu conhecimento causal, obtido empiricamente, pode prever as possíveis conseqüências de sua conduta, podendo estabelecer diferentes fins.

Conforme Bettiol,[10] "fim significa tanto o bem a que o ato se refere em sua natureza (*finis operis*) como o que a vontade se esforça por alcançar através deste ato (*finis operantis*). Só este último fim se denomina motivo. O motivo inclui sempre uma referência a vontade do que atua e caracteriza o fim que move a vontade de atuar. O fim pelo contrário não inclui essa referência."

Portanto, o fim que a Teoria da Ação Final trata como fim da ação, é o fim em sua própria natureza, e não em sua exteriorização. O "fim" exteriorizado, revela o motivo que determinou o agente a causar o resultado. O dolo endereçado ao tipo é que caracteriza o fim da ação.

10.3. DO TIPO. DO *TATBESTAND*

A evolução do direito criminal, tendo como marco inicial o século XII, caracterizou-se por penas cruéis e capitais, ficando o infrator (ou provável infrator) entregue ao humor e arbítrio dos juízes e sentenças prolatadas nos processos sob a égide do sistema inquisitorial.

O direito penal começou a ser humanizado a partir do século 18, culminando com a garantia liberal do indivíduo *nullum crimen sine lege scripta*. Com esta garantia efetivada é estabelecida a doutrina do tipo.

Preliminarmente, pode-se definir o tipo penal como a descrição de uma conduta delituosa. Segundo Zaffaroni,[11] o tipo penal é um instrumento legal, "logicamente necessário e de natureza predominantemente descritiva, que tem por função a individualização de

---

[9] LUISI, *op. cit.*, p. 41.

[10] BETTIOL *apud* COSTA, *op. cit.*, p. 26.

[11] ZAFFARONI & PIERANGELI, *op. cit.*, p. 445.

condutas humanas penalmente relevantes". Tipo, portanto, é tipo de injusto.

Reale Jr.[12] define o tipo penal como aquele "fruto de uma elaboração abstrato-prática, que apreende na experiência as condutas típicas possíveis e submete-as, segundo as condições materiais, morais e culturais necessárias à vida e próprias daquele momento, a um ajuizamento valorativo, do qual decorre a imposição de uma solução, de um comando permissivo ou proibitivo."

Assim, o legislador, através de um exercício de abstração prática, recorta parcelas da realidade examinando seus dados empíricos e valorando-os, construindo desta forma modelos jurídicos de comportamentos (positivos ou negativos). A norma é construída a partir do real, do dado.

Entretanto, o que concebemos por tipo possui sua origem no termo *tatbestand*, expressão alemã que significa "hipótese de fato", "consistência fática", que provém do latim medieval *facti species*, significando figura do fato, sendo traduzido e difundido em português como "tipo". No idioma teuto, traduz-se com a locução latina *corpus delicti*, entendida como fato objetivo. Harbich[13] explica o termo *tatbestand* como uma figura delituosa, "o modelo que o legislador criou para tipificar determinado ilícito penal". Na realidade, segundo LUISI,[14] a doutrina do Tatbestand representa *a versão técnica do apótema político nullum crimen sine lege*", ou seja, o princípio da legalidade. Isto quer dizer que juridicamente se exige a certeza na configuração de figuras delituosas, limitando a atividade arbitrária dos que governam e julgam. Constitui o tipo uma garantia liberal, assegurando ao indivíduo que sua conduta não será relevante à esfera penal caso não estiver tipificada.

Tatbestand era entendido como a totalidade do delito, ou seja, compreendia todos os elementos do delito (objetivos e subjetivos) necessários para a existência do crime. Entretanto, com a elaboração da Teoria Causal da ação foi alterado esse entendimento, deixando de ser *tatbestand* o próprio delito para ser reduzido apenas a um

---

[12] REALE JÚNIOR, *op. cit.*, p. 37. Miguel Reale Jr. fornece como exemplo (*op. cit.*, p.36) de modelo do tipo elaborado pelo legislador no qual tem a função de proteger um valor, como no " tipo legal de crime de rapto consensual do art. 220 do Código Penal, a menoridade civil da vítima, menor de vinte e um anos, cujo consentimento não exclui o delito, decorre da indicação do valor tutelado: o pátrio poder. A condição de honestidade da mulher no crime de rapto revela também outro valor protegido pelo tipo penal, qual seja, a honra...não basta que o agente tenha querido retirar do lar a mulher honesta; indispensável é que ele o faça para fim libidinoso, atitude subjetiva reveladora do sentido da ação, do desvalor que a anima."

[13] HARBICH, Ricco. Tipo e tipicidade no Direito Penal alemão. *Ciência Penal*, São Paulo. v. 3, n. 2, 1976, p. 43.

[14] LUISI, *op. cit.*, p. 13.

aspecto do mesmo; os elementos anímicos ficam excluídos do *tatbestand*. O tipo não é valorativo, sendo apenas a descrição dos elementos materiais do delito. Sua função é meramente descritiva; é apenas um indício da antijuridicidade e da culpabilidade. É um entendimento avalorativo, objetivo. O *tatbestand* é indispensável tanto para as figuras delitivas como para a antijuridicidade (só é penalmente antijurídico um fato que concretiza um *tatbestand*) e a culpabilidade (referência a uma situação objetiva abstratamente referida no tipo). O tipo subjetivo (dolo) e, também de certo modo a culpa, é objeto do juízo da culpabilidade.

Porém, o processo de subjetivação do tipo penal, com Hans Welzel, através de sua teoria finalista da ação, desembocou no reconhecimento da existência do tipo subjetivo, com o deslocamento do dolo e culpa do plano da culpabilidade para o campo da tipicidade. Referida teoria acrescenta um novo conceito tipo: o tipo fechado, onde o ilícito penal é descrito exaustivamente indicando a antijuridicidade. O tipo aberto, onde há apenas uma parcela da conduta ilícita descrita no tipo, restando ao magistrado a complementação valorativa da outra parcela do tipo. É o caso dos delitos culposos, em que o juiz deverá estabelecer qual o dever de cuidado que o autor tinha a seu cargo. Há necessidade, neste caso, de uma ampliação do tipo por um juízo de valor pelo magistrado.

O fundamento do tipo de injusto é constituído pela realização do tipo legal. Os elementos do tipo, que podem ser objetivos ou subjetivos, descritivos ou normativos, contêm o conteúdo do injusto do fato. Entretanto, o juízo de desvalor definitivo da ordem jurídica sobre o fato concreto não se pronuncia assim imediatamente com a adequação do fato ao tipo penal (tipicidade), mas apenas indicia a existência da antijuridicidade do ato praticado. O acontecimento, para ser valorado de 'injusto', deve ter sua tipicidade investigada e deve haver a não incidência de causas justificantes.

Portanto," *tipo é a figura conceitual que descreve formas possíveis de conduta humana. A norma proíbe a realização destas formas de conduta*".[15]

São requisitos do tipo o sujeito ativo, a conduta externa e a objetividade jurídica tutelada que é lesada ou sofre o perigo de lesão. Estes são os elementos constitutivos comuns e necessários a todo tipo penal. Todo homem, em regra, pode ser sujeito ativo de um delito referido nos tipos penais. Entretanto, há o sujeito ativo primário, que realiza a ação típica, e o sujeito ativo secundário que coopera para concreção da realização da descrição prevista no tipo penal.

---

[15] COSTA, *op. cit.*, p. 39.

Legislativamente, os tipos podem ser legais ou judiciais. Aqueles somente o legislador pode criar, modificar ou suprimir os tipos penais, de qual sistema participa nossa ordem jurídica. Há, entretanto, outros sistemas, como os judiciais onde o juiz, admitido a analogia, pode criar tipos penais. Os tipos penais procuram a segurança jurídica, enquanto os tipos judiciais atuam em nome de uma ideologia.

Há ainda o tipo fundamental (básico) e o tipo derivado. O tipo básico é o que se esgota em si, ou seja, o tipo legal, podendo inclusive possuir a descrição da vítima (ex: parrcídio, infanticídio, etc.).O tipo fundamental é o que nos oferece a imagem mais simples de uma espécie de delito. Quando o tipo elenca circunstâncias agravantes ou atenuantes, estamos diante dos tipos derivados. Estes são formados a partir do tipo fundamental, mediante o destaque de circunstâncias que agravam ou atenuam (tipo qualificado ou tipo previlegiado). Na parte geral do Código Penal encontramos os tipos permissivos (causas típicas de exclusão de crime).

10.3.1. Teorias sobre o tipo

O tipo é tratado essencialmente por duas concepções, ou seja, a teoria objetiva do tipo e a teoria complexa do tipo. A teoria objetiva advém da Teoria Causal da Ação em que consiste que o tipo é apenas objetivo, descritivo, avalorativo como anteriormente descrito. A análise é realizada apenas sobre os elementos objetivos do tipo (*tatbestand*).

A teoria complexa do tipo surgiu com Welzel em sua Teoria da Ação Final onde consta que o tipo complexo é composto de um aspecto objetivo e outro subjetivo. Este é o dolo, o querer o resultado, que resolve o problema da causalidade.

O tipo penal sempre descreve uma conduta que tem existência objetiva, o coeficiente físico que integra a parte objetiva do tipo. Entretanto, há também o coeficiente interno do tipo (coeficiente psíquico) que faz parte do aspecto subjetivo do tipo penal (dolo). O bem jurídico é a razão de ser do tipo legal, é elemento sempre presente na estrutura de qualquer tipo penal. Os bens jurídicos tutelados servem de critério orientador e ordenador dos tipos nas legislações penais.

Portanto, o tipo é o conjunto dos elementos do fato punível descrito na lei penal, exercendo uma função limitadora e individualizadora das condutas humanas penalmente relevantes.

10.3.2. Funções do Tipo Penal

Há, genericamente, duas funções fundamentais do tipo penal:

a) Função indiciária, quando o tipo delimita a conduta ilícita; ou seja, há indícios de que, se a ação é típica, provavelmente também será antijurídica.

b) Função de garantia, pois o tipo de injusto é a expressão da segurança decorrente do princípio da legalidade. Assim sendo, todo cidadão antes de cometer um fato, deve ter a possibilidade de saber ser esta ação geradora de um fato tipificado como crime. Segundo Bitencourt,[16] "o tipo cumpre, além da função fundamentadora do injusto, também uma função limitadora do âmbito do penalmente relevante. Assim, tudo o que não coresponder a um detrminado tipo de injusto será penalmente irrelevante."

c) Função diferenciadora do erro, pois o autor somente poderá ser punido pela prática de um fato doloso quando conhecer as circunstâncias fáticas que o constituem, caso contrário incorrerá no erro de tipo, excludente do dolo.

10.3.3. Elementos estruturais do tipo

O tipo penal abrange todos os elementos que fundamentam o injusto, ou seja, elementos objetivos (descritivos), normativos e elementos subjetivos.

Os elementos objetivos-descritivos são percebidos e identificados pela simples percepção dos sentidos, referente a fatos externos a pessoa do agente.

Os elementos normativos são os que para cuja compreensão é insuficiente desenvolver uma operação meramente cognitiva, devendo-se realizar uma atividade valorativa. São elementos mentalmente aferíveis. Exemplos são as expressões como "honesto", "sem justa causa", "alheia", "injustamente" etc., onde é exigido do magistrado certo juízo de valor, geralmente pré-orientado pelo legislador.

Os elementos subjetivos[17] são, segundo Wessels, "circunstâncias que pertencem ao campo psíquico-espiritual e ao mundo de repre-

---

[16] BITENCOURT, Cesar Roberto. *Direito penal - Parte Geral*. 4ª ed. São Paulo-SP. Revista dos Tribunais, 1997, p. 225.

[17] "Identificamos as seguintes espécies de elementos subjetivos do tipo: a) A primeira é constituída pelos crimes em que surge especial fim de agir e que correspondem ao que se tem chamado de dolo específico.Exemplo bem significativo é o do crime de rapto. b) A segunda é constituída pelos motivos de agir, por vezes introduzidos nos tipos. É o caso do motivo egoístico (art. 122, I, C.Pen.) e do motivo fútil ou torpe (art. 121, I e II, C.Pen.). c) A terceira aparece nos crimes que envolvem atos libidinosos, os quais necessariamente requerem o fim de satisfazer a própria concupiscência. d) Uma quarta, e última espécie, é a que existe nos crimes contra a honra, que exigem sempre o propósito de ofender. Esse especial fim de agir

sentação do autor".[18] Conforme a concepção atual devem ser incluídos no tipo de injusto todos aqueles elementos do tipo que caracterizam o desvalor da ação e que assinalam, com mais detalhes, a espécie e o modo especial da ação lesiva ou perigosa. Os elementos subjetivos são acrescidos aos elementos objetivos, descritivos, como aspectos psicológicos da ação.[19] Fragoso[20] alerta que vários autores sustentam que os elementos subjetivos do injusto também pertencem a culpabilidade. Dentre esses autores encontra-se Mezger.[21] Porém, o eminente jurista brasileiro sustenta que os partidários da teoria finalista excluem o elemento subjetivo da culpabilidade introduzindo-o no injusto e na ação, como já referido anteriormente.

Assim sendo, conclui-se que o tipo penal se divide em tipo objetivo e tipo subjetivo. Aquele possui a subdivisão em elementos objetivos, elementos normativos e culpa inconsciente, pois nesta não há sequer previsibilidade do resultado. O tipo subjetivo é composto pelo dolo, elementos subjetivos e pela culpa consciente, eis que nesta há previsibilidade do resultado lesivo.

10.4. TIPICIDADE. DOLO.

Segundo Harbich[22] tipicidade é a conformidade de um fato concreto com o já estabelecido no delito-tipo (é a versão do alemão *Tatbestandsmaessigkeit*). Assim, somente torna-se relevante a conduta humana para o direito penal se houver, através de um processo de subsunção, a adequação da conduta real com o tipo legal.

Tipicidade é a característica que tem uma conduta em razão da correspondência a um tipo penal, individualizada como proibida pelo tipo. Portanto, a conduta é típica quando apresenta a característica específica de tipicidade. O juízo de tipicidade é a operação de conexão entre a infinita variedade de fatos possíveis da vida real e o modelo típico descrito na lei. Portanto, é a adequação da conduta a um tipo.

é elementar ao conteúdo de fato da ação, pois dele depende a própria existência da ofensa." FRAGOSO, Heleno Cláudio. *Elementos subjetivos do tipo*. Revista Forense. vol. 256 - ano 72, out/dez 1976, p. 36.

[18] WESSELS, *op. cit.*, p. 34.

[19] "Os elementos subjetivos exigidos pelo tipo revelam complementarmente o valor tutelado e sua presença na ação concreta contribui para demonstrar qual a posição axiológica do agente, se efetivamente contraposta ao valor protegido." REALE, *op. cit.*, p. 47.

[20] FRAGOSO, *op. cit.*, pp. 34, 35.

[21] MEZGER *apud* HARBICH, *op. cit.*, p. 46; *apud* FRAGOSO, *op. cit.*, p. 34.

[22] HARBICH, *op. cit.*, p. 44.

O fato típico é sempre antinormativo, mas ainda não antijurídico, pois pode ser lícita apesar de típico. Ocorre que a tipicidade e a ilicitude estão indissoluvelmente ligados no interior do injusto (entendido este como algo que não nos é permitido fazer). O tipo legal só pode ser a descrição de condutas proibidas, portanto um "tipo de injusto". Conforme Assis Toledo,[23] o tipo de injusto contém os elementos essenciais do tipo legal mais a nota de ilicitude.

A tipicidade é, portanto, o ajuste de uma conduta a um tipo legal de crime; é a correspondência que existe entre um fato (conduta) da vida real e o tipo legal de crime. É um juízo de subsunção que decorre da função de garantia do tipo para que se observe o princípio da anterioridade da lei penal.

Conclui-se que o tipo penal é um modelo abstrato de comportamento proibido, com alcance maior que deveria ser, por isso, limitado pelos tipos permissivos. São condutas que possuem características danosas e ético-socialmente reprováveis.

Decorre do exposto que o tipo legal desempenha uma função de garantia e, também, seletiva. Decide o tipo o que é crime, através do juízo de tipicidade, e o que não é crime pelo juízo de atipicidade.

O aspecto subjetivo começou a ser questionado quando da descoberta por Welzel[24] do dolo na tentativa, pois até o momento o dolo (subjetivo) pertencia, no contexto estrutural do crime, à culpabilidade. Como tipificar a tentativa sem partir da intenção do agente? A tipificação desta conduta só poderá ser efetivada a partir do propósito do agente ativo. Se os tiros foram dados com a intenção de matar, será tipificada a conduta como tentativa de homicídio;[25] se, porém, os tiros foram desferidos com a intenção de provocar lesão corporal, a tipificação será de lesão corporal tentada e, por fim, conforme exemplo fornecido por LUISI,[26] se os tiros foram com intuito de assustar um ébrio, e nada ocorreu, a tipificação será como "perigo à vida ou à saúde de outrem".

Se o dolo é na tentativa um elemento do tipo, este não deve trocar no momento da consumação para passar a ser componente da culpabilidade, conforme a teoria tradicional.

Welzel[27] define o dolo como elemento da ação finalista, encontrando-se o mesmo no tipo subjetivo e tem como essência o "querer":

---

[23] ASSIS TOLEDO, *op. cit.*, p. 134.

[24] WELZEL *apud* LUISI, *op. cit.*, p. 62.

[25] "Ao querer e ao atuar contra a vida da vítima, o agente está preso a uma decisão fundada na negação da vida humana como um valor. O dolo não é apenas querer, mas querer com uma intenção axiologicamente significativa, no sentido de diminuir um valor." REALE, *op. cit.*, p. 44.

[26] LUISI, *op. cit.*, p. 62.

[27] WELZEL *apud* COSTA, *op. cit.*, p. 50.

"Dolo é conhecimento e querer da concreção do tipo". O dolo exige o conhecimento de todas as características que pertencem ao tipo objetivo do injusto.

Segundo referência a Maurach,[28] "o tipo do fato doloso se compõe de uma parte subjetiva final, que abarca o dolo os possíveis motivos, intenções ou tendências, e de uma objetiva causal, compreensiva do processo real sensível. A união de ambos componentes permite oferecer, pela primeira vez, uma imagem plástica de ação cominada com pena".

Basta que o autor do fato conheça as tipicidades que estará caracterizado o dolo. O propósito e a intenção do agente são elementos sempre presentes, com relevância, na estrutura do tipo penal. Assim, *dolo* é o conhecimento dos elementos objetivos do tipo, é o querer a concreção destes elementos. Luisi[29] desdobra o dolo em dois momentos, a saber: primeiro é aquele momento em que o agente representa o que pode ocorrer se realizada a conduta, antecipando o fim, os meios que deve usar e de que modo devem ser usados; são previstas as conseqüências certas e possíveis. Em um segundo momento, o agente quer a execução efetiva do previsto e assim age, ganhando o dolo relevância penal ao se materializar em atos externos. Dolo é o conteúdo do querer.

O vocábulo *dolo* importa na idéia de desvalor e da rebelião contra a ordem jurídica. Por isso há autores que optam pela palavra *intenção*, dando-lhe o sentido de orientação significativa da vontade que fundamenta determinado comportamento humano. Ambas se referem à vontade dirigida a um resultado.

A doutrina moderna classifica o dolo em duas formas: dolo direto e dolo eventual. Naquele o agente, além da representação, quer concretizar o resultado, incluindo as conseqüências previstas como certas e necessárias. O âmbito do dolo direto desdobra-se em três aspectos: a representação do resultado; o querer o resultado e o anuir na realização de conseqüências que se prevejam como certas.

O dolo eventual refere-se à previsibilidade do agente no que diz respeito às conseqüências de seu agir. O agente se propõe a concretizar determinado fim e, quando do primeiro momento da construção do dolo, ou seja, o da representação dos meios a serem usados e da forma de operá-los, prevê a possibilidade de se concretizarem determinadas conseqüências, não as desejando. Mas, como tolera as conseqüências previstas consente na efetivação das mesmas, não desistindo da conduta em busca do fim visado.

---

[28] MAURACH *apud* COSTA, *op. cit.*, p. 51.

[29] LUISI, *op. cit.*, pp. 63-64.

A Sociedade, a Violência e o
Direito Penal

Segundo Welzel,[30] a escolha dos meios bem como a previsão e a concordância relativamente às conseqüências certas e possíveis, quando da escolha e do querer o fim proposto, estão contidos no conteúdo da ação finalista. Sendo assim, o dolo eventual se insere no contexto da ação finalista. Entretanto, há certos tipos dolosos que não admitem o dolo eventual, conforme artigo 294 do Código Penal - "guardar objeto especialmente destinado a fabricação" -, pois o tipo inclui a exigência do agente ter de querer a concreção do tipo objetivo, ou quando isto deriva da própria natureza do crime tipificado, como nos crimes de sedução, estelionato, etc. A maioria, entretanto, pode ser concretizadas tipicamente com dolo direto ou eventual, como nos delitos de dano, lesões corporais, homicídio, etc.

10.4.1. Teorias do dolo

a) *Teoria da vontade*, também conhecida como teoria clássica, estabelece que o dolo é a vontade dirigida ao resultado. Para Carrara,[31] o dolo *"consiste na intenção mais ou menos perfeita de fazer um ato que se conhece contrário à lei "*. A essência do dolo está na vontade de realizar a ação, não de violar a lei, sem negar a existência da representação sendo esta indispensável.

b) A *Teoria da representação*, que tem como principais defensores Liszt e Frank,[32] dispõe que para a existência do dolo é suficiente a representação subjetiva ou a previsão do resultado como certo ou provável, sendo indispensável a vontade.

c) A *Teoria do consentimento* estabelece que o dolo essencialmente é "consentir" na ocorrência do resultado. Para esta teoria, o dolo também é vontade, assim como a representação é necessária, mas não suficiente. Portanto, para esta teoria, dolo é vontade, representação e, indispensavelmente, consentimento.

Segundo Bitencourt,[33] há autores que acrescentam a teoria da probabilidade "segundo a qual o autor deve entender o fato como provável e não somente como possível."

O atual Código Penal adota a teoria da vontade em relação ao dolo direto e a teoria do consentimento referente ao dolo eventual.

10.4.2. Elementos do dolo

a) Elemento cognitivo ou intelectual que associa a consciência à previsibilidade. A consciência deve ser atual, presente no momento

---

[30] WELZEL *apud* LUISI, *op. cit.*, p. 68.

[31] CARRARA *apud* BITENCOURT, *op. cit.*, p. 233.

[32] LISZT & FRANK *apud* BITENCOURT, *op. cit.*, p. 233.

[33] BITENCOURT, *op. cit.*, p. 234.

da ação. A potencial consciência das circunstâncias objetivas é a linha divisória entre dolo/culpa. A previsão nada mais é que a representação e deve abranger todos os elementos essenciais do tipo, sejam descritivos, normativos ou subjetivos. Fica fora desta previsão a consciência da ilicitude, elemento da culpabilidade

b) Elemento volitivo (vontade), que deve abranger a ação/omissão (conduta), o resultado e o nexo de causalidade. Pressupõe a previsão, pois é impossível querer algo que não se representou na nossa mente. Importante ressaltar que a vontade, o "querer" a realização do tipo objetivo pressupõe a possibilidde de influir no curso causal. "Somente pode ser objeto da norma jurídica algo que o agente possa realizar ou omitir."

Além do dolo, podem existir no tipo outros elementos subjetivos que não tratam da representação e da vontade de concretizar os dados objetivos elencados no tipo. São indicadores de tendências, de propósitos, de certas situações psíquicas e de certos conhecimentos. Há a inserção, por parte do legislador, em alguns tipos penais de expressões que manifestam certos estados de consciência do agente, assim como situações sentimentais e afetivas. Segundo Luisi,[34] há cinco espécies de elementos subjetivos:

a) os ocorrentes quando o tipo assinala que o agente deve ter conhecimento de uma determinada circunstância, como nos tipos dos artigo 237 do CP;

b) os ocorrentes quando o tipo fixa determinado fim, que se situa além da ação típica, havendo uma intenção a um resultado posterior ao processo executivo do delito, sendo o caso do art. 219 do Código Penal que o agente, ao executar o crime de rapto possui o propósito de praticar atos libidinosos com a raptada, realizando-se o tipo independente do agente ter concretizado ou não tais práticas;

c) os ocorrentes quando o tipo fixa um fim que se realiza com a concretização do delito; é o caso do agente que pratica o homicídio com a finalidade de ocultar outro crime;

d) os ocorrentes quando o tipo fixa que a ação deve ser realizado com determinado ânimo, sendo o caso do crime de furto onde se exige o ânimo do agente de se apoderar da coisa furtada;

e) o tipo penal fixa, como necessário para a sua configuração, um estado psicofísico do autor, caso do artigo 123 do atual Código Penal, ou o tipo privilegiado de homicídio.

Por fim, transcrevo as discriminações finais de Condeixa da Costa[35] em seu trabalho sobre "Dolo no Tipo":

---

[34] LUISI, *op. cit.*, pp. 69 e 70.

[35] COSTA, *op. cit.*, pp. 86-87.

"1. O problema causal no Direito Penal não é insuscetível de relação finalística; nenhuma legislação penal pode prescindir do critério finalista, ou seja, sujeitar-se à interpretação da ação humana mediante o tipo.

2. O acontecer externo da ação é uma conformação do vínculo causal pelo nexo causal;

3. A exigência judicial - um dos equívocos da política criminal - de reclamar para a tentativa uma lesão física, credita exclusividade ao (reverso da doutrina) desvalor do resultado nos crimes dolosos. Deve o juízo de valor incidir na ação, porque a tentativa e um momento da ação;

4. O dolo no tipo permite maior nitidez na pretensão punitiva de sujeitar-se um fato delinquencial (que pertence ao réu, agente) a processo criminal; bastará o fato típico e não a antecipação da culpabilidade, a qual pertence ao juiz, cujo procedimento judicial somente se efetiva em termos finais de decisão;

5. O dolo no tipo concede ao julgador meios eficazes de não antecipar o exame da culpabilidade aos outros elementos constitutivos do delito;

6. Ao julgador não compete modificar a ação delituosa praticada pelo agente, com o dolo no tipo;

7. Nos crimes de modalidade dolosa 'específica' (dolo específico), conforme denominação dos tradicionalistas, faz-se ainda mais visível o internamento do dolo no tipo;

8. Direito Penal não é o tipo. Direito Penal é conduta. O tipo é a menção da conduta. O dolo está na conduta. Assim, egologicamente, constata-se estar o dolo no tipo."

10.5. CONCLUSÃO

A evolução do convívio em sociedade organizada percorre modelos de Estados absolutos e despóticos, passando pelo sistema inquisitorial onde o juiz possui uma atividade multiforme (acusa, defende e julga) e culmina com o paradigma do contratualismo, base do Estado democrático de direito.

Quando se refere ao "Tipo penal" na realidade a relação existente é com a garantia constitucional que o Estado Democrático de Direito estabelece, ou seja, o "princípio da legalidade", legado fecundado no decorrer de barbáries e insanidades produzidas em nome da "justiça".

Nullum crimen sine lege exige a definição das condutas lesivas ao bem jurídico tutelado e a cominação das penas impostas através da edição de legislação prévia. Ao legislador, por intermédio de um procedimento democrático e representativo, cabe a responsabilidade de estabelecer como crime as condutas descritas em lei.

Como requisitos estabelecidos no "Tipo" citamos que a lesão tenha sido produzida por um comportamento exterior ao indivíduo, que referida conduta seja culpável, indiferentemente de estar fundada no dolo ou na culpa e que haja uma real lesão ao bem jurídico. Estabelecida a efetivação de tais requisitos é que estará completo o círculo que ensejará a legitimidade da incriminação de comportamentos considerados censuráveis, conforme o estabelecido pelos legisladores.

Portanto, o tipo penal e a respectiva tipicidade (objetiva e subjetiva) exigida, qual seja o juízo de subsunção do fato ocorrido à norma incriminadora, estabelece uma das garantias fundamentais do homem, limitando o arbítrio dos governantes e promovendo a preservação e a proteção da dignidade da pessoa humana.

10.6. BIBLIOGRAFIA

BITENCOURT, Cezar Roberto. *Manual de Direito Penal-Parte Geral.* 4ª edição. São Paulo: Revista dos Tribunais, 1997.

BRAZ, Wellington Reis. *Tipicidade Penal.* Revista Jurídica Mineira, Belo Horizonte, v.2, n.15, pp. 39-45, jul., 1985.

COSTA, Carlos Adalmyr Condeixa. *Dolo no tipo - teoria da ação finalista no Direito Penal.* RJ: Liber Juris, 1989.

DIAS, Ronaldo Garcia. *Tipicidade e a objetividade jurídica como justificativa de uma teoria geral da parte especial do código Penal.* Revista Jurídica Mineira, Belo Horizonte, v.6, n.62, pp. 36-49, jun., 1989.

FRAGOSO, Heleno Cláudio. *Elementos subjetivos do tipo.* Revista Forense, vol. 256 - ano 72, pp. 33-37, out/dez 1976.

HARBICH, Ricco. *Tipo e Tipicidade no direito penal alemão.* Ciência Penal, São Paulo. v.3, n.2, pp. 43-69, 1976.

LUISI, Luis. *O Tipo Penal - A teoria finalista e a nova legislação penal.* Porto Alegre: Sergio Fabris Editor, 1987.

PEDROSO, Fernando de Almeida. *Direito Penal.* São Paulo: Leud, 1997.

PRADO, Geraldo. *Sistema Acusatório.* Rio de Janeiro: Lumen Juris, 1999.

REALE JÚNIOR, Miguel. *Teoria do Delito.* São Paulo: Revista dos Tribunais, 1998.

TOLEDO, Francisco de Assis. *Princípios Básicos de direito Penal.* São Paulo: Saraiva, 1994.

WESSELS, Johannes. *Direito Penal- parte geral.* 5ª edição. Porto Alegre: Sergio Fabris Editor, 1976.

ZAFFARONI, Eugenio Raúl & PIERANGELI, Jose Henrique. *Manual de Direito Penal Brasileiro - parte geral.* São Paulo: Revista dos Tribunais, 1999.

11. Princípio da legalidade penal e suas garantias mínimas: da inconciliabilidade entre a garantia da *lex populi* e as medidas provisórias

Luiz Flávio Gomes
Mestre em Direito Penal pela Universidade de São Paulo,
ex-Juiz de Direito.

Sumário: 11.1. Observações preliminares; 11.2. Origem do princípio da legalidade ou da reserva legal; 11.3. O princípio da legalidade como patrimônio cultural da humanidade; 11.4. Constitucionalização do princípio da legalidade penal e suas exigências formais e materiais mínimas; 11.5. As oito dimensões de garantia do princípio da legalidade penal; 11.6. A garantia da *lex populi* no Direito brasileiro; 11.6.1. Medidas provisórias; 11.6.2. Lei delegada. 11.7. A garantia da *lex populi* e o Estado de Direito. 11.8. A garantia da *lex populi* e o Estado Democrático; 11.9. Considerações e conclusões finais.

11.1. OBSERVAÇÕES PRELIMINARES

Embora distanciada em mais de dois séculos a eclosão mundial de toda doutrina Iluminista (Beccaria, Montesquieu, Carrara etc.), constituiria grave equívoco supor que os direitos e garantias penais engendrados naquela época já teriam perdido atualidade. Quando Beccaria escreveu *"que sólo las leyes pueden decretar las penas de los delitos, y esta autoridad debe residir únicamente en el legislador, que representa toda la sociedad unida por el contrato social"*, certamente não imaginou que inclusive e sobretudo na era pós-industrial sua doutrina continuaria com inquestionável pertinência e oportunidade. Recorde-se que não é infreqüente, especialmente no atual entorno cultural latino-americano, o uso ou a tentativa do uso de medidas legislativas excepcionais (medida provisória, decreto-lei etc.), de competência exclusiva do Presidente da República, para disciplinar matéria penal.

11.2. ORIGEM DO PRINCÍPIO DA LEGALIDADE OU DA RESERVA LEGAL

Uns apontam o Direito romano como a origem do princípio da legalidade; outros, a *Magna Charta libertatum* do rei João Sem-Terra (1215).[1] Para Jescheck,[2] no entanto, o verdadeiro fundamento histórico do princípio da legalidade é a teoria do contrato social da Ilustração, daí sua origem política e jurídica. Não é distinta a doutrina de Welzel, que enfatiza: "só na época da Ilustração (Época das Luzes) se impôs o princípio *nulla poena sine lege* na luta contra a arbitrariedade judicial e da autoridade.[3] É certo, assim, que sua formulação se deve ao pensamento ilustrado, tendo sido recepcionado pela Revolução Francesa[4] (Declaração dos Direitos do Homem e do Cidadão de 1789 e Constituição de 1791).

O princípio da legalidade ou da reserva de lei, *com o significado de que tão-somente o Poder Legislativo é que pode fazer a escolha do que é punível*, estabelecendo os preceitos primário - descrição típica - e secundário - sanção penal -, tem como fonte principal de inspiração a doutrina da separação dos poderes de Montesquieu.[5] Desde então tornou-se definitivamente inadmissível, particularmente em matéria penal, em razão dos seus diretos reflexos em relação a importantes direitos humanos fundamentais, que o Poder Executivo assuma a tarefa de definir crimes e descrever penas, posto que cuida de legítima e exclusiva função do Legislador, que é o único representante do povo autorizado para tanto.

Para fundamentar seu pensamento de que "estaria tudo perdido se um mesmo homem exercesse as funções de fazer leis, executá-las e julgar os crimes", Montesquieu começa salientando[6] que "é uma experiência eterna que todo homem que tem poder é levado a abusar dele. Vai até encontrar limites. Quem diria ! A própria virtude pre-

---

[1] V. LOPES (Maurício Ribeiro), *Princípio da legalidade penal*, São Paulo: Revista dos Tribunais, 1994, pp. 37 e ss.

[2] JESCHECK, *Tratado de Derecho Penal*, v. 1, trad. de Mir Puig e Muñoz Conde, Barcelona: Bosch, 1981, pp. 177.

[3] WELZEL, *Derecho Penal Alemán*, 2ª ed. cast., trad. de Bustos Ramírez e Yañez Pérez, Santiago: Jurídica de Chile, 1970, p. 37; assim também QUINTERO OLIVARES, *Derecho Penal-PG*, Barcelona: Signo, 1986, p. 60; RODRIGUES RAMOS, *Compendio de Derecho Penal*, Madrid: Trivium, 1988, p. 35; COBO DEL ROSAL E VIVES ANTÓN, *Derecho Penal-PG*, 4ª ed., Valencia: Tirant lo blanch, 1996, pp. 61 e ss; RODRIGUEZ MOURULLO, "Princípio de Legalidade", *Nueva Enciclopedia Jurídica*, t. XIV, Barcelona: Francisco Seix, 1971, pp. 882 e ss.

[4] COBO DEL ROSAL e BOIX REIG, "Garantias constitucionales del Derecho sancionador", *in Comentarios a la Legislación Penal*, t. I/192.

[5] MONTESQUIEU, *O espírito das leis*, trad. de Pedro Vieira Mota, 2ª ed., São Paulo: Saraiva, 1992, especialmente "Livro Décimo Primeiro", pp. 161 e ss.

[6] MONTESQUIEU, *O espírito das leis*, cit., Livro Décimo Primeiro, Cap. IV (p. 163).

cisa de limites. Para que não possam abusar do poder, precisa que, pela disposição das coisas, o poder freie o poder".

Mais adiante,[7] sublinha enfaticamente o risco de se viver sob regime despótico, caso não se respeite a separação dos poderes: "Quando, na mesma pessoa ou no mesmo corpo de Magistratura, o Poder Legislativo é reunido ao Executivo, não há liberdade. Porque pode temer-se que o mesmo Monarca ou o mesmo Senado faça leis tirânicas para executá-las tiranicamente. Também não haverá liberdade se o Poder de Julgar não estiver separado do Legislativo e do Executivo. Se estivesse junto com o Legislativo, o poder sobre a vida e a liberdade dos cidadãos seria arbitrário: pois o Juiz seria Legislador. Se estivesse junto com o Executivo, o Juiz poderia ter a força de um opressor. Estaria tudo perdido se um mesmo homem, ou um mesmo corpo de príncipes ou de nobres, ou do Povo, exercesse estes três poderes: o de fazer leis; o de executar as resoluções públicas; e o de julgar os crimes ou as demandas dos particulares (...) Os Príncipes que quiseram tornar-se despóticos sempre começaram por reunir em sua pessoa todas as Magistraturas".

Ainda dissertando sobre o que hoje conhecemos como " a garantia penal da *lex populi*", com o sentido de que as leis penais devem emanar compulsoriamente do Poder Legislativo, Montesquieu advertia[8] sobre a possibilidade de haver arbítrio não só do Executivo ("Se o Poder Legislativo deixa ao Executivo o direito de prender cidadãos que podem prestar caução por sua conduta, não há mais liberdade"), senão também do Judiciário ("Mas se os tribunais não devem ser fixos, devem-no os julgamentos. A tal ponto que não sejam estes jamais senão um texto preciso da lei. Fossem eles a opinião particular dos Juízes, e viver-se-ia na sociedade sem saber precisamente quais os compromissos assumidos; os Juízes da Nação, como dissemos, são apenas a boca que pronuncia as palavras da lei: seres inanimados que não lhe podem moderar nem a força, nem o rigor").[9]

Em Beccaria, que é reputado o pai do pensamento penal liberal, mesmo porque é bem provável que ninguém como ele tenha conseguido, em sua época, retratar com maior perfeição as aspirações da "burguesia liberal" contra os desmandos e as arbitrariedades dos governantes e juízes, que julgavam sem estar totalmente atrelados à lei, encontrou o princípio da legalidade outro destacado e ardoroso

---

[7] MONTESQUIEU, *O espírito das leis*, cit., Livro Décimo Primeiro, Cap. VI (p. 165).

[8] MONTESQUIEU, *O espírito das leis*, cit., Livro Décimo Primeiro, Cap. VI (pp.168 e 176).

[9] Sobre essa censurável postura positivista-legalista do juiz e sua evolução para o sistema do *judicial law-making* v. GOMES (Luiz Flávio), *A dimensão da magistratura no estado democrático de direito*, São Paulo: Revista dos Tribunais, 1997, pp. 128 e ss.

defensor. Dizia, a propósito: "Para que toda pena não seja violência de um ou de muitos contra um particular cidadão, deve essencialmente ser pública, pronta e necessária, a mais pequena das possíveis nas circunstâncias atuais, proporcionadas aos delitos e ditada por leis ...",[10] "só as leis podem decretar as penas dos delitos e essa autoridade deve residir unicamente no legislador, que representa toda a sociedade unida pelo contrato social"; "ningún magistrado puede con justicia decretar a su voluntad penas contra outro indivíduo de la misma sociedad (...); cuando el juez por fuerza o voluntad quiere hacer más de un silogismo, se abre la puerta a la incertidumbre".[11]

Para além da garantia penal da *lex scripta* (lei escrita) e da *lex populi* (lei formalmente aprovada pelo Legislador), Beccaria preocupou-se com outras dimensões da legalidade penal. Quanto à *lex certa*, por exemplo, destacava:[12] "Cuando la regla de lo justo y de lo injusto, que debe dirigir las acciones tanto del ciudadano ignorante como del ciudadano filósofo, es un asunto de hecho y no de controversia, entonces los súbditos no está sujetos a las pequeñas tiranías de muchos, tanto más crueles cuanto es menor la distancia entre el que sufre y el que hace sufrir, más fatales que las de uno solo porque el despotismo de pocos no puede corregierse sino por el despotismo de uno, y la crueldade de un despótico es proporcionada con los estorbos, no con la fuerza".

No que se relaciona com a garantia da *lex clara* enfatizava:[13] "Si es un mal la interpretación de las leyes, es otro evidentemente la oscuridad que arrastra consigo necesariamente la interpretación, y aún lo será mayor cuando las leyes estén escritas en una lengua extraña para el pueblo, que lo ponga en la dependencia de algunos pocos, no pudiendo juzgar por sí mismo cuál será el éxito de su libertad o de sus miembros en una lengua que forma de un libro público y solemne uno casi privado y doméstico (...); cuanto mayor fuere el número de los que entendierem y tuvierem entre las manos el sacro códice de las leyes, tanto menos frecuentes serán los delitos; porque no hay duda que la ignorancia y la incertidumbre ayudan la elocuencia de las pasiones". "Queréis evitar los delitos?", sublinhava o autor citado,[14] "Haced que las leyes sean claras y simples, y que

---

[10] BECCARIA, *De los delitos y de las penas*, 3ª ed., trad. de Juan Antonio de las Casas, Madrid: Alianza Editorial, 1982, p. 112.

[11] BECCARIA, *De los delitos y de las penas*, cit., pp. 29-31.

[12] BECCARIA, *De los delitos y de las penas*, cit., pp. 32-33.

[13] BECCARIA, *De los delitos y de las penas*, cit., p. 33.

[14] BECCARIA, *De los delitos y de las penas*, cit., p. 105.

toda la fuerza de la nación esté empleada en defenderlas, ninguna parte en destruirlas".

Se de um lado é verdade que o princípio da legalidade se deve ao pensamento Iluminista, não menos incontroverso é que a paternidade da famosa formula latina *nullum crimen, nulla poena sine lege*, que até hoje evoca referido princípio, é atribuída a Feuerbach que, em seu *Tratado*, ressaltava:[15] "Toda imposición de pena presupone una ley penal (*nulla poena sine lege*); la imposición de una pena está condicionada a la existencia de la acción conminada (*nulla poena sine crimine*); el hecho legalmente conminado está condicionado por la pena legal (*nullum crimen sine poena legali*)".

Duas outras dimensões do princípio da legalidade também decorrem do mérito de Feuerbach: a proibição da analogia contra o réu (*lex stricta*) e a exigência de que a descrição típica traduza algo empiricamente verificável e passível de comprovação em juízo[16] (*lex determinata*).

O princípio da legalidade, em suma, cuja formulação latina *nullum crimen, nulla poena sine lege*, como acabamos de ver, se deve ao citado autor alemão (Feuerbach, *Lehrbuch* de 1801),[17] "é uma conquista da ideologia liberal dos séculos XVIII e XIX e passagem de uma concepção absolutista do Estado a uma liberal (o Estado Liberal de Direito), que se distingue, conforme Elias Diáz, por quatro características: a) império da lei; b) divisão de Poderes; c) legalidade na atuação administrativa; d) garantia dos direitos e liberdades fundamentais".[18]

11.3. O PRINCÍPIO DA LEGALIDADE COMO PATRIMÔNIO CULTURAL DA HUMANIDADE

A importância transcendental do princípio da legalidade fez com que naturalmente as principais Cartas e Declarações de Direitos Humanos dessem-no abrigo. Desde a *Bill of Rights*, firmada em Filadélfia em 1774, nenhum documento internacional com caráter "penal" deixa de fazer-lhe referência. Contemplaram-no também a Constituição americana de 1776, a Declaração dos Direitos do Homem e do Cidadão de 1789 (art. 8º), a Constituição Francesa de 1791,

---

[15] FEUERBACH, *Tratado de derecho penal*, trad. de Eugenio R. Zaffaroni e Irma Hagemeier, Buenos Aires: Hammurabi, 1989, p. 63.

[16] Cfr. MARINUCCI e DOLCINI, *Corso di diritto penale*, cit., p. 19.

[17] Assim WELZEL, *Derecho penal alemán*, cit., p. 37; QUINTERO OLIVARES, *Derecho penal-PG*, cit., pp. 61 e 62; MIR PUIG, *Derecho Penal-PG*, Barcelona: PPU, 1985, p. 61.

[18] *Apud* MUÑOZ CONDE, *Introdución al Derecho Penal*, Barcelona, Bosch, 1975, p. 83.

a Declaração Universal dos Direitos do Homem (ONU) de 1948 (art. 11, II), a Convenção Européia para a Proteção dos Direitos Humanos e das Liberdades Fundamentais de 1950, o Pacto Internacional sobre Direitos Civis e Políticos de 1966 (art. 15, I), a Convenção Americana sobre Direitos Humanos (art. 9º) etc. As incontáveis menções evidenciam que o princípio da legalidade é um patrimônio cultural da humanidade, da civilidade e da cidadania. Revelam, ademais, que quando se trata de restringir os direitos fundamentais do indivíduo, só o legislador é que pode fazê-lo, porque somente ele representa a "vontade geral" (que está na base do "contrato social").

Embora muito sumariamente, registre-se que a principal conseqüência decorrente da "internacionalização" do princípio da legalidade reside na possibilidade de se alcançar uma tutela da mesma natureza, tutela essa que vai além da proteção jurisdicional interna. No que se relaciona com o direito brasileiro, isso é possível por meio da Corte Interamericana de Direitos Humanos.

11.4. CONSTITUCIONALIZAÇÃO DO PRINCÍPIO DA LEGALIDADE PENAL E SUAS EXIGÊNCIAS FORMAIS E MATERIAIS MÍNIMAS

A conseqüência mais importante derivada da constitucionalização do princípio da legalidade penal, contemplada no já mencionado art. 5º, inc. XXXIX, assenta-se na sua força vinculante, inclusive e especialmente em relação a todos os poderes públicos. Até mesmo o Legislador, destarte, a ele está subordinado. Isso significa sobretudo que não lhe é lícito abrir mão do monopólio "tendencialmente absoluto" de definir crimes e estabelecer sanções.[19] Eventuais e muitas vezes inevitáveis remissões (no momento da formulação do tipo penal) a atos do Poder Executivo (leis penais em branco) ou a valorações complementares do Juiz (requisitos típicos normativos) não podem se afastar dos limites do estritamente indispensável. É dever impostergável do legislador limitar o máximo possível a discricionariedade do juiz ou da autoridade pública e isso deve ser concretizado com a observância da garantia da *lex certa* (precisão máxima possível na descrição típica).

A escolha e a conseqüente decisão político-criminal de criminalizar ou não criminalizar, de penalizar mais intensamente ou despenalizar, obviamente, é de exclusividade absoluta do legislador; jamais poderão os demais poderes usurpar-lhe essa tarefa. Mas mui-

---

[19] Cfr. MARINUCCI e DOLCINI, *Corso de diritto penale*, cit., pp. 30 e ss.

tas vezes torna-se impossível descrever dados técnicos ou conceituações de abrangência praticamente inesgotável (v.g.: o conceito de negligência nos crimes culposos). É justamente nessas áreas muito restritas que não há como eliminar a integração dos demais Poderes (Executivo e Judiciário) para a completa configuração do delito.

Desde a Época das Luzes (séc. XVIII), no entanto, aceita-se que o princípio da legalidade possui *exigências formais e materiais*.

Do ponto de vista *formal*, a primeira e mais elementar exigência consiste em que a "lei" criminalizadora ou penalizadora tem que emanar do Poder competente para elaborá-la, isto é, do Legislativo, seguindo-se rigorosamente o *procedimento legislativo previsto na Constituição* (garantia do procedimento legislativo constitucional). Considerando-se que as medidas provisórias, em razão de expressa previsão constitucional (art. 62), possuem força de lei, uma leitura apressada do Texto Maior poderia levar à conclusão de que o Presidente da República, *em ato exclusivo seu*, teria poderes para criar delitos, penas ou impor outras restrições aos direitos fundamentais.

Semelhante interpretação, entretanto, merece rechaço total, pois "o princípio de legalidade não é a pura e simples incorporação do sistema penal a um aparato normativo escrito, pois, se assim fosse, poderia admitir-se que um Estado que implante o terror penal, porém que o faça mediante leis escritas, se submete ao princípio da legalidade, e isso não é verdade".[20] A edição de medidas provisórias (antigo decreto-lei) que eliminem ou restrinjam qualquer dos direitos fundamentais compreendidos no Título II da nossa Constituição Federal, em conseqüência, na medida em que constituem matéria de exclusiva deliberação dos diretos representantes do povo, configura inominável abuso, particularmente quando se trata da criação de delitos ou penas ou agravamentos da situação penal ou processual do acusado, como a proibição de prestar fiança, de recorrer em liberdade, de obter liberdade provisória etc.

Nossos Constituintes preocuparam-se com a eficácia das normas definidoras dos direitos e garantias fundamentais, conferindo-lhes "aplicação imediata" (CF, art. 5º, § 1º). De outro lado, sabe-se que "não será objeto de deliberação a proposta de emenda tendente a abolir ... os direitos e garantias individuais" (CF, art. 60, § 4º, IV). Mas de nada adiantaria todas essas garantias "formais", caso se admitisse que o Presidente da República pudesse "legislar" sobre Direito Penal. Embora o *ius positum* já não possibilite esse poder ao Chefe da Nação, bem que de modo explícito poderíamos ter seguido o exemplo espanhol. Considerando que a Constituição espanhola foi

---

[20] V. QUINTERO OLIVARES, *Derecho penal-PG*, cit., p. 61.

A Sociedade, a Violência e o
Direito Penal

um dos modelos nos quais se inspiraram os constituintes brasileiros, não lhes teria custado impor às medidas provisórias, de modo explícito e indubitável, as mesmas restrições que o constituinte espanhol impôs ao decreto-lei, que não pode afetar o ordenamento das instituições básicas do Estado, os direitos, deveres e liberdades dos cidadãos, o regime das comunidades autônomas nem o Direito Eleitoral (Constituição espanhola, art. 86, 1).

De outro lado, do ponto de vista *material*, a lei tem que ser justa, é dizer, razoável (*lex rationabilis*). Quando o art. 5º da nossa CF diz que são invioláveis o direito à vida, à liberdade, à igualdade, à segurança e à propriedade, resulta inequívoco que não se está garantindo "materialmente" tais bens jurídicos; logo, um dos significados fundamentais de tal inviolabilidade consiste precisamente na impossibilidade de o legislador limitar ou restringir o exercício de um dos direitos aí consagrados, a não ser para a preservação de outro semelhante valor (proporcionalidade ou razoabilidade). Nesse sentido é a autorizada doutrina de Vives Antón: "A declaração constitucional de inviolabilidade dos direitos fundamentais significará, *prima facie*, que tais direitos não podem ser diminuídos nem menosprezados em seu conteúdo pela legislação ordinária, que o legislador ordinário não pode impor-lhes condições que não se acham submetidos a outra trava que a representada pelo reconhecimento dos mesmos direitos em outras pessoas".[21]

Para se observar o princípio da legalidade, em suma, não basta tão-somente editar uma norma. Há que se sujeitar a todas as suas exigências. Se se tratasse apenas de editar um texto normativo, poder-se-ia concluir que o Presidente da República por medida provisória tivesse possibilidade de legislar em matéria penal; por outro lado, poder-se-ia dizer que até mesmo o Legislativo (mediante a lei) poderia elaborar norma retroativa ou imprecisa, ou permitir analogia contra o réu. Tudo isso, no entanto, num Estado que assume o modelo liberal do Estado de Direito, está vedado.

Mas não é despiciendo lembrar que na Alemanha nazista e na União Soviética (Código de Defesa Social de 1926) todas essas arbitrariedades foram praticadas precisamente por intermédio de "lei": "em ambos os casos a suspensão do princípio da legalidade e suas garantias se operou mediante "leis", o que põe de manifesto que "apoiar na lei o sistema penal" não é o mesmo que "submeter o sistema penal ao princípio da legalidade".[22]

---

[21] VIVES ANTÓN, "Estado-de-Derecho...", in *Comentarios a la Legislación Penal*, t. I/11.

[22] V. QUINTERO OLIVARES, *Derecho penal-PG*, cit., p. 63.

Em razão justamente dessa erosão da legalidade penal, depois da Segunda Guerra Mundial e do desaparecimento ostensivo do nazismo, o princípio da legalidade ressurgiu como peça fundamental dos sistemas jurídicos na maioria dos países. Certo que, como bem salienta Quintero Olivares, "andando o tempo, isso seria só teórico, pois o desprezo ao direito e ao indivíduo é uma constante estendida por todo o planeta: como exemplo basta recordar que se submeteram ao princípio de legalidade os ordenamentos jurídicos de todas as ditaduras latino-americanas que, por sua parte, praticaram o terror penal sem limites formais de nenhuma classe".[23] Se até na atualidade nos deparamos com incontáveis violações ao princípio da legalidade, não é sem razão que a *burguesia ilustrada* tenha tentado vincular a intervenção do Estado no âmbito do Direito Penal - e de um modo especialmente estrito - às leis gerais.[24]

11.5. AS OITO DIMENSÕES DE GARANTIA DO PRINCÍPIO DA LEGALIDADE PENAL

A exigência de um texto escrito é condição necessária (*sine qua non*) mas não suficiente para atender ao princípio da legalidade. Há que se respeitar, ademais, a competência e a legitimidade exclusiva do legislador que, por seu turno, deve observar estritamente o procedimento legislativo constitucional previsto para as leis ordinárias. Só assim, do ponto de vista formal, a norma penal possui validez e eficácia. De qualquer maneira, ressalte-se que as garantias inerentes ao mencionado princípio não se resumem a isso. Consoante Hassemer, "em sua atual configuração, o princípio da legalidade mantém diversas exigências, tanto frente ao legislador penal como frente ao juiz. Do legislador exige que formule as descrições do delito do modo mais preciso possível (*nullum crimen sine lege certa*) e que as leis não tenham efeito retroativo (*nullum crimen sine lege praevia*). Do juiz exige que suas condenações tenham por base a lei escrita, e não o direito consuetudinário (*nullum crimen sine lege scripta*) e que não amplie a lei escrita em prejuízo do acusado (*nullum crimen sine lege stricta*: a chamada proibição da analogia)".[25] Nessa mesma linha disserta Claus Roxin,[26] enfatizando desde logo que o princípio da lega-

---

[23] Cfr. QUINTERO OLIVARES, *Derecho penal-PG*, cit., p. 64.

[24] HASSEMER, *Fundamentos del Derecho Penal*, trad. de Muñoz Conde e Arroyo Zapatero, Barcelona: Bosch, 1984, p. 313.

[25] HASSEMER, *Fundamentos*, cit., pp. 313 e 314.

[26] ROXIN, *Derecho penal-PG* v.1, trad. de Luzón Peña, Díaz y García Conlledo y Vicente Remesal, Madrid: Civitas, 1997, pp. 137-139.

lidade serve para evitar uma punição arbitrária e não calculável ou baseada numa lei imprecisa ou retroativa. Para ele, o princípio de que *"não existe delito sem lei"*, desde que Franz von Liszt chamou o Código Penal de "a Carta Magna do delinqüente", significa o seguinte: assim como no seu momento a "Magna Charta Libertatum" britânica (1215) protegia o indivíduo de intromissões arbitrárias do poder estatal, o Código Penal põe a coberto o cidadão (tanto o honrado como o não honrado) de todo castigo por uma conduta que não tenha sido claramente declarada punível antes do fato. O princípio supracitado se completa com a fórmula *"não existe pena sem lei"*. Quer dizer: não basta a circunstância de que uma determinada conduta seja já punível senão também a classe de pena e sua quantia hão de estar legalmente fixadas antes do fato.

Coincidindo com a doutrina de Hassemer, destaca Roxin[27] as quatro conseqüências do princípio da legalidade, plasmadas na forma de proibições, das quais as duas primeiras se dirigem ao juiz e as duas últimas ao legislador. Tais conseqüências ou repercussões são:

1) A proibição de analogia (*nullum crimen, nulla poena sine lege stricta*): deve-se distinguir entre analogia legal e analogia jurídica. Na primeira, a regra jurídica que vai se trasladar procede de um preceito concreto; na segunda, a regra jurídica se depreende de vários preceitos. Em caso de aplicação do direito em prejuízo do sujeito, o poder do juiz penal ultrapassa os limites da interpretação;

2) A proibição do direito consuetudinário para fundamentar ou agravar a pena (*nullum crimen, nulla poena sine lege scripta*): esta proibição decorre da conseqüência óbvia da norma que prescreve que a punibilidade só pode determinar-se legalmente;

3) A proibição da retroatividade (*nullum crimen, nulla poena sine lege praevia*): é constitucionalmente inadmissível a retroatividade, sem que a punibilidade (na sua classe ou quantia) não esteja declarada e determinada legalmente antes do fato;

4) A proibição de leis penais e penas determinadas (*nullum crimen, nulla poena sine lege certa*): é inadmissível a punibilidade e as penas totalmente indeterminadas.

Quanto à fundamentação do princípio da legalidade o referido autor pondera o que segue: o fundamento no qual ainda hoje se baseia o princípio da legalidade reside num postulado central do liberalismo político: a exigência de vinculação do Executivo e do Judiciário a leis formuladas de forma abstrata. A burguesia, em seu enfrentamento contra o absolutismo, tinha conseguido a importante

---

[27] ROXIN, *Derecho penal-PG*, cit., pp.139-141.

conquista de que os governantes e os juízes (com freqüência dependentes daqueles) não pudessem exercer o poder punitivo ao seu livre arbítrio (e em seu caso arbitrariamente) senão apenas na medida em que houvesse uma clara precisão legal daquela.

A segunda fundamentação radica no princípio da democracia baseada na divisão de poderes. A aplicação da pena constitui uma ingerência tão dura na liberdade do cidadão, que a legitimação para determinar seus pressupostos só pode residir na instância que representa mais diretamente ao povo como titular do poder do estado: o Parlamento como representação eleita do povo. Mediante a divisão de poderes, que se expressa no princípio da legalidade, se libera ao juiz da função de criação do direito e se lhe reduz a função de aplicação do direito, enquanto ao Executivo lhe é excluída totalmente a possibilidade de cooperar na punição e dessa maneira se impede qualquer abuso do poder do mesmo neste campo.

Uma terceira fundamentação do princípio da legalidade é de natureza jurídico-penal e originariamente tem por base a teoria da coação psicológica de Feuerbach: se o fim da cominação penal consiste na intimidação de delinqüentes potenciais, a determinação psíquica que se pretende só pode ser alcançada se antes do fato é fixada na lei, da forma mais exata possível; é fundamental saber-se qual é a ação proibida. Pois se falta uma lei prévia ou esta é pouco clara, não se poderá produzir o efeito intimidatório, porque ninguém saberá se sua conduta pode acarretar uma pena ou não.

Atualmente é freqüente considerar superada a teoria da coação psicológica e portanto também a fundamentacão do princípio da legalidade derivado dela. Mas com isso se desconhece o "aspecto positivo" da prevenção geral. A fundamentação do princípio *nullum crimen* desde a teoria da pena resulta mais atual do que nunca. Com efeito, se a cominação e imposição das penas também contribuem substancialmente para estabilizar a fidelidade ao direito da população, e em muitos casos a construir a predisposição a se comportar conforme às normas, isso somente é possível se há uma clara fixação legal da conduta punível, pois se não houvesse, o Direito Penal não poderia conseguir o efeito de formação das consciências do que depende o respeito a seus preceitos.

Examinadas as várias *dimensões de garantia* do princípio da legalidade, assim como suas *fundamentações*, resta observar que não basta a garantia do citado princípio no que se refere ao crime (legalidade criminal) e à pena (legalidade penal): ele também alcança todas as medidas de segurança, toda a atividade processual ou jurisdicional (princípio da legalidade processual ou jurisdicional ou *due process of law*), bem como a execução das conseqüências jurídicas do crime (legalidade na execução).[28]

De tudo quanto foi exposto até aqui, à guisa de síntese, impõe-se concluir que, na verdade, são oito as dimensões de garantia do princípio da legalidade no âmbito do Direito Penal. São elas:

1ª) *Lex scripta*: considerando-se que o sistema jurídico brasileiro não está vinculado à *commom law*, senão à *civil law*, vale no nosso Direito Penal, ao menos no que concerne ao seu aspecto repressivo, somente o que está expressamente escrito na lei. Estão proscritas, destarte, as fontes sublegais. Logo, os costumes e a tradição não podem criar crimes nem penas. São úteis para a interpretação da lei, mas não constituem fontes formais do *ius poenalis*.

2ª) *Lex populi*: por força do princípio democrático, do valor dos direitos fundamentais e do sentido liberal e garantista do Estado de Direito, não há como deixar de reconhecer que o monopólio normativo, no âmbito das escolhas criminalizantes ou penalizantes, é exclusivo do Poder Legislativo, porque lei ("penal") é o que o povo manda e constitui (*lex est quod populus jubet atque constituit*). É absolutamente inadmissível que dessa tarefa, ao menos no que concerne ao momento da escolha criminalizante ou penalizante, se encarreguem o Executivo e o Judiciário. O império da lei, destaca Muñoz Conde, "supõe que o detentor do poder estatal já não pode castigar as pessoas arbitrariamente e que seu poder punitivo está vinculado à lei. Por lei deve se entender "a formalmente criada pelo órgão popular representativo (Parlamento ou Assembléia Nacional), como expressão da vontade geral (...) No âmbito do Direito Penal isso quer dizer que os delitos e as penas somente podem ser estabelecidos pelos órgãos populares representativos que espelham a vontade popular, isto é, pelo Parlamento. Todas as leis penais que não sejam criadas por este procedimento infringem o espírito do princípio da legalidade".[29]

A edição de "medidas provisórias" em matéria penal, assim, na medida em que retrata "a vontade pessoal e exclusiva" do mandatário supremo da nação, enquadra-se bem no modelo absolutista de Estado. Impõe-se, por isso mesmo, a estrita observância da exigência da *reserva de lei* no campo dos direitos fundamentais, isto é, "da garantia da regulamentação do estatuto das liberdades como matéria reservada ao legislador e subtraída à ingerência limitadora do governo".[30] As normas que incriminam ou penalizam têm que emanar

---

[28] COBO DEL ROSAL/VIVES ANTÓN, *Derecho Penal-PG*, cit., p. 51.

[29] V. MUÑOZ CONDE, *Introducción al derecho penal*, cit., pp. 83 e 84.

[30] PÉREZ LUÑO, Antonio E, *Los Derechos Fundamentales*, 3ª ed., Madrid: Tecnos, 1988, p. 70.

da comunidade inteira, não de uma só pessoa, que poderia por essa via transformar-se em um tirano.

3ª) *Lex certa*: nessa garantia está contemplado o "princípio de precisão" ou de "certeza", isto é, o tipo penal deve ser rigorosamente delimitado pelo legislador, sob pena de se desconhecer o limite entre o permitido e o proibido, entre o lícito e o ilícito. Lei incerta, como se sabe, não pode criar obrigação certa (*lex incerta certam obligationem imponere nequit*). A descrição do preceito primário (tipo incriminador) assim como do preceito secundário (sanção) deve ser de tal modo patente e evidente de maneira a evitar qualquer atividade "criativa" do juiz. Essa exigência se justifica:[31] (a) em razão da separação dos poderes; (b) porque a norma penal representa também uma garantia e uma segurança para a liberdade; (c) porque a motivação normativa individual (que é o fundamento da culpabilidade e do juízo de reprovação pessoal) e a prevenção geral exigem preceituações indiscutíveis; (d) porque define com clareza os limites da intervenção estatal no desenvolvimento da *persecutio criminis*, assim como o exercício da defesa.

Com a maestria de sempre, quem bem dissertou sobre esse aspecto do princípio da legalidade foi Alberto Silva Franco,[32] destacando:

a) a subsistência do princípio da legalidade implica conseqüências lógicas e inafastáveis como : reserva legal, irretroatividade da norma penal incriminadora, proibição da analogia *in malam partem* e hoje já alcançou uma quarta dimensão, o denominado mandato de certeza. Para que o crime e a pena a ele cominada possam ser considerados, não basta uma lei que lhes seja temporalmente anterior. É mister que a lei defina o fato criminoso, ou melhor, enuncie com clareza os atributos essenciais e específicos da conduta humana de forma a torná-la inconfundível com outra e lhe comine pena balizada dentro de limites não exagerados;

b) há uma vinculação direta entre o princípio da legalidade e o processo legislativo de tipificação. A eficácia do princípio da legalidade está condicionada à técnica legislativa adotada para a descrição de condutas proibidas ou ordenadas. Acontece que o legislador não tem condições de pormenorizar todas as condutas humanas ensejadoras da composição típica. A realidade é mais fértil do que sua capacidade de apreensão. A solução para isto está na montagem de

---

[31] A respeito do princípio de precisão v. MARINUCCI e DOLCINI, *Corso de diritto penale*, cit., pp. 57-95.

[32] FRANCO (Alberto Silva), *Temas de direito penal*, São Paulo: Saraiva, 1986, pp. 1-10.

estruturas típicas mais flexíveis, dotando-as de uma linguagem menos casuística;

c) mas o apelo a uma redação genérica não implica o emprego de expressões vagas ou ambíguas. É preciso que se imponha um limite. A garantia desta abstração está no dever de o legislador classificar as características diferenciais que são decisivas para delimitar os tipos penais e de destacá-las com o emprego de conceitos específicos gerais. A generalização somada à diferenciação são as bases metódicas da formação de tipos em Direito Penal. Esta combinação evita a adoção de cláusulas gerais incompatíveis com o Estado de Direito. Hans Welzel, a propósito, observa que "o verdadeiro perigo que ameaça o princípio *nulla poena sine lege* não decorre da analogia, senão de leis penais indeterminadas". A fixação legal é uma exigência de segurança jurídica. Lei prévia é uma exigência formal.

A garantia da lei certa (precisa), também conhecida como da lei determinada ou da taxatividade, ou ainda, segundo a terminologia preferida por Luis Luisi,[33] da determinação taxativa, deve presidir a formulação da lei penal e está a exigir qualificação e competência do legislador. Sem esse corolário, completa a citado autor, "o princípio da legalidade não alcançaria seu objetivo, pois de nada vale a anterioridade da lei, se esta não estiver dotada de clareza e da certeza necessária, indispensáveis para evitar formas diferenciadas e, pois, arbitrárias na sua aplicação, ou seja, para reduzir o coeficiente de variabilidade subjetiva na aplicação da lei".

A garantia da *lex certa*, em suma, na medida em que exige precisão e determinação no conteúdo do que está proibido ou determinado, não se coaduna com as chamadas "cláusulas gerais" (encontráveis com freqüência nos preceitos penais. Exemplo: "Cometer adultério") que não indicam nem sinalizam as hipóteses reconduzíveis ao âmbito de incidência da norma genérica e tampouco com os requisitos normativos de cunho ético-social (mulher "honesta", ato "obsceno"). As formulações vagas e incertas, como se vê, violam patentemente o princípio da legalidade.

4ª) *Lex clara*: as leis, particularmente as penais, devem ser escritas de forma simples, inteligível, de tal maneira que todos os cidadãos possam compreendê-las.[34] Beccaria, como vimos, já advertia:

---

[33] LUISI (Luis), *Princípios constitucionais penais*, Porto Alegre: Sergio Antonio Fabris Editor, 1991, pp. 18-19.

[34] TUBENCHLAK (James), *Estudos penais*, Rio de Janeiro: Forense, 1986, pp. 206-207, a propósito assinalou: "Em se tratando da conceituação de ações e omissões a que se cominam as mais severas penalidades, ora suprimindo ora restringindo o bem supremo do homem - a liberdade -, os termos e expressões legais hão de ser, o mais possível, claros, precisos, indúbios, a fim de possibilitarem perfeita compreensão popular sobre o que a norma penal está a ordenar ou

se queremos evitar delitos, devemos fazer com que as leis penais sejam claras. A lei penal não cumpre sua função preventiva jamais se o seu destinatário não compreende sua mensagem. Quando a letra da lei é ininteligível, não há como se esperar que haja motivação normativa no sentido de se evitar a conduta proibida. A falta de clareza no texto legal prejudica (e muito) o reconhecimento da culpabilidade (entendida, no atual estágio, como capacidade de se motivar de acordo com a norma).

5ª) *Lex determinata*: por força do princípio da determinabilidade, as normas penais devem descrever, tal como já propugnava Feuerbach, fatos passíveis de comprovação em juízo, é dizer, "uma fenomenologia empírica verificável no curso do processo sob o império das máximas de experiência ou de leis científicas: somente assim o juízo de conformidade do caso concreto à previsão abstrata não será abandonado ao arbítrio do juiz".[35]

6ª) *Lex rationabilis*: nos dias atuais, quando a preocupação central do juiz deve orientar-se para a solução justa de cada caso concreto, é absolutamente inatendível o velho brocardo que diz: *lex quanvis irrationabilis, dummodo sit clara* (a lei, ainda que irracional, sendo clara, tem que ser aplicada). O que deve imperar hoje é exatamente o contrário: a lei irracional não deve ser aplicada,[36] porque inconstitucional. Nesse caso, aplica-se a lei Maior, para negar validade à inválida lei ordinária.

7ª) *Lex stricta*: a lei penal deve ser interpretada restritivamente. Em conseqüência, para se evitar o arbítrio judicial, por força do princípio da taxatividade, veda-se a aplicação analógica da lei contra o réu. Analogia *in bonam partem* se admite; *in malam partem* é inaceitável. Mas o princípio da taxatividade também alcança o legislador, que não deve jamais criminalizar uma conduta admitindo a analogia, que não se confunde com a interpretação analógica. Esta é tolerada, desde que a situação concreta seja efetivamente reconduzível ao significado literal do dispositivo, que deve contemplar uma série de hipóteses homogêneas, de tal modo a possibilitar, sem nenhuma lesão à legalidade, a adequação do caso à norma (leia-se: à vontade do legislador).

8ª) *Lex praevia*: a lei penal primeiro precisa entrar em vigor e só vale para fatos ocorridos a partir da sua vigência. Daí dizer o art. 1º

---

proibir". Mais adiante, com propriedade, apresentou suas críticas contra os crimes de aborto, rixa, violação de direito autoral, adultério e motim de presos.

[35] Cfr. MARINUCCI/DOLCINI, *Corso di diritto penale*, cit., p. 101.

[36] Sobre a irracionalidade da criminalização da arma de brinquedo v. GOMES (Luiz Flávio), *Estudos de direito penal e processo penal*, São Paulo: Revista dos Tribunais, 1998, pp. 133 e ss.

do CP que "não há crime sem lei 'anterior' que o defina, nem pena sem 'prévia' cominação legal".[37] Ao princípio da anterioridade da lei penal corresponde o da irretroatividade da lei penal nova mais severa. Aliás, entre nós, há inclusive texto constitucional: *"a lei penal não retroagirá, salvo para beneficiar o réu"* (art. 5º, inc. XL).

De todas essas dimensões de garantia do princípio da legalidade, interessa-nos doravante enfocar a segunda, isto é, a *lex populi*, que tem o significado, como vimos, de que a lei penal criminalizadora ou penalizadora deve obrigatoriamente emanar do Poder Legislativo, como expressão da vontade geral (*rectius:* de todos que estão vinculados ao "contrato social").

11.6. A GARANTIA DA "LEX POPULI" NO DIREITO BRASILEIRO

Nossa Constituição Federal, como já ficou enfatizado, consagrou o princípio da legalidade em matéria penal no art. 5º, XXXIX ("Não há crime sem lei anterior que o defina, nem pena sem prévia cominação legal"). O Código Penal lhe faz referência no art. 1º ("Não há crime sem lei anterior que o defina, não há pena sem prévia cominação legal"). O problema desses textos legais, já se salientou, consiste na interpretação da palavra *lei*, isto é, qual seria a natureza dessa "lei": refere-se o texto constitucional a uma *lei formal* aprovada pelo Poder Legislativo de acordo com o procedimento próprio das leis ordinárias.[38] ou, de outro lado, seria também possível a utilização de medidas provisórias, que têm força de lei ? Uma outra questão é fundamental: poderia haver lei delegada em matéria penal?

Para José Afonso da Silva "o dispositivo contém uma reserva absoluta de lei formal, que exclui a possibilidade de o legislador poder transferir a outrem a função de definir o crime e de estabelecer

---

[37] No RHC 8.171-CE, STJ, rel. Min. VICENTE LEAL (*in* DJU de 05.04.99, p. 153), assentou-se: "O princípio do "nullum crimen, nulla poena sine praevia lege, inscrito no art. 5º, XXXIX, da Carta Magna, e no art. 1º, do Código Penal, consubstancia uma das colunas centrais do Direito Penal dos países democráticos, não se admitindo qualquer tolerância sob o argumento de que o fato imputado ao denunciado pode eventualmente ser enquadrado em outra regra penal. Se ao réu imputa-se um fato que somente em lei posterior veio a ser definido como crime, a denúncia não tem vitalidade por ferir o princípio da anterioridade, impondo-se o trancamento da ação penal".

[38] Sobre a exigência de lei formal em Direito Penal v. PRADO (Luiz Régis), *Curso de direito penal brasileiro-PG*, São Paulo: Revista dos Tribunais, 1999, p. 90; BITENCOURT (Cezar Roberto), *Manual de direito penal*, 5ª ed., São Paulo: Revista dos Tribunais, 1999, p. 40.

penas".[39] Em matéria relacionada com os direitos fundamentais, só o legislador tem competência para discipliná-la.[40]

Há que se atentar para a diferença que existe entre *legalidade* e *reserva de lei*, conforme a oportuna advertência de José Afonso da Silva: "o primeiro significa a submissão e o respeito à lei, ou a atuação dentro da esfera estabelecida pelo legislador. O segundo consiste em estatuir que a regulamentação de determinadas matérias há de fazer-se necessariamente por lei formal".[41] Essa interpretação reflete o "espírito do princípio da legalidade", ajusta-se às postulações do pensamento ilustrado, de onde ele derivou, e se afina, sobretudo, com a natureza democrática da nossa Constituição.

A República Federativa do Brasil constitui-se, a propósito e consoante o art. 1º da Constituição, em um "Estado Democrático de Direito"; tem como fundamentos a dignidade da pessoa humana e o pluralismo político (art. 1º, III e V). Respeitar a dignidade da pessoa humana significa respeitar os direitos fundamentais consagrados na Carta Magna. Já vimos que a declaração de inviolabilidade de tais direitos significa que só o legislador, nas hipóteses previstas, está autorizado a limitá-los. Em consequência, nenhum ato do Presidente da República, ainda que tenha força de lei, pode substituir o legislador nessa tarefa, sobretudo quando se trata de medidas relacionadas com o Direito Penal, que é uma forma de controle social, aliás, a mais contundente em virtude dos instrumentos coercitivos que lhe são típicos.

Há que se considerar, ademais, que toda Constituição que deriva de uma Assembléia Constituinte, como a nossa, constitui o resultado dos embates entre os vários segmentos que compõem as modernas sociedades pluralistas (esquerda, centro, direita etc.) e é precisamente desses debates entre as várias correntes democráticas que emergem e se solidificam as bases do novo "contrato social", que tem como eixo central os direitos fundamentais da pessoa humana. Devido à relevância capital desses direitos, qualquer restrição, alteração ou quebra deles por ato exclusivo do Presidente seria flagrantemente inconstitucional e ilegítima, porque só os representantes do povo, respeitando-se tal pluralidade política bem como o jogo entre maioria e minoria, poderão fazê-lo.

Já no tempo da anterior Constituição, em conseqüência, Francisco de Assis Toledo destacava: "E só a lei em sentido estrito pode

---

[39] SILVA (José Afonso da), *Curso de Direito Constitucional Positivo*, 5ª ed., São Paulo: Revista dos Tribunais, 1989, p. 370.

[40] STARK, *apud* SILVA (José Afonso), *Curso de Direito constitucional positivo*, cit., p. 364.

[41] Cfr. SILVA (José Afonso), *Curso de direito constitucional positivo*, cit., p. 363.

criar crimes e penas criminais... nem mesmo o decreto-lei poderá fazê-lo".[42] Nesse sentido, aliás, há decisão do antigo TFR;[43] no STF a questão ainda não foi examinada diretamente, mas, de passagem, salientou o Min. Moreira Alves que não teria dúvida em julgar inconstitucional um decreto-lei criador de crime.[44] Na vigência da Constituição atual temos duas decisões do TFR, 4ª Região, Ap. Crim. 451747 e 475534, rel. Vladimir Passos de Freitas, onde se diz: "É vedado ao Poder Executivo regular, por medida provisória, matéria de Direito Penal".

11.6.1. Medidas provisórias

A medida provisória surgiu na Constituição brasileira como sucedâneo do decreto–lei. Pode-se dizer que é o antigo decreto-lei com roupagem um pouco diferente. Competente para emiti-la é o Presidente da República, em caso de relevância e urgência (CF, art. 62).

A moderna doutrina européia tem procurado demonstrar a total inadequação do "decreto-lei" para a criação de crimes e penas. Conforme o jurista espanhol Vives Antón, "qualquer que seja o conteúdo do conceito de 'urgência', é expressão de uma necessidade do Estado (a necessidade de obrar rapidamente), que dificilmente há de concorrer em matéria penal... E, desde logo, resulta inimaginável que se possa recorrer a um decreto-lei para modificar um texto codificado, pois não se concebe que ocorram as iniludíveis razões de urgência que sirvam para justificar o uso de poderes legislativos por parte do Executivo".[45] Um outro espanhol, Muñoz Conde, assinala: "À vista destes preceitos, há que se entender que a matéria penal, ao versar sobre direitos fundamentais, não pode ser objeto de delegação legislativa. Com muito maior razão, tampouco poderão ser objeto de decreto-lei, que, segundo dispõe o art. 86, 1, da CF, não poderá afetar ...os direitos, deveres e liberdades dos cidadãos".[46] No mesmo sentido pronunciam Rodríguez Ramos,[47] Mir Puig[48] e Gimbernat Ordeig.[49]

---

[42] TOLEDO (Francisco de Assis), *Princípios de Direito Penal*, 2ª ed., São Paulo: Saraiva, 1986,, p. 23.

[43] TOLEDO (Francisco de Assis), *Princípios de direito penal*, cit., pp. 23-24.

[44] TOLEDO (Francisco de Assis), *Princípios de direito penal*, cit., pp. 23-24.

[45] VIVES ANTÓN, "Introdución: Estado de Derecho y Derecho Penal", *op. cit.*, p. 68.

[46] MUÑOZ CONDE, *Adiciones de Derecho Español*, *op. cit.*, p. 159.

[47] RODRÍGUEZ RAMOS, *Compendio de derecho penal*, p. 41.

[48] MIR PUIG, *Derecho penal-PG*, *op. cit.*, p. 68.

[49] GIMBERNAT ORDEIG, *Introducción a la Parte Generale del Derecho Español*, Madrid: Facultad de Derecho de la Universidad Complutense, 1979, p. 23.

Quanto à doutrina italiana, vale recordar, além de Marinucci/Dolcini,[50] a abalizada opinião de Fiandaca/Musco: "As garantias inerentes ao princípio de reserva de lei se eliminam ou se atenuam no caso de expedição de normas penais mediante decreto-lei: não só o direto de controle das minorias é desconsiderado, mas as mesmas razões de necessidade e urgência que justificam o recurso ao decreto-lei contrariam aquelas exigências de ponderação que não podem ser eliminadas em sede de criminalização das condutas humanas".[51]

Para a criação de crimes e penas ou medidas de segurança ou para a restrição de qualquer um dos direitos fundamentais nunca estará presente - de modo estritamente considerado - o requisito *urgência* assinalado no art. 62 da CF. Não que não haja, às vezes, urgência na criminalização de uma determinada conduta humana; o que surge como fundamental é que toda norma com caráter penal tem que seguir rigorosamente o procedimento legislativo previsto na Constituição para as leis ordinárias (CF, arts. 61 e ss.), isto é, o projeto tem que ser apresentado, discutido, votado, aprovado, promulgado, sancionado e publicado, ensejando-se a possibilidade de ampla discussão, inclusive pelas minorias. Para a restrição de direitos fundamentais, estabelecidos democraticamente pelo legislador constituinte, só esta via é possível. Como se sabe, historicamente, esses direitos foram reconhecidos e passaram a integrar as Cartas Magnas de todos os países civilizados justamente para evitar o abuso do Estado absoluto, do todo-poderoso chefe da Nação.

De outro lado, sabe-se que a medida provisória, como o próprio nome sugere, tem o caráter da *provisoriedade,* até porque, se não for convertida em lei no prazo de 30 dias, perde a eficácia. É inconcebível ou mesmo inimaginável que uma norma jurídico-penal (que regula e limita, sempre, um direito constitucional fundamental, que invade a liberdade humana) tenha caráter *provisório.* A norma penal, pela transcendência do seu conteúdo, pela repercussão dos seus mandamentos ou proibições, pela extensão de seus efeitos, pelas conseqüências nefastas que produz na liberdade humana jamais pode ser provisória. Nada de provisório pode haver numa norma penal. O Direito Penal, de outro lado, sendo o mais importante instrumento de controle social, não pode ficar à mercê da cabeça de um só homem, ainda que seja o Presidente da República. Torna-se absolutamente intolerável o uso do Direito Penal para dar uma determinada configuração na sociedade ou para tornar mais eficazes algumas medidas governamentais. Como salienta Zipf, o Direito Penal "pro-

---

[50] MARINUCCI/DOLCINI, *Corso de diritto penale*, cit., p. 203.

[51] FIANDACA/MUSCO, *Diritto penale-PG*, Bologna: Zanichelli, 1985, p. 25.

tege a ordem social reconhecida como correta e não é a alavanca da reforma social, senão o escudo da ordem social".[52]

Embora já em razão do próprio modelo de Estado que adotou nosso país (Democrático de Direito) impõe-se compulsoriamente chegar à conclusão de que a matéria penal exige obrigatoriamente *lei formal*, aprovada de acordo com o procedimento legislativo das leis ordinárias, nunca é demais lembrar, para liquidar de uma vez por todas com a possibilidade de abuso, que falta, no art. 62, uma limitação explícita semelhante à do art. 86, 1, da Constituição espanhola.

A sugestão é pertinente porque permitir que o Presidente da República, por ato exclusivo seu, crie crimes e/ou penas significaria transigir com a segurança jurídica, admitir grave risco de instabilidade e ensejar que, um dia, algum Presidente, por razões políticas, econômicas ou quaisquer outras, baixasse medida provisória definindo como crime, p. ex., o ato de um juiz que concede uma liminar, o ato de um grupo de deputados que se reúne para votar contra determinado interesse governamental etc.

Não é dissonante dessa firme posição que declara a inconciliabilidade da medida provisória com o Direito Penal incriminador ou penalizador a doutrina majoritária nacional: Francisco de Assis Toledo,[53] Alberto Silva Franco,[54] Walter Claudius Rothenburg[55] e Manoel Pedro Pimentel.[56]

11.6.2. Lei delegada

No direito Penal alemão é possível a lei delegada em matéria penal, desde que não esteja em jogo a liberdade da pessoa.[57] No Direito italiano é também admitida.[58] Já no Direito espanhol isso é impossível, em virtude da proibição expressa do art. 82, 1, da Constituição.[59] E no Direito brasileiro ? Segundo meu juízo, também a via da lei delegada está vedada para a matéria penal. O art. 68 da nossa

---

[52] ZIPF, *Introducción a la política criminal*, Madrid: Edersa, 1979, p. 74.

[53] Cfr. TOLEDO, *Princípios básicos*, 5ª ed., cit., pp. 21-25.

[54] FRANCO, A medida provisória e o princípio da legalidade, *in Revista dos Tribunais* v. 648, outubro/1989, pp. 366-368.

[55] ROTHENBURG, Medidas provisórias e suas necessárias limitações, *in Revista dos Tribunais* v. 690, abril/1993, pp. 313-319.

[56] PIMENTEL, Medida provisória e crime, *in Repertório IOB de Jurisprudência*, n. 14, 2ª quinzena de julho de 1989, p. 246.

[57] JESCHECK, *Tratado de derecho penal*,cit., pp.157 e 158.

[58] BETTIOL, *Diritto penale*, cit., p. 116.

[59] MUÑOZ CONDE, *Adiciones de Derecho Español*,cit., p. 159; RODRÍGUEZ RAMOS, *Compendio de derecho penal*, cit.,, pp. 41 e 42.

CF, em seu § 1º, afasta a possibilidade de lei delegada nas hipóteses de (...) legislação sobre nacionalidade, cidadania, direitos individuais, políticos e eleitorais (inc. II). Em matéria de direitos individuais, como se percebe, não cabe lei delegada. Considerando-se que toda norma penal sempre repercute em um direito individual (liberdade, patrimônio etc.), é de se concluir que nem lei delegada nem medida provisória exsurgem dentro do nosso ordenamento constitucional como aptas para se legislar em matéria penal.

11.7. A GARANTIA DA *LEX POPULI* E O ESTADO DE DIREITO

A todos nós cabe vivenciar e dar realidade ao modelo de Estado adotado pelo Constituinte de 1988 (Democrático de Direito). Será do entrechoque dos vários segmentos pluralistas da sociedade, das ideologias e das convicções de cada grupo que sairá o contorno substancial do sistema idealizado. Ao STF, como guardião da Constituição (art. 102 da CF), está reservada a grande responsabilidade de delimitar o *substractum* do modelo prefigurado. E é fundamental compreender que "só em um Estado de Direito se pode conceber o Direito penal em sua dimensão garantidora de direitos e liberdades. De outra sorte, o Direito penal não é mais que um instrumento do poder político, transformando-o em *terror* penal. Sem dúvida que, desde este ponto de vista, o princípio da legalidade, na medida em que é o eixo mesmo sobre o qual gira o Direito Penal concebido como protetor de liberdade, pode se converter no ponto fundamental de um Direito Penal respeitoso com as exigências do Estado de Direito, com um sistema político democrático e garante, por sua vez, das distintas liberdades".[60]

De verdadeiro Direito Penal só se pode falar, assim, dentro dos marcos de um Estado de Direito, onde o princípio da reserva legal em matéria penal seja rigorosamente respeitado. A idéia central, tantas vezes aqui mencionada, é a de que só o legislador, como já propugnava Beccaria, tem autoridade para impor limitações aos direitos fundamentais. Encaminha-se para esse sentido a doutrina sempre precisa de Jescheck, que argumenta: "Segundo o princípio de reserva de lei, que está contido no art. 20, III GG, todos os atos estatais gravosos para os cidadãos devem apoiar-se em uma lei formal. Isto vale sobretudo para o Direito Penal. Em Direito Penal, as garantias formais do Estado de Direito se afiançam o mais eficaz-

---

[60] BOIX REIG, "El principio de legalidad", cit., pp. 53 e 54.

mente possível, porque nada pode ameaçar mais seriamente a liberdade individual que um ato arbitrário da autoridade que use as sanções penais como instrumento de poder. A intervenção penal tem um efeito mais profundo que qualquer outra "intervenção na liberdade ou na propriedade", porque, através da desaprovação ético-social que leva implícita, ostenta, ademais, um caráter especialmente gravoso. Por isso mesmo, a lei penal, tanto em sua criação como em sua interpretação, não só deve satisfazer os princípios jurídicos formais, senão também corresponder, em seu conteúdo, às exigências de justiça que estão contidas no princípio material do Estado de Direito".[61]

11.8. A GARANTIA DA *LEX POPULI* E O ESTADO DEMOCRÁTICO

O Direito Penal só pode exercer sua dupla função de limitar a liberdade e criar liberdade (Jescheck) ou constituir-se na Magna Carta do delinqüente (von Liszt) se se sabe, prévia e precisamente, o que está proibido e o que é permitido. O âmbito do proibido penalmente vem delineado na lei, e só um Estado de Direito, como vimos até aqui, pode garantir o princípio da reserva legal. Por outro lado, como dizia Radbruch, "a Democracia é a única forma de governar apropriada para se garantir o Estado de Direito".[62]

Do que foi exposto, conclui-se: o Direito Penal justo depende do princípio da legalidade, que por sua vez depende do Estado de Direito; este, por seu turno, para que seja desenvolvido em suas várias dimensões, depende da Democracia. Com isso se evidencia que o Direito Penal tem bases democráticas, ou, dito de outra maneira, a fundamentação democrático-representativa do princípio de legalidade, consoante Jescheck, reside justamente em que "as normas penais só podem ser promulgadas através do órgão que representa a vontade do povo e por um procedimento legalmente estabelecido".[63] Não dissentem as lições de Mir Puig,[64] Cobo del Rosal e Vives Antón[65] e Quintero Olivares.[66]

---

[61] JESCHECK, *Tratado*, cit., p. 171.

[62] RADBRUCH, *apud* Vives Antón, "Introducción: Estado de Derecho y Derecho Penal, cit., t. I/p. 4.

[63] JESCHECK, *Tratado*, cit., p. 180.

[64] MIR PUIG, *Derecho Penal-PG*, cit., p. 62.

[65] COBO DEL ROSAL/VIVES ANTÓN, *Derecho Pena-PG*, cit., p. 101.

[66] QUINTERO OLIVARES, *Derecho penal-PG*, cit., p. 65.

É fundamental na elaboração de qualquer norma penal a participação de todos os partidos políticos, sobretudo dos minoritários, e, tanto mais majoritária em sua aprovação, mais democrática ela será. Quanto mais a lei penal for de aceitação geral, mais fácil será o cumprimento de sua missão de motivação das pessoas para respeitá-la. Aconselha-se, assim, como sugere Rodríguez Ramos, "que a atividade legislativa penal – criminalizadora ou descriminalizadora – se aproxime mais de uma política de Estado que de partido, exigindo a formação de uma ampla maioria, só viável se se conta com os votos de partidos diversos ao que se encontra no poder e, inclusive, do principal de oposição".[67]

A fundamentação democrática do princípio da legalidade, postulada desde Montesquieu e Beccaria, significa a proibição do Executivo e do Judiciário de criarem crimes e penas mediante atos seus, é dizer, "só o Poder Legislativo, representando a soberania popular, pode estabelecer estas normas, e sem que fique qualquer resquício em ordem a deferir esta função ao Poder Executivo ou, em seu caso, ao Judiciário".[68]

De relevância ímpar, destarte, é a garantia do procedimento legislativo previsto na Constituição para as leis ordinárias (arts. 61 e ss.). A lei penal, sob pena de incorrer em patente inconstitucionalidade, obrigatoriamente só pode ter vigência quando observado referido procedimento. Outra não é a conclusão dos penalizas italianos Fiandaca/Musco: "No atual momento político constitucional, somente o procedimento legislativo, apesar de suas inevitáveis imperfeições e incertezas, aparece como instrumento mais adequado para salvaguardar o bem da liberdade pessoal: o que permite, entre outras coisas, tutelar os direitos das minorias e das forças políticas de oposição, as quais são, assim, postas em condição de exercitar um controle sobre as escolhas de criminalização adotadas pelas maiorias. Ao mesmo tampo, a atribuição do monopólio das fontes ao Poder Legislativo evita formas de arbítrio de poder, seja Executivo, seja Judiciário: com efeito, é razoável pensar que o órgão representativo da vontade popular recorra à coerção penal somente em vista à tutela de interesses relevantes da coletividade e a cuja proteção vale o sacrifício da liberdade pessoal conexo à inflição da pena".[69]

---

[67] RODRÍGUEZ RAMOS, "Reserva de ley orgánica...", pp. 304 e 305; BOIX REIG, "El princípio de legalidad", cit., pp. 65 e 66.

[68] BOIX REIG, "El princípio de legalidad", cit., pp. 54 e 55.

[69] FIANDACA/MUSCO, *Diritto penale-PG*, cit., p. 22.

Isso nos permite concluir que a medida provisória, ainda quando convertida em lei pelo Congresso Nacional, se cuida de matéria penal, está contaminada, irremediavelmente, de inconstitucionalidade, por violar a garantia do procedimento legislativo, bem como a fundamentação democrática do princípio da legalidade. A gravidade dos meios que o Estado emprega na repressão do delito, acentua Muñoz Conde, assim como "a drástica intervenção nos diretos mais elementares e, por isso mesmo, fundamentais das pessoas, o caráter de *ultima ratio* que esta intervenção tem, impõem, necessariamente, a busca de um princípio que controle o poder punitivo estatal e que confine sua aplicação dentro de limites que excluam toda arbitrariedade e excesso por parte dos que ostentam ou exercem esse poder punitivo. Este princípio, tradicionalmente designado com o nome de "princípio da legalidade", estabelece que a intervenção punitiva estatal, tanto ao configurar o delito como ao determinar, aplicar ou executar suas conseqüências, deve estar regida pelo "império da lei", entendida esta como expressão da "vontade geral".[70]

Em suma, decisões restritivas de diretos e vinculantes para toda sociedade, sempre que a própria Constituição permite, é tarefa exclusiva do legislador,[71] até porque se sabe que o principio da legalidade nasceu para atender a duas preocupações centrais do indivíduo: de uma parte, a sua segurança e, de outra, a sua participação, através de representantes eleitos, na elaboração da lei penal.[72]

11.9. CONSIDERAÇÕES E CONCLUSÕES FINAIS

Considerando-se que o princípio da legalidade está consagrado constitucionalmente, como bem enfatiza García de Enterría, "há que se começar por concordar a aplicação da lei penal com o espírito e a letra da Constituição".[73] Por outra parte, como põe de manifesto Rodríguez Ramos, "haverá que desterrar do âmbito das fontes formais do Direito Penal tanto o decreto-lei (leia-se, em relação ao direito brasileiro, medida provisória) com as leis de bases e demais modalidades de legislação delegada (os decretos legislativos)".[74] Isso, ademais, permitirá, como aduz o citado penalista, "uma política

---

[70] MUÑOZ CONDE, *Introducción al derecho penal*, cit., pp. 79 e 80.

[71] COBO DEL ROSAL/VIVES ANTÓN, *Derecho Penal-PG*,cit., p. 104.

[72] TOLEDO Y UBIETO, *Sobre el Concepto del Derecho Penal*, Madrid: Facultad de Derecho de la Universidad Complutense de Madrid, 1981, pp. 316 e 317.

[73] GARCÍA DE ENTERRÍA, *apud* QUINTERO OLIVARES, *Derecho penal-PG*, cit., p. 65.

[74] RODRÍGUEZ RAMOS, "Reserva de ley orgánica", cit., p. 305.

criminal mais consensual, que evite a utilização do Direito Penal como instrumento de criminalização da discrepância política, social, econômica ou ideológica, ou, se não se evita radicalmente tal perigo, ao menos é diminuído em grande medida".[75]

É de suma importância, por isso, como já se procurou proclamar, a posição firme do Poder Judiciário diante de qualquer violação do princípio da legalidade penal, cabendo a todos os juízes a recusa em aplicar qualquer medida provisória que verse sobre Direito Penal, por ser absolutamente inconstitucional. Ao Colendo Supremo Tribunal Federal está reservada a tarefa de declarar essa inconstitucionalidade de modo definitivo.[76] Só assim se contribuirá para a construção do Estado Democrático de Direito, fundado na "dignidade da pessoa humana"(CF, art. 1º).

Conclusões finais: a lei penal *formalmente aprovada,* que segue rigorosamente o procedimento legislativo e que deve emanar impreterivelmente do Poder Legislativo, é a única fonte formal do Direito Penal quando se trata de criar crimes ou definir penas[77] ou mesmo medidas de segurança, bem assim do processo penal e da execução penal. Devemos falar em monopólio da lei, mas não qualquer lei, senão da lei *formal* do Legislativo. Estão terminantemente excluídos desse âmbito as medidas provisórias, leis delegadas, decretos legislativos, regulamentos, portarias etc.

De outro lado, muito relevante é sublinhar que "este monopólio da lei (formal) como fonte do Direito Penal cessa quando se trata de atenuar ou de eximir a responsabilidade penal. Neste caso, podem também ser fontes do Direito Penal as medidas provisórias, os costumes e, inclusive, a analogia em favor do réu".[78] Uma forte razão para se admitir a medida provisória em favor do réu é a seguinte: em Direito Penal admite-se inclusive causas de exclusão da antijuridicidade ou culpabilidade supralegais. Exemplos: o consentimento do ofendido em algumas situações exclui a antijuridicidade; a inexigibilidade de conduta diversa exclui a culpabilidade. Se se admite em favor do réu causas que estão até mesmo fora da lei, por que não se haveria de aceitar uma medida provisória?

---

[75] RODRÍGUEZ RAMOS, "Reserva de ley orgánica", cit., p. 305.

[76] Nesse sentido, quanto ao direito espanhol, v. VIVES ANTÓN, "Introducción", cit., t. I/pp. 34 e 35.

[77] No que se refere à definição inclusive do crime de responsabilidade, v. ADIn 834-0, rel. Min. SEPÚLVEDA PERTENCE (*in* DJU de 09.04.99, p. 2), (...) "o certo é que estão todos acordes em tratar-se de questão submetida à reserva de lei formal, não podendo ser versada em decreto-legislativo da Assembléia Legislativa".

[78] Cfr. MUÑOZ CONDE, *Adiciones de Derecho Español,* cit., p. 191. Em sentido contrário, entendendo que nem sequer em benefício do réu pode haver medida provisória, v. dois acórdãos do TRF, 4ª Região, rel. Vladimir Passos de Freitas, Ap. Crim. N. 451747 e 475534.

Que nunca se transforme em "papel molhado" a feliz e oportuna observação de Ives Gandra Martins, feita a propósito da edição de medidas provisórias em matéria penal no começo desta década: "Que no futuro os brasileiros aprendam a compreender que não há crise econômica e social que supere em gravidade a crise institucional e que as garantias das instituições são a melhor forma de se vencer grandes desafios. Não há custo social maior do que o da luta contra os problemas nacionais à custa da ordem jurídica.[79]

---

[79] MARTINS (Ives Gandra), "Apêndice" escrito depois do denominado "Plano Collor" aos seus *Comentários à Constituição do Brasil*, v. 6º, t. I, arts. 145-156 (Celso Ribeiro Bastos e Ives Gandra Martins), São Paulo, Saraiva, 1990.

12. Considerações sobre a criminologia crítica

Ney Fayet Júnior
Mestre em Ciências Criminais, Especialista em Ciências Penais.
Professor de Direito Penal (UNISINOS-RS, PUC-RS, AJURIS).
Advogado.

> *Morrer pela "verdade". - Não nos deixaríamos
> queimar por nossas opiniões: não estamos tão
> seguros delas. Mas, talvez, por podermos ter
> nossas opiniões e podermos mudá-las.*
>
> Friedrich Nietzsche.

Sumário: 12.1. Uma explicação necessária (introdução); 12.2. Das origens sociais do movimento; 12.3. Das origens orgânicas do movimento; 12.4. Do desenvolvimento; 12.5. Conclusão; 12.6. Bibliografia.

12.1. UMA EXPLICAÇÃO NECESSÁRIA (INTRODUÇÃO)

Conforme se reconhece na literatura especializada, houve vários movimentos criminológicos que se insurgiram, de diferentes modos, contra a criminologia tradicional (que se preocupava, basicamente, com a criminalidade convencional,[1] voltada exclusivamente para a etiologia do delito e para os aspectos psicológicos do criminoso, a partir dos conceitos inseridos na lei).[2] Pode-se dizer,

---

[1] A delimitação do objeto de estudo da criminologia clássica se nos é apresentada por JOÃO MESTIERI (Os Rumos da Criminologia, em *Revista de Direito Penal*. Rio de Janeiro: Borsoi, 6, 1972. p. 90), quando assevera que "seu objeto é pré-definido por não-criminologistas, através das definições formais de crime e de criminoso. (...) Não obstante, não é difícil demonstrar esse caráter normativo e repetidor da Criminologia quando vemos em que medida a aceitação passiva da pré-definição e da pré-limitação de seu campo pelo Direito Criminal tem impossibilitado a Criminologia fazer uso de toda a sua carga científica de análise da realidade social".

[2] Trata-se da síntese proposta por ZAFFARONI-PIERANGELI (EUGENIO RAÚL ZAFFARONI e JOSÉ HENRIQUE PIERANGELI, em *Manual de Direito Penal Brasileiro*: Parte geral. São Paulo: RT, 1999. p. 160), quando informam que "há uma 'criminologia positivista' ou 'tradicional' que estuda as condutas dos criminalizados e que, ao deixar o sistema penal fora de seu objeto, está aceitando a ideologia veiculada por ele, desta maneira convertendo-se em uma ideologia de justificação do sistema penal e do controle social de que este forma parte".

com acerto, que, ao conjunto destas idéias criminológicas de contestação, foi concebido o nome de *Nova Criminologia* (ou *Macrocriminologia*).[3] E, de um modo geral, se nos fosse determinado apresentar em ordem cronológica tais correntes de pensamentos criminológicos de contestação, poderíamos apontar as seguintes: 1. Nova Defesa Social[4] (de Marc Ancel);[5] 2. A criminologia da Reação Social[6] ou a Teoria do *Labeling Approach*;[7] 4. Criminologia Crítica (Ian Taylor, Paul Walton e Jock Yong);[8] e 5. Criminologia Dialética (cujo principal nome no Brasil seria o de Roberto Lyra Filho).[9]

---

[3] Assim Paulo Roberto da Silva PASSOS (*Elementos de Criminologia e Política Criminal*. São Paulo: Edipro, 1994. p. 29), quando sustenta que o nome The New Criminology surgiu a partir da obra de Taylor, Walton e Young que tinha este nome.

[4] Analisa, criticamente, este movimento, Salo de CARVALHO (*A Política Criminal de Drogas no Brasil*: do Discurso Oficial às Razões da Descriminalização. Rio de Janeiro: Luam, 1996. pp. 140/141), para quem "O referido 'movimento' da Nova Defesa Social, definido hodiernamente como Novíssima Defesa Social por alguns pesquisadores, postularia novo modelo integrado de ciências criminais, onde a Criminologia investigaria a ação criminosa como fenômeno individual e social, o Direito Penal estabeleceria regras de interpretação e aplicação, aparecendo a Política Criminal como a ciência ou a arte capaz de organizar e dar diretrizes ao legislador como ao juiz ou à administração penitenciária, para reagir contra a criminalidade. Este modelo integrado teria como principal objetivo a proteção da sociedade contra os indivíduos que violam e zombam da lei, através do modelo de prevenção do delito (prevenção geral negativa) e tratamento do delinqüente (prevenção especial positiva). (...) A atuação não tem por objetivo a proteção social por formas retributivas, típicas do pensamento clássico garantidor, mas através dos conceitos de ressocialização, alcançando aqueles indivíduos vulneráveis nos quais o sistema de reação penal incidiu."

[5] Conceituando o movimento capitaneado por ANCEL, Cezar Roberto BITENCOURT (*Manual de Direito Penal*: Parte geral. São Paulo: RT, 1997. p. 92) remarca: "Marc Ancel publica, em 1954, 'A Nova Defesa Social', que se constituiu em um verdadeiro marco ideológico, que o próprio Marc Ancel definiu como, 'uma doutrina humanista de proteção social contra o crime'. Esse movimento político-criminal, pregava uma nova postura em relação ao homem delinqüente, embasada nos seguintes princípios: a) filosofia humanista que prega a reação social objetivando a proteção do ser humano e da garantia dos direitos do cidadão; b) análise crítica do sistema existente e, se necessário, sua contestação; c) valorização das ciências humanas, que são chamadas a contribuir, interdisciplinarmente, no estudo e combate do problema criminal."

[6] Com detalhes: LOLA ANIYAR DE CASTRO. *Criminologia da Reação Social*. Rio de Janeiro: Forense, 1983. pp. 60/61.

[7] Em seu excelente trabalho (*O controle Penal nos Crimes contra o Sistema Financeiro Nacional*: Lei n.º 7.492/86. Belo Horizonte: Del Rey, 1998. p. 27), Wiecko V. De CASTILHO, citando um dos precursores deste movimento (Becker, in Outsiders: 1963), anota - sintetizando a tese do movimento: "os grupos sociais criam o desvio ao fazer as regras cuja infração constitui o desvio e aplicar ditas regras a certas pessoas em particular e qualificá-las de marginais (estranhos). Desde este ponto de vista, o desvio não é uma qualidade do ato cometido pela pessoa, senão uma conseqüência da aplicação que os outros fazem das regras e sanções para um 'ofensor'. O desviado é uma pessoa a quem se pode aplicar com êxito dita qualificação (etiqueta): a conduta desviada é a conduta assim chamada pelas pessoas".

[8] Para CASTILHO (em op. cit. p. 32): "Sob a denominação de Criminologia Crítica, deve-se entender também os desenvolvimentos teóricos da Escola de Bolonha, da recepção alemã do *labeling approach* e do Grupo Latino-americano de Criminologia Comparada."

[9] Esta separação não está, evidentemente, isenta de imprecisões. Assim, inserindo todos os movimentos sob mesmo rótulo, Evandro Lins e SILVA (De Beccaria a Filippo Gramatica, em *Sistema Penal para o Terceiro Milênio, Atos do Colóquio Marc Ancel*, org.: JOÃO MARCELLO DE

Embora se possam perceber pontos de convergência entre estes movimentos criminológicos, o presente trabalho concentrar-se-á, precipuamente, na análise da *Criminologia Crítica*, cuja perspectiva central é – como anota Manoel Pedro Pimentel – a de que:

"a ciência criminológica não deve ter como objeto apenas o crime e o criminoso, tal como institucionalizados pelo direito positivo, pois este é uma forma de expressão do poder dominante, servindo à defesa das agências políticas e do sistema econômico que interessa aos senhores do momento. A ordem, então, é vista como um bem, e ordem significa obediência, acatamento e não oposição aos valores e às instituições vigentes. A Criminologia Crítica seria, portanto, uma forma de expressão da consciência crítica, bem definida, em função e como resultado de uma tomada de posição filosófica, posição essa influenciada, por sua vez, pela postura crítica".[10]

É, inegavelmente, a afirmação do vínculo entre a economia política e o poder punitivo do Estado, onde se pode destacar, a partir da análise crítica do sistema punitivo, as bases materialistas da punição e a natureza de classe da justiça burguesa. Deslocando, de maneira apropriada, a plataforma da pesquisa criminológica, sustenta Alessandro Baratta,[11] que, em verdade, o atributo da criminalidade, para a criminologia crítica, não é mais:

"uma qualidade ontológica de determinados comportamentos e de determinados indivíduos, mas se revela, principalmente, como um *status* atribuído a determinados indivíduos, mediante uma dupla seleção: em primeiro lugar, a seleção dos bens protegidos penalmente, e dos comportamentos ofensivos destes bens, descritos nos tipos penais; em segundo lugar, a seleção dos indivíduos estigmatizados entre todos os indivíduos que realizam infrações a normas penalmente sancionadas."

12.2. DAS ORIGENS SOCIAIS DO MOVIMENTO

A *Criminologia Crítica* tem seu berço histórico nos EUA e na Inglaterra, na década de 1970. Este movimento surge *pari passu* com as lutas políticas nos EUA, notadamente aquelas relacionadas com a defesa dos direitos civis e das garantias individuais, com o movi-

---

ARAUJO JÚNIOR. Rio de Janeiro: Revan, 1991, p.38), para quem: "No Brasil, os partidários mais destacados dessa Política Penal Alternativa seguem o primeiro trabalho do professor Roberto Lyra Filho - Criminologia Dialética - editado em 1972."

[10] Manoel Pedro PIMENTEL (*O Crime e a Pena na Atualidade*. São Paulo: RT, 1983. p. 41).

[11] *Criminologia Crítica e Crítica do Direito Penal: Introdução à Sociologia do* Direito Penal. Rio de Janeiro: Freitas Bastos, 1999. p. 161.

A Sociedade, a Violência e o
Direito Penal

mento de pacificação no Vietnã, os *hippies*, a contracultura (apenas para se destacar os mais relevantes).[12] Na Europa, a criminologia crítica desenvolveu-se conjuntamente com os movimentos estudantis (especialmente, na França, em 1968), recebendo todo o influxo de novas correntes socialistas (que se insurgiam contra o marxismo soviético), com a influência do marxismo francês (Jean-Paul Sartre e Louis Althusser) à frente. É o que expõe, com autoridade, Juarez Cirino dos Santos,[13] ao remarcar que:

"Na Europa e nos EUA, a partir da década de 60, as teorias radicais germinam nas lutas políticas por direitos civis (ativistas negros americanos), nos movimentos contra a guerra (generalizados durante o genocídio do Vietnã), dos estudantes (em 1968), nas revoltas em prisões e nas lutas de libertação (e anti-imperialistas) dos povos e nações do terceiro mundo."

A esta opinião também se assoma Álvaro Mayrink da Costa,[14] ao sustentar que:

"A elaboração desta nova orientação criminológica é produto das lutas políticas nos EUA, através de movimentos de direitos civis, de movimentos antiguerra, de movimentos de defesa dos direitos e garantias individuais, e também pelos escritos destas lutas por Angela Davis (If They Come in the Morning), Eldrige Cleaver (Soul on Ice) e Malcom X (The Autobiography of Malcon X). Também é conseqüência da descoberta ou de reencontro do marxismo anglo-saxão (Althusser e Paul R. Hirst)."

Inegavelmente, o aparecimento da *Criminologia Crítica*, nos EUA, não pode ser dissociado do surgimento de um movimento geral de contestação do *establishment*, o mesmo se dizendo em relação ao seu surgimento na Europa. E este movimento político se projetou para todas as áreas da ciência (notadamente aquelas que se relacionam mais diretamente com o universo acadêmico), inclusive no que diz respeito às ciências criminológicas. Vejamos, pois, a observação plasmada por um dos precursores deste movimento, Tony Platt,[15] ao obtemperar que:

---

[12] W. H. NAGEL (Criminologia Crítica, em *Revista de Direito Penal*. Rio de Janeiro: Borsoi, 1, 1971, p. 73) apresenta outra explicação, dizendo que esta orientação criminológica surgiu a partir do movimento estudantil da Europa Ocidental. Diz NAGEL, citando o economista belga, de orientação trotskista, ERNEST MANDEL, que "a revolta estudantil que estourou na Europa Ocidental por volta de 1968 é, segundo o economista belga Ernest Mandel, uma reação à subordinação quase completa da universidade às exigências e aos interesses do neo-capitalismo.".

[13] Op. cit. p. 7.

[14] *Direito Penal*: Parte geral. v. 1, Tomo I. Rio de Janeiro: Forense, 1998. p. 67.

[15] Perspectivas para uma criminologia radical nos EUA, em *Criminologia Crítica*. TAYLOR, WALTON e YONG. Tradução de JUAREZ CIRINO DOS SANTOS e SÉRGIO TANCREDO. Rio de Janeiro: Graal, 1980. p. 113/114).

"As raízes deste radicalismo são encontradas nas lutas políticas - os movimentos pelos direitos civis, o movimento contra a guerra, o movimento dos estudantes, as lutas de libertação de terceiro mundo, dentro e fora dos EUA, e os movimentos antiimperialistas - e nos escritos dos participantes dessas lutas - George Jackson, Angela Davis, Eldridge Cleaver, Tom Hayden, Sam Malville, Bobby Seale, Huey Newton, Malcon X e Ruchell Magge, para nomear alguns."

Desta forma, não somente o bloco histórico dominante sofre as críticas deste movimento de contestação, mas − naquilo que nos interessa − a criminologia *oficial* suporta *une part importante, sinon la part la plus importante* destas críticas, sendo mesmo o processo de consolidação da *Criminologia Crítica inseparável da crítica aos componentes ideológicos fundamentais da criminologia dominante, definindo seu perfil ideológico e científico por diferenciação e oposição.*[16]

12.3. DAS ORIGENS ORGÂNICAS DO MOVIMENTO

Vimos o *approach* − que condicionou o aparecimento da *Criminologia Crítica* − entre este movimento e as lutas políticas capitaneadas pelos setores universitários. Historicamente, podemos apontar a *Escola de Criminologia de Berkeley*, Califórnia (que desenvolveu cursos sobre racismo e crime, sexismo e crime, crimes do colonialismo *etc.*), como a precursora orgânica do movimento de que ora nos ocupamos. Vejamos, assim, a opinião de Tony Platt,[17] ao comentar que:

"Nós deveríamos começar com nosso local de trabalho, e com o que nós conhecemos melhor - a universidade. Isto pode ser feito pelo desafio da fragmentação e exploração de nosso próprio trabalho, pela organização de novas relações sociais entre professores, estudantes e trabalhadores dentro da universidade, e pelo desenvolvimento de currículos radicais."

Estes intelectuais (basicamente os professores desta universidade) de Berkeley criaram uma organização (União dos Criminólogos Radicais), cujos objetivos eram:

"(...) promover alternativas radicais para a ideologia e prática irresistivelmente racista e sexista que domina a criminologia hoje. A União dá as boas-vindas a qualquer contribuição que exponha as causas políticas e econômicas fundamentais do crime e da delinqüência; que construa definições de crime que são do interesse dos povos oprimidos e classes exploradas; que analise criticamente as estratégias de coerção legais e extra-legais empregadas pelo Estado

---

[16] Juarez Cirino dos SANTOS (op. cit,. p. 7).

[17] Op. cit., 129.

A Sociedade, a Violência e o
Direito Penal

e suas instituições de sustentação; e que, de forma geral, contribua para o desenvolvimento de uma criminologia do povo".[18]

Os postulados da *Criminologia Crítica* se estendem *à Escola de Criminologia de Montreal onde uma minoria de professores animados por Marie-André Bertrand obtém a criação de um setor de ensino dito "sócio-político".*[19]

Na Inglaterra, os teóricos radicais (principalmente: Ian Taylor, Paul Walton e Jock Yong) criticam as teorias criminológicas oficias sobre o crime, as condutas desviantes e as formas estatais de controle da criminalidade, criando uma sociologia do desvio, propondo uma interpretação dos episódios criminais e desviantes a partir de uma *leitura* materialista (levando em linha de conta as realidades socioeconômicas), indissociável, pois, de sua inserção na luta de classes - dentro da sociedade capitalista. Estes radicais ingleses são agrupados, em 1968, na Conferência Nacional do Desvio.[20]

12.4. DO DESENVOLVIMENTO

A *Criminologia Crítica*, que, evidentemente, desponta como alternativa concreta às noções criminológicas clássicas,[21] procura identificar o comportamento desviante, analisar os mecanismos sociais de seu controle e, especialmente, estudar os processos de criminalização,[22] estando, igualmente, ligada *às lutas ideológicas e políticas das sociedades ocidentais, na era da reorganização monopolista de suas economias.*[23] Estes embates ideológicos estão associados às concepções de classe, podendo-se, em um certo sentido, dizer que formariam um binômio: criminologia clássica (direito burguês) *x* criminologia crítica (direito proletário).[24]

---

[18] Idem, p. 130.

[19] Álvaro Mayrink da COSTA (ob. cit., p. 62).

[20] Com mais detalhes, TAYLOR *et alli*, em op. cit., p. 2 (no capítulo: A Revolta contra a Criminologia na Inglaterra).

[21] "O processo de formação e estruturação da Criminologia Radical é inseparável da crítica aos componentes ideológicos fundamentais da criminologia dominante, definindo seu perfil ideológico e científico por 'diferenciação' e 'oposição'", anota Juarez Cirino dos SANTOS (*A Criminologia Radical*. Rio de Janeiro: Forense, 1981, p. 07).

[22] Cf. Alessandro BARATTA (Criminologia Crítica e Política Penal Alternativa, em *Revista de Direito Penal*, v. 23, Rio de Janeiro: Forense, 1978, p. 9).

[23] Cf. Juarez Cirino dos SANTOS. Op. cit., p. 1.

[24] Assim também a definição de João José LEAL (Curso de Direito Penal. Porto Alegre: Fabris, 1991. p. 35), ao dizer que: "hoje há uma proposta de uma nova atitude preconizada pelos defensores da 'Criminologia Crítica', através da qual se busca uma interpretação dialética do fenômeno criminal, encarando-o como uma manifestação inevitável das próprias contradições da sociedade humana dividida em classes com interesses divergentes".

Acentua-se, pois, a conotação marxista (não ortodoxa) de compreensão do fenômeno da criminalidade, utilizando-se o método do materialismo histórico para a interpretação dos episódios criminais, onde o crime e o controle social são dados inseridos na dinâmica social (esfera de produção), ligados à infra-estrutura econômica da sociedade capitalista.[25]

Em sua *dissertação* de mestrado em Ciências Jurídicas, em 1978, Juarez Cirino dos Santos[26] demonstra que também outros criminólogos se empenhavam, em maior ou menor extensão, em estabelecer a relação entre o comportamento desviante a as estruturas de produção (elementos utilizados, ao depois, pela *Criminologia Crítica*), como se pode ler (sobre a *teoria da anomia* de Robert Merton):

"A explicação do comportamento anti-social pela sua relação com a estrutura da sociedade, concretamente circunscrita pelos constrangimentos econômicos de desigualdades materiais produzidas por uma contextura de classe e simultânea difusão de uma ideologia igualitária em uma sociedade realmente desigual, que acentua o sucesso monetário como meta social geral, mas restringe os procedimentos convencionais ou institucionalizados para sua conquista aos que se encontram em posição de vantagem material, com a implícita estigmatização dos despossuídos, obrigados ao desesperado trabalho manual socialmente discriminado (que não possibilita o acesso às metas inculcadas pela ideologia igualitária, senão por meios ilegítimos), constitui a primeira expressão crítica da sociologia convencional do comportamento desviante, que marca um distanciamento dos modelos biológicos dessa tradição."

Outra não é a impressão de Hermann Mannheim,[27] ao analisar, em sua obra clássica, as teorias orientadas pelo conceito de classe, em especial a teoria de Merton, quando descreve o *American dream*:

"(...) Merton mobiliza todo um manancial de dados retirados da experiência americana contemporênea, para demonstrar, de forma mais concreta, as conseqüências de um conflito entre os 'objetivos culturais e as normas institucionais' e para elaborar uma tipologia das diferentes respostas a este tipo de conflito. (...) Merton demonstra que também podem surgir perigosas discrepâncias numa sociedade e em circunstâncias em que aquelas necessidades e ambições não se revelam de forma alguma ilimitadas, mas apenas se situam a

---

[25] A crítica - à criminologia liberal - deriva da "concepção materialista da história, que estuda o crime e os sistemas de controle do crime como fenômenos enraizados nas contradições de classes de formações econômico-sociais particulares, estruturadas pelo modo de produção dominante" (Juarez Cirino dos SANTOS: em op. cit., p. 6).

[26] *A Criminologia da Repressão*. Rio de Janeiro: Forense, 1979, p. 104.

[27] *Criminologia Comparada*: V. II. Lisboa: Fundação Calouste Gulbenkian. pp. 769, 770 e 771.

um nível mais elevado do que aquele em que podem ser satisfeitas por formas socialmente aceitáveis. (...) Por um lado, os valores dominantes numa dada sociedade e os objetivos (*goals*) culturais que, de acordo com aqueles valores, são considerados objetivos justificáveis para todos os membros e, por outro lado, as normas institucionais e as oportunidades sancionadas de realização daqueles objetivos. Se não há equilíbrio entre estas duas componentes fundamentais da estrutura social, estão criadas as condições para o alastramento da anomia."

E, como base substancial teórica, deve-se, igualmente, referir, necessariamente, a *Criminologia da Reação Social*[28] como sendo a fonte na qual a *Criminologia Crítica* foi-se abeberar. Este movimento criminológico representa um aprofundamento radical (de cunho essencialmente marxista) das concepções defendidas pela *Criminologia da Reação Social.*[29] (Muitos sustentam que a *Criminologia da Reação Social* não foi, necessariamente, antecedente do movimento criminológico do qual ora nos ocupamos, pois – a bem da verdade – a *Criminologia Crítica* deu-se-lhe curso, potencializando, de forma substancialmente radical, seus pressupostos teóricos).

Reunindo todos estes elementos de interpretação do fenômeno criminológico (ou, poderíamos dizer, todos os métodos críticos de explicação do crime, que procuram estabelecer a inafastável relação dialética que se estabelece entre o crime e o modo de produção), a *Criminologia Crítica* demonstra os condicionamentos político-ideológicos que são utilizados pelo Direito Penal e pela Administração da Justiça Criminal, avaliando e julgando a produção e aplicação das normas e o mecanismo da execução das penas e das medidas de segurança.[30] Pode-se mesmo dizer, com Smanio,[31] que a *Criminologia Crítica* pode ser:

"considerada verdadeira revolução teórica e prática, apresentando mudanças verdadeiramente radicais nas questões formuladas.

---

[28] Diz Lola Aniyar de CASTRO (*Criminologia da Reação Social*. Rio de Janeiro: Forense, 1983. p. 98) que a Criminologia da Reação Social tem diversos graus e expoentes. (Obs.: Estes outros movimentos serão, como convencionado, examinados - ao depois - pelos demais grupos de aula, com o que deixaremos de apresentá-los).

[29] A proximidade entre estas correntes criminológicas é, pois, evidente, como se pode observar em Lola ANIYAR (op. cit. p. 97), quando afirma que "Também sob a denominação de Criminologia da Reação Social encontram-se situados os movimentos radicais que na nossa disciplina deram origem à chamada Criminologia Radical ou Crítica, e a que em razão do título do livro de Taylor, Walton e Yong, denominou-se Nova Criminologia".

[30] Cf. Miguel REALE JÚNIOR. *Novos Rumos do Sistema Criminal*. Rio de Janeiro: Forense, 1983. pp. 18/19.

[31] Gianpaolo Poggio SMANIO. *Criminologia e Juizado Especial Criminal*. São Paulo: Atlas, 1997. p. 20.

As questões centrais da criminologia deixam de ser referentes ao delinqüente e até ao crime, para serem dirigidas ao próprio sistema de controle, entendido como conjunto articulado de instâncias de produção normativa e de estruturas de reação da sociedade".[32]

É o que também enfatiza o professor argentino Carlos Alberto Elbert, quando afirma que:

"La criminologia crítica, por su parte, logró estructurar un proyecto con mucha coherencia (denominado nuevo paradigma), atacando la esencia clasista del control social en el área capitalista, producto de su ligazón al poder y objetando el proclamado carácter consensual de ese modelo social."[33]

Passos,[34] também sintetiza, com clareza, os princípios básicos da *Criminologia Crítica*, ao asseverar que:

"A Nova Criminologia parte da idéia de sociedade de classes, entendendo que o sistema punitivo está organizado ideologicamente, ou seja, com o objetivo de proteger os conceitos de interesses que são próprios da classe dominante. Os instrumentos de controle social por isso estão dispostos opressivamente, de modo a manter dóceis os prestadores de força de trabalho, em benefício daqueles que detêm os meios de produção. O peso sobre as classes sociais mais débeis, evitando atuar sobre aqueles que detêm o poder de fazer as leis. O sistema destina-se a conservar a estrutura vertical de dominação e poder, que existe na sociedade, a um tempo desigual e provocadora de desigualdade. Isso se demonstra pelo caráter fragmentário do Direito Penal, que pune intensamente condutas que são típicas dos grupos marginalizados e deixa livres de pena comportamentos gravíssimos e socialmente onerosos, como, por exemplo, a criminalidade econômica, só porque seus autores pertencem à classe hegemônica e por isso devem ficar imunes ao processo de criminalização."

Aprofundando a análise anterior, Baratta[35] remarca que, na sociedade tardo-capitalista, o sistema penal se vale de inúmeros mecanismos[36] de reprodução de separação de classes sociais, como:

---

[32] Idem, p. 20.

[33] *Criminologia latinoamericana*: Teoria y propuestas sobre el control social del tercer milenio. Buenos Aires: Universidad, 1996. p. 83.

[34] *Op. cit.*, p. 30.

[35] *Op. cit.*, pp. 8/9.

[36] No mesmo sentido, Juarez Cirino dos SANTOS (*Direito Penal*: a Nova Parte geral. Rio de Janeiro: Forense, 1985. p. 26.), quando afirmar que através das definições legais de crimes e penas o legislador protege, especialmente, os interesses e as necessidades (valores) das classes dominantes, incriminando, rigorosamente, as condutas lesivas dos fundamentos das relações de produção, concentradas na área da criminalidade patrimonial: constrói tipos de condutas proibidas sobre uma seleção de bens jurídicos próprios das classes dominantes, garantindo

"O mecanismo da produção das normas (incriminação primária), o mecanismo de aplicação das normas, isto é, o processo penal que compreende a ação dos órgãos de investigação e que culmina com o juízo (criminalização secundária) e, finalmente, o mecanismo da execução da pena e das medidas de segurança."

Sobre os princípios reitores e orientadores da *Criminologia Crítica*, vejamos, principalmente, Juarez Cirino dos Santos,[37] ao ensinar que:

"O compromisso primário da Criminologia Radical é com a abolição das desigualdades sociais em riqueza e poder (Taylor *et alii*, 1980, p. 55), afirmando que a solução para o problema do crime depende da eliminação da exploração econômica e da opressão política de classe, e sua condição é a revolução socialista (Platt, 1980, p. 125). (...) Esse compromisso compreende a tarefa de produzir teoria e criar procedimentos capazes de ajudar a classe trabalhadora (e setores sociais dominados) no seu projeto político de controle da sociedade."

E, ao depois, prossegue Cirino dos Santos, destacando, ainda, os projetos políticos da *Criminologia Crítica*, ao afirmar que:

"O projeto da Criminologia Radical tem por objetivo a produção de uma teoria materialista do Direito e do Estado, nas sociedades capitalistas (em que a produção crescentemente social requer uma regulação crescentemente jurídica das relações sociais), para identificar as forças sociais subjacentes às formas legais e mecanismos institucionais de controle da sociedade. (...) A Criminologia Radical estuda o papel do Direito como matriz de controle social dos processos de trabalho e das práticas criminosas, empregando as categorias fundamentais da teoria marxista, que o definem como instituição superestrutural de reprodução das relações de produção, promovendo ou embaraçando o desenvolvimento das forças produtivas".[38]

Outra passagem que merece o devido destaque, na obra do Prof. Cirino dos Santos,[39] diz respeito à comparação que este faz entre a *Criminologia Crítica* e a Criminologia Tradicional, ao comentar que:

"Em forma sumária, o contraste da Criminologia Radical com a criminologia tradicional pode ser assim delimitado: a) o objeto da

---

seus interesses de classe e as condições necessárias à sua dominação e reprodução como classe. A construção seletiva de tipos de condutas proibidas (ou tipos legais) protetivos dos interesses e necessidades das classes dominantes tem o efeito social de pré-selecionar os sujeitos estigmatizáveis pela sanção penal: os membros das classes dominadas, como sujeitos privados dos bens jurídicos protegidos, na área das relações de produção material.

[37] Em *A Criminologia Radical*. pp. 25, 26 e 28.

[38] *Op. cit.*, pp. 29/30.

[39] Idem, pp. 30/31.

Criminologia Radical é o conjunto de relações sociais, compreendendo a estrutura econômica e as superestruturas jurídicas e políticas de controle social, e o objeto da criminologia tradicional é limitado pelo comportamento criminoso e o sistema de justiça criminal; b) o compromisso da Criminologia Radical é com a transformação da estrutura social e a construção do socialismo, afirmando a insuficiência das reformas penais, o oportunismo pragmatista das políticas penais alternativas (mas apoiando as medidas liberalizantes) e a impossibilidade de resolver o problema do crime no capitalismo, e o compromisso da criminologia tradicional refere-se ao aprimoramento funcional-tecnocrático do aparelho penal, conforme critérios de efetividade (redução de crimes) e de eficiência (maior efetividade, com menores custos); c) a base social da Criminologia Radical são as classes trabalhadoras (e seus intelectuais orgânicos): objetiva elevar seu nível de consciência e de organização, definir sua criminalidade como produto das estruturas sociais capitalistas (mas caracterizada como atividade reacionária, ligada à ausência de consciência de classe), etc., e a base social da criminologia tradicional são as classes dominantes (e seus intelectuais orgânicos, os agentes do controle social): o conhecimento tecnocrático (teoria criminológica) da 'criminologia aplicada' (sistema de justiça criminal) opera como técnica de controle (Habermas), ou conhecimento de 'contra-insurgência' (Quinney), reforçando o monopólio do poder econômico e político (Gouldner), que especifica os fins e as áreas de aplicação da ciência (Garofalo, 1978, pp. 18-22)."

Outra síntese da qual não podemos, absolutamente, prescindir, é a do Prof. Nilo Batista,[40] quando destaca que:

"A Criminologia Crítica, portanto, não se autodelimita pelas definições legais de crimes (comportamentos delituosos), interessando-se igualmente por comportamentos que implicam forte desaprovação social (desviantes). A Criminologia Crítica procura verificar o desempenho prático do sistema penal, a missão que efetivamente lhe corresponde, em cotejo funcional e estrutural com outros instrumentos formais de controle social (hospícios, escolas, institutos de menores, etc.). A Criminologia Crítica insere o sistema penal - e sua base normativa, o direito penal - na disciplina de uma sociedade de classes historicamente determinada e trata de investigar, no discurso penal, as funções ideológicas de proclamar uma igualdade e neutralidade desmentidas pela prática. Como toda teoria crítica, cabe-lhe a tarefa de 'fazer aparecer o invisível'."

---

[40] *Introdução Crítica ao Direito Penal Brasileiro*. Rio de Janeiro: Revan, 1990. pp. 32/33.

A Sociedade, a Violência e o
Direito Penal

Estes são os principais aspectos configuradores da *Criminologia Crítica*, que, evidentemente, busca contribuir como método e como sistema de interpretação e explicação dos episódios criminais, a partir de uma análise comprometida com interesses sociais da classe proletária.

12.5. CONCLUSÃO

A *Criminologia Crítica* constituiu um movimento estimulante, que, inegavelmente, se traduziu em uma importante renovação dos métodos e objetos da criminologia, ou seja, criou um novo paradigma no tratamento da questão criminal. Não houve, se nos é permitida a imagem, com este *vento* trazido pela *Criminologia Crítica*, apenas um drapejamento das águas da superfície; houve um rebolquear das águas profundas da ciência criminológica. E, o que se nos afigura como mais importante, é que a *Criminologia Crítica* tem uma base de interpretação do fenômeno criminal a partir de um compromisso de classe (da classe operária), o que enseja uma atuação política, não apenas teórica, no sentido de produzir mudanças sociais. É, exatamente, esta práxis que torna a *Criminologia Crítica* realmente importante, reunindo em torno de si todos aqueles que se preocupam (das mais diferentes formas, numa espécie de *frente ampla*, como sugeriu Araújo Jr., citado por Nilo Batista)[41] com os problemas sociais, e têm compromissos com as modificações das estruturas materiais da sociedade.

Pedimos *venia* para citar, ao final, as conclusões do Primeiro Seminário de Criminologia Crítica, que teve lugar na Colômbia (1984), e que, como bem diz Castilho,[42] *permitem melhor entendimento de seus postulados no contexto latino-americano:*

"a) o objeto fundamental da Criminologia é a análise dos processos de criminalização; b) o Direito Penal não oferece alternativa ao conflito social, tendendo a encobri-lo; c) a Criminologia Crítica é a única perspectiva de transformação do Direito Penal; d) os processos de criminalização constituem uma forma de controle social e os estudos de Criminologia devem considerar as condições materiais especiais de cada âmbito geográfico e cultural; e) a Criminologia deve assumir a função de sociologia do controle penal; f) os sistemas penais latino-americanos realizam uma tarefa de controle classista

---

[41] Op. cit., p. 32.

[42] *Op. cit.*, pp. 32/33.

em benefício de setores hegemônicos e em prejuízo das classes subalternas."

Por fim, não podemos olvidar que a *Criminologia Crítica*, notadamente a partir da década de oitenta, de forma direta, dedicou profundo interesse no desenvolvimento das "políticas criminais alternativas", a partir da construção – daquilo que Salo de Carvalho[43] denominou, com muita propriedade, de *criminologia da práxis* – de soluções alternativas e comunitárias às situações conflituosas, que *apareciam codificadas e representavam, na realidade, inflação legislativa inoperante e sobre-criminalizadora.*[44] Inegavelmente, as contribuições *práticas* que os criminólogos críticos forneceram (como alternativa concreta) ao sistema punitivo já se traduzem em conquistas sociais efetivas de diminuição do controle social, o que, de per si, já inscreve a criminologia crítica como um dos mais importantes (senão o mais) movimentos de contestação da justiça penal burguesa.

12.6. BIBLIOGRAFIA

BARATTA, Alessandro. *Criminologia Crítica e Política Penal Alternativa*, Revista de Direito Penal, v. 23. Rio de Janeiro: Forense, 1978.

—. *Criminologia Crítica e Crítica do Direito Penal: Introdução à Sociologia do Direito Penal*. Rio de Janeiro: Freitas Bastos, 1999.

BATISTA, Nilo. *Introdução Crítica ao Direito Penal Brasileiro*. Rio de Janeiro: Revan, 1990.

BITENCOURT, Cezar Roberto. *Manual de Direito Penal: Parte geral*. São Paulo: RT, 1997.

CARVALHO, Salo de. *A Política Criminal de Drogas no Brasil - do Discurso Oficial às Razões da Descriminalização*. Ed. Luam, 1ª ed., 1996.

—. *Política Criminal e Descriminalizações: Breves Considerações*, Ed. Jurúa, 1998, pp. 323-339 (artigo: Crime e Sociedade, Org. CEZAR ROBERTO BITENCOURT).

CASTILHO, Ela Wiecko V. de. *O Controle Penal nos Crimes contra o Sistema Financeiro Nacional (Lei n.º 7.492/86)*. Belo Horizonte: Del Rey, 1998.

CASTRO, Lola Aniyar de. *Criminologia da Reação Social*. Rio de Janeiro: Forense, 1983.

COSTA, Álvaro Mayrink da. *Direito Penal - Parte Geral, v. 1, Tomo I*. Rio de Janeiro: Forense, 1998.

ELBERT, Carlos Alberto. *Criminologia latinoamericana: Teoria y propuestas sobre el control social del tercer milenio*. Buenos Aires: Universidad, 1996.

LEAL, João José. *Curso de Direito Penal*. Editor Fabris, Porto Alegre, 1991.

---

[43] Em artigo denominado: "Política Criminal e Descriminalização: Breves Considerações", (pp. 323/339), publicado em Crime e Sociedade, org.: CEZAR ROBERTO BITENCOURT, Ed. Jurúa, 1998.

[44] Idem, p. 325.

MANNHEIM, Hermann. *Criminologia Comparada*, v. II. Lisboa: Calouste Gulbenkian, 1985.

MESTIERI, João. Os Rumos da Criminologia, *in Revista de Direito Penal*. Rio de Janeiro: Borsoi, 6, abr./jun., 1972.

NAGEL, W. H.. Criminologia Crítica, *in Revista de Direito Penal*. Rio de Janeiro: Borsoi, 1, jan./jun., 1971.

PASSOS, Roberto da Silva. *Elementos de Criminologia e Política Criminal*. São Paulo: Edipro, 1994.

PIMENTEL, Manoel Pedro. *O Crime e a Pena na Atualidade*. São Paulo: RT, 1983.

REALE JÚNIOR, Miguel. *Novos Rumos do Sistema Criminal*. Rio de Janeiro: Forense, 1983.

SANTOS, Juarez Cirino dos. *A Criminologia Radical*. Rio de Janeiro: Forense, 1981.

—. *A Criminologia da Repressão*. Rio de Janeiro: Forense, 1979.

—. *Direito Penal: A Nova Parte geral*. Rio de Janeiro: Forense, 1985.

SILVA, Evandro Lins e. *De Beccaria a Filippo Gramatica, in* Sistema Penal para o Terceiro Milênio, Atos do Colóquio Marc Ancel, org. JOÃO MARCELLO DE ARAÚJO JÚNIOR. Rio de Janeiro: Revan, 1991.

SMANIO, Gianpaolo Poggio. *Criminologia e Juizado Especial Criminal*. São Paulo: Atlas, 1997.

TAYLOR, Walton e Yong. *Criminologia Crítica*. Tradução de Juarez Cirino dos Santos e Sérgio Tancredo. Rio de Janeiro: Graal, 1980.

ZAFFARONI, Eugenio Raúl e PIERANGELI, José Henrique. *Manual de Direito Penal Brasileiro: Parte geral*. São Paulo: RT, 1999.

13. Do delito conato

Valneida Echart Martins
Advogada

Sumário: 13.1. Crime consumado e tentativa; 13.2. Conceito; 13.3. *Iter criminis* - trajetória da ação criminosa; 13.4. Elementos; 13.5. Punibilidade da tentativa; 13.5.1. Teoria subjetivista; 13.5.2. Teoria objetiva; 13.6. Tipicidade da tentativa; 13.6.1 Teoria Subjetiva Pura (negativista); 13.6.2. Teoria objetiva; 13.6.3. Teoria formal - objetiva; 13.6.4. Critério objetivo - individual; 13.6.5. Tentativa em relação a determinados crimes; 13.6.6. Crimes que não admitem tentativa; 13.7. Desistência voluntária e arrependimento eficaz; 13.8. Atipia objetiva; 13.8.1. Crime impossível e tentativa inidônea; 13.8.1.1. Teoria subjetiva; 13.8.1.2. Teoria sintomática; 13.8.1.3. Teoria objetiva; 13.8.1.3.1. Teoria objetiva temperada; 13.8.1.3.2. Teoria objetiva pura; 13.9. Crime putativo; 13.9.1. Conceito; 13.9.2. Hipóteses; 13.9.2.1. Crime putativo por erro de proibição; 13.9.2.2. Crime putativo por erro de tipo; 13.9.2.3. Crime putativo por obra de agente provocador; 13.10. Bibliografia.

13.1. CRIME CONSUMADO E TENTATIVA

Diz o artigo 14, inciso I, do Código Penal que um crime é consumado quando nele se reúnem todos os elementos de sua definição legal.

Consuma-se o delito quando há realização integral do tipo. A integralidade não importa na exaustão, sendo perfeito, embora não tenha sido levado às últimas conseqüências, como é o caso do crime exaurido, que após a consumação alcança outras ações lesivas. Assim, no caso do art. 159 do Código Penal, que trata da extorsão mediante seqüestro, o delito consuma-se com o seqüestro da pessoa com o fim de resgate, mas exaure-se com o recebimento do mesmo. A consecução do resgate não é elemento do delito, mas o fim subjetivo do delinqüente.

Para Eugenio Raúl Zaffaroni e José Henrique Pierangeli,[1] a separação da consumação do exaurimento traz conseqüências em três

[1] *Da Tentativa*, p. 25.

casos: na participação, que torna típica a conduta daquele que intervém antes do exaurimento; na prescrição, que começaria a correr a partir do exaurimento; na realização de circunstâncias agravantes, que daria lugar à tipicidade qualificada. Embora as críticas surgidas em torno desta questão, entendem os autores, que se situa a questão supra como problema de concorrência, não havendo qualquer tipo de inconstitucionalidade ou ferimento ao Princípio da Legalidade, posto que a infração cometida após a consumação e antes do exaurimento só poderá concorrer idealmente com esta.

Por sua vez, a tentativa (*conatus*) é a execução incompleta da conduta típica, do modelo descrito na lei, que não se integra em seu aspecto objetivo, por circunstâncias alheias à vontade do agente.

Para nossa lei, só há tentativa quando há ato de execução. Os atos preparatórios do delito, via de regra, não são proibidos, somente os executórios e, considerando que falta o resultado lesivo ao bem jurídico protegido, terá a tentativa uma escala penal inferior, haverá uma mitigação da pena em relação ao crime consumado.

13.2. CONCEITO

No sentido genérico, tentativa é o ensaio, a experiência ou emprego de meio para a execução, ou obtenção de desejado objetivo. Assim, a tentativa resulta em todo esforço, toda diligência, em toda ação dirigida na intenção de ter conseguido um resultado.

No sentido dado pela lei penal, o conceito de tentativa, embora não se afaste do sentido etimológico do vocábulo, emprego de meios para um fim, esforço para obter um resultado, ou diligência para conseguir o que se deseja, está ligado à inconclusão da iniciativa, por fato alheio à vontade do agente.

O próprio Código Penal, no seu art. 14, inciso II, conceitua a tentativa, ao dizer que o crime é *"tentado quando, após iniciada a execução, não se consuma por circunstâncias alheias à vontade do agente"*, ou seja, o tipo não se completa, sendo interrompido durante o seu desenvolvimento.

Assim, bem se distingue a tentativa idônea do delito frustrado. Na frustração, o agente levou ao fim a execução, que deveria produzir como resultado o crime pretendido, não havendo este atingido o objetivo por motivos independentes da vontade do agente. Na frustração, pois, ocorre execução completa, embora sem alcançar os resultados que eram visados. Na tentativa, há uma interrupção de execução, pelo que o crime não chega a ser completado, por circunstâncias fortuitas e independentes da vontade do agente.

De outra forma, quando o crime não se consuma ou a interrupção da execução se dá por vontade do agente, fala-se em desistência, não em tentativa.

13.3. *ITER CRIMINIS* - TRAJETÓRIA DA AÇÃO CRIMINOSA

Iter Criminis é o caminho percorrido pelo agente, desde o momento de sua idealização até o momento em que ocorre a consumação do delito. É o chamado "caminho do crime", que significa o conjunto de etapas que se sucedem no desenvolvimento do delito.

O *iter criminis* é composto por duas fases, uma interna e outra externa.

Segundo a maioria da doutrina, a fase interna é denominada cogitação (*cogitatio*), e a fase externa, composta pelas etapas de preparação (*conatus remotus*), execução (*conatus proximus*) e consumação (*meta optata*). Outros autores[2] distinguem os estágios de desenvolvimento do delito em etapa preparatória, etapa de tentativa, da consumação e a do exaurimento, pois entendem que o *iter criminis* deve ser considerado até a etapa do exaurimento.

Entretanto, todos são unânimes em afirmar que a fase interna, que aparece no foro íntimo da pessoa, mesmo a cogitação externada a terceiros, com base no princípio *"cogitationis poenan nemo patitur"* (Ulpiano), não pode ser atingida pela tipicidade, a não ser que constitua por si, um fato típico, como ocorre no crime de ameaça (art. 147 do CP).

A fase externa inicia com os atos preparatórios, em princípio não puníveis,[3] conforme o disposto no art. 31 do nosso Código Penal, a não ser que constituam tipo específico, como é o caso do art. 291 - Petrechos para falsificação de moeda.

Os atos de execução são aqueles dirigidos diretamente à prática do crime, quando o agente se põe em relação direta com a ação típica.

---

[2] ZAFFARONI e PIERANGELI, *ob. cit.*, p.23.

[3] Nélson Hungria, em sua obra *Comentários ao Código Penal*, p. 75, fornece um exemplo clássico de ato preparatório não punível: "Tício, tendo recebido uma bofetada de Caio, corre a um armeiro, adquire um revólver, carrega-o com seis balas e volta, ato seguido, à procura do seu adversário, que entretanto, por cautela ou casualmente, já não se acha no local da contenda; Tício, porém, não desistindo de encontrar Caio, vai postar-se, dissimulando atrás de uma moita, junto ao caminho onde ele habitualmente passa, rumo de casa, e ali espera em vão pelo inimigo que, desconfiado, tomou direção diversa".

13.4. ELEMENTOS

A tentativa, como realização incompleta do fato punível, apresenta os seguintes elementos: Início da ação que constitui o crime, não superveniência do resultado por circunstâncias alheias à vontade do agente e dolo em relação ao crime total.

a) Início da ação que constitui o crime

A substância material típica da tentativa é a execução iniciada de um crime. Ela se torna possível desde o momento em que a ação penetra na fase executiva. Só então se pode ter como perfeitamente definida a direção do atuar do agente no sentido do tipo penal e, daí até o ponto de consumação exclusive, é que pode surgir a tentativa. É essa exigência absoluta do começo da execução que dá o caráter objetivo do conceito atual de tentativa na lei penal.

b) Não superveniência do resultado por circunstâncias alheias à vontade do agente

Iniciada a execução, deve ela interromper-se em qualquer momento antes da etapa da consumação. Essa interrupção deve ser por circunstâncias fortuitas e independentes da vontade do agente.

A interrupção pode dar-se desde o começo da execução, até aquele momento em que o agente faz tudo o que lhe cabia, mas não consumou o seu crime. Advindo daí a distinção entre tentativa acabada e tentativa inacabada e crime frustrado, já citado anteriormente.

Conforme Claus Roxin,[4] a tentativa encontra-se acabada quando o agente fez todo o necessário para a a produção do resultado, conforme a sua representação. É o caso quando, por exemplo, a assassina serve sopa envenenada para o marido - o resultado acontecerá sem mais nada a agente fazer, segundo sua representação, bastará aguardar a ingestão da sopa pelo marido. Por outro lado, a tentativa será inacabada quando o agente ainda não fez tudo o que considera necessário, conforme seu plano de ação. Por exemplo, para quem puxa um revólver em direção a alguém, a sua tentativa está inacabada, pois falta premir o gatilho para produzir o resultado.

Como já citado, o crime frustrado ou falho também não alcança a consumação. Mas, aqui o agente realiza todos os atos que podiam conduzir ao resultado. É exemplo de crime frustrado o atirador inábil que descarrega todo o seu revólver, mas não atinge a vítima. Para a caracterização do crime falho, é importante considerar se, de acordo com o fim almejado pelo agente, era possível a este fazer mais alguma coisa para ter caracterizado o crime.[5]

---

[4] *Problemas Fundamentais de Direito Penal*, pp. 305 e 306.

[5] BRUNO, Aníbal, *Manual de Direito Penal*, Tomo 2º, pp. 253 e 254.

Há códigos que distinguem o crime falho ou frustrado do da tentativa, para ter punição diversa, como por exemplo, os Códigos Penais Português e Espanhol.

Nosso Código não faz tal distinção entre o delito tentado e o frustrado, ou seja, entre a tentativa quando o autor interrompe o *iter criminis* antes da consumação e a que se produz quando o autor acaba sua conduta sem sobrevir resultado típico. Entretanto, a doutrina pátria divulga amplamente essa distinção.

c) Dolo em relação ao crime total

O terceiro elemento da tentativa é o subjetivo. É o dolo do agente, mas o dolo do crime consumado. O agente deve querer a ação e o resultado final que concretiza o crime perfeito e acabado. No espírito do agente, em representação e vontade, o ato criminoso deve apresentar-se como figura típica integral.

Pelo elemento subjetivo é que se pode distinguir, por exemplo, um delito de lesão corporal da tentativa de homicídio: no primeiro caso, o dolo é a vontade de causar a lesão; no segundo caso, é a vontade de matar.[6]

Parte da doutrina sustenta que há possibilidade de falar-se em dolo eventual na tentativa, já que o dolo direito e o dolo eventual em nosso direito se equivalem.[7]

13.5. PUNIBILIDADE DA TENTATIVA

A tentativa, como realização incompleta da conduta típica, não se pune como crime autônomo, mas como tipo subordinado ou como causa de extensão do tipo.

Duas correntes tradicionais, além de uma terceira intermediária, têm buscado explicar os fundamentos da punibilidade da tentativa.

13.5.1. Teoria subjetivista

Fundamenta-se *na vontade do autor contrária ao direito*. Esta teoria teve origem na Alemanha e justifica a repressão da tentativa, desde que a vontade criminosa se manifeste nos atos de execução do fato punível.

---

[6] MIRABETE, Julio F., *Manual do Direito Penal*, vol. 1, p. 151.

[7] FRAGOSO, Heleno C., *Lições de Direito Penal*, Parte Geral, p. 242; JESUS, Damásio E., *Direito Penal*, vol.1, p. 332. HUNGRIA, Nélson, *Comentários ao Código Penal*, vol.1. Tomo 2, p. 90.

13.5.2. Teoria objetiva

Teoria clássica que inspirou a maioria das legislações modernas, inclusive nosso Código Penal, ao estabelecer que, "salvo disposição em contrário, pune-se a tentativa com a pena correspondente ao crime consumado, diminuída de um a dois terços" (art. 14, parágrafo único). Para esta teoria, pune-se a tentativa com fundamento no *perigo para o bem jurídico tutelado*.

Segundo esta teoria, a pena da tentativa deve, necessariamente, ser menor que a do crime consumado, porque o perigo do resultado sempre importa um injusto menor que o da realização.

Entretanto, conforme Zaffaroni e Pierangeli,[8] "nem a teoria objetiva e nem a teoria subjetiva explicam as disposições da tentativa existentes em nosso Direito, porque a primeira não fornece um fundamento para a punição da tentativa inidônea e, a segunda não fundamenta a aplicação de uma escala reduzida de pena para o delito tentado".

Diante da supracitada carência das teorias objetiva e subjetiva, ao tentar explicar os fundamentos da punição da tentativa, alguns autores têm desenvolvido a chamada *Teoria da Impressão*, que assume uma posição intermediária entre as correntes citadas acima.

Segundo a *Teoria de Impressão*, "a tentativa é punível quando, e na medida em que é apropriada para produzir na generalidade das pessoas uma impressão juridicamente abaladora; ela põe, então, em perigo a paz jurídica e necessita, por isso, de uma sanção correspondente a esta medida".[9]

Diz respeito ao aspecto subjetivo ao valorar a vontade do autor, hostil ao direito e, como aspecto objetivo prevê a efetiva colocação em perigo do bem tutelado através da impressão causada pela conduta. De acordo com esta teoria atribuída a Von Bar e consagrada no Código Alemão, é punível, por exemplo, a conduta do punguista que rompe bolso vazio, ofendendo com sua conduta, a paz jurídica. Puniria-se crime impossível.

No entanto, Zaffaroni e Pierangeli[10] entendem ser juridicamente inaceitável uma ofensa que alcance só o aspecto subjetivo da segurança jurídica, sem que atinja também o aspecto objetivo, ou seja, a existência de um alarme social sem um fundamento objetivo certo.

Baseando-se a teoria da impressão apenas no temor social e no sentimento de segurança jurídica, fundados em uma presumida in-

---

[8] *Ob. cit.*, p. 30.

[9] ROXIN, Claus, *Problemas Fundamentais do Direito Penal*, p. 296.

[10] *Ob. cit.*, p. 35.

tranqüilidade da opinião pública e não estando amparada pela lesão a algum bem jurídico tutelado, haveria uma objetiva e séria inconstitucionalidade da punição.

Nosso Direito Penal tipifica determinadas condutas não pelo temor social que possam causar, mas porque teme pelo homem, teme que essas condutas o privem da plena realização, e pune essas ações objetivamente, mesmo quando as mesmas não são sentidas pelo sujeito passivo. Ex.: Não é típica a conduta de quem apanha algo com que foi presenteado, mas o é a de quem se apodera de algo mesmo que o proprietário logo após lhe presenteie o objeto furtado, e diga que o furto não lhe causou qualquer transtorno. Na segunda hipótese do exemplo, o consentimento do ofendido será irrelevante, posto que o mesmo para ter valor jurídico, deverá ser anterior ou concomitante à conduta.

No caso, é nossa ordem jurídica que teme pelo homem, e teme por aquele que não se atemoriza.[11]

13.6. TIPICIDADE DA TENTATIVA

No seu aspecto objetivo, a tentativa possui uma tipicidade incompleta enquanto considerada como a realização incompleta da conduta típica, que não se pune como crime autônomo.

Assim, não havendo um dolo de tentativa, o dolo será o mesmo do crime consumado, será o mesmo querer da realização do tipo objetivo. Se dois indivíduos disparam simultaneamente sobre um terceiro, para matá-lo, e a bala de um apenas o atinge de raspão, enquanto a do outro o mata, a vontade criminosa daquele que o atingiu levemente não se distingue daquela que o matou.

Para falar-se em tipicidade da tentativa, é importante ter presente que nosso legislador penal definiu que o crime é tentado, quando, iniciados os atos de execução, não se consuma por circunstâncias alheias à vontade do agente. Nesta esteira, é pressuposto da tentativa o início dos atos executivos e sua separação dos atos preparatórios.

Mas, a distinção entre atos preparatórios - usualmente não puníveis (art. 31 do CP.) e os de execução é um dos problemas mais árduos da dogmática jurídica. Assume grande relevância jurídica essa distinção, pois em se tratando do crime conato, a lei determina que só há *punição quando iniciada a execução*, não se consuma por circunstâncias alheias à vontade do agente. E, não sendo a tentativa

---

[11] ZAFFARONI e PIERANGELI, *ob. cit.*, p. 37.

A Sociedade, a Violência e o
Direito Penal

um tipo independente, porquanto não havendo "tentativa em si", mas tentativa de delitos determinados, surge o problema para precisar quando há início da execução.

Para tentar resolver a questão de distinção entre atos preparatórios e atos executórios, surgiram algumas teorias e critérios, a seguir descritos:

13.6.1. Teoria subjetiva pura (negativista)

Nega qualquer distinção fundada em critérios objetivos, e eleva a punibilidade a toda resolução subjetiva do autor, desde que conhecida por um terceiro que agiria como um observador supra-individual. Teoria abandonada pela doutrina e, criticada por Nélson Hungria[12] ao dizer que a mesma "transforma uma sombra em um corpo sólido", e ainda, desrespeita frontalmente o princípio da legalidade e da segurança jurídica.

13.6.2. Teoria objetiva

Contrapõe-se à teoria subjetiva.

Afasta o critério puramente subjetivo e exige que o autor tenha realizado de maneira efetiva pelo menos uma parte da conduta típica, penetrando no núcleo do tipo.

Entre os critérios objetivos ensaiados, cita-se o da univocidade ou inequivocidade dos atos de tentativa (Carrara, Carmignani). De acordo com este critério, quando os atos externos são inequívocos - do ponto de vista de um terceiro observador são considerados dirigidos à consumação do delito - serão atos de tentativa ou executivos. De outro modo, quando os atos são equívocos, podem ter propósito criminoso ou não, serão atos preparatórios não puníveis. Entretanto, este critério puramente da univocidade é falho, pois o sujeito que sai de sua casa durante a madrugada, portando maçarico, saco vazio, cordas, mordaças, seria autor de uma tentativa de roubo qualificado.[13]

13.6.3. Teoria formal - objetiva

Segundo esta teoria, a diferença entre o ato executivo e ato de tentativa é a partir do núcleo do tipo. Assim, o começo da execução é o começo da realização da conduta descrita pelo verbo típico: começar a matar, começar a apoderar-se, etc. Entretanto, diante da

---

[12] *Comentários ao Código Penal*, p. 75.

[13] ZAFFARONI, Eugenio Raúl e PIERANGELI, José Henrique. *Manual do Direito Penal Brasileiro*, p. 703.

singeleza do critério exposto, foi criada a teoria material-objetiva, não significando uma reformulação da teoria formal-objetiva, mas tão-somente uma complementação desta. Acrescenta como complemento material o perigo para o bem jurídico e uma concepção natural como o uso da linguagem, por exemplo, ao apontar uma arma para alguém já seria começar a matar.[14]

13.6.4. Critério objetivo - individual

Sustentado por Welzel.

Como não existe um delito de tentativa, mas uma tentativa de delito, o começo da execução tem de ser estabelecido em razão do tipo em particular, prevê o plano objetivo ao analisar a conduta;

Analisa a vontade como elemento subjetivo;

Valora um terceiro elemento que é a proximidade imediata à realização típica. Posto que as possibilidades de realização do delito são ilimitadas, se conhece o último ato antecipado à realização do delito, quando se conhece exatamente o fim perseguido pelo autor.

Este é o critério que mais se aproxima do núcleo do problema, mas como princípio geral orientador, não é regra certa.

A opinião que hoje predomina, segundo Magalhães Noronha,[15] funda-se em dois critérios: um do ataque ao bem jurídico tutelado (material), pois se o ato não representar perigo não será de execução; o outro do início da realização do tipo (formal), segundo o qual, o ato executivo deve ser o início da realização do tipo penal, tomando-se em consideração o fim que o sujeito ativo tem em vista e sua adequação ao tipo.

Exigindo a lei o ato de execução, abraçou a *Teoria objetiva*.

13.6.5. Tentativa em relação a determinados crimes

Com relação à tipicidade da tentativa, é também de grande relevância ser analisada em relação a alguns crimes, a seguir arrolados:

a) *Crimes Qualificados* - Nestes crimes sempre se considera a tentativa em relação à conduta qualificante, mesmo que dita conduta ocorra antes ou depois do tipo fundamental. Exemplos: Existe tentativa de furto qualificado quando se começa a executar a destruição ou rompimento do obstáculo. Quando no roubo, após sua prática, se exerce violência. A tentativa começa quando do início da execução da conduta qualificada.

---

[14] ZAFFARONI, Eugenio Raúl e PIERANGELI, José Henrique., Idem, p. 705.

[15] *Direito Penal*, vol.1, p. 126.

b) *Delitos de Pura Atividade* - Do ponto de vista da teoria formal-objetiva, em que parte do ato executivo já constitui uma parte real do fato incriminado, é possível ser tipificada a tentativa - art. 132, CP.

c) *Crimes Habituais* - Parte da doutrina nacional não admite tentativa para os crimes habituais,[16] diversamente de Zaffaroni,[17] ao citar, por exemplo, o crime de curandeirismo; para este autor, ocorre a tentativa na conduta de quem, havendo instalado um consultório médico, sem diploma e sem licença, - está examinando um paciente, sem ainda lhe haver receitado algum medicamento e nem aplicado qualquer tratamento, e que tenha mais pacientes na sala de espera (art. 284, inciso I do Código Penal).

d) *Autoria Mediata* - Ocorre a tentativa no momento da atuação sobre o sujeito interposto para que pratique o fato. Mas é importante que o sujeito interposto seja inimputável, pois, caso contrário trata-se de instigação. Exemplo: No caso daquele que ameaça alguém de morte para que venha a matar outra pessoa haverá constrangimento ilegal através da instigação, mas não tentativa de homicídio por autoria mediata.

13.6.6. Crimes que não admitem tentativa

A tentativa é o fragmento de um crime, mas nem toda a espécie de crime admite tentativa.

Em princípio, não admite a tentativa o *crime culposo*. Não pode o agente tentar alcançar o resultado se não tem vontade a ele dirigida. Porém, pode-se falar em tentativa na culpa imprópria, uma vez que o agente visa ao evento, que não venha a ocorrer por circunstâncias alheias a sua vontade.

Em verdade, na culpa imprópria ocorre um crime doloso tentado, que por ter sido executado por erro ou excesso culposos, tem o tratamento de crime culposo por disposição legal.

Entre os dolosos, não admitem tentativa aqueles crimes que se desenvolvem em um só ato, sendo impossível distinguir o *iter criminis* com fases sucessivas, como é o caso da injúria real (art. 140, CP) nos chamados *crimes unissubsistentes*.[18] Os que são contrários à inadimissibilidade da tentativa nos *crimes unissubsistentes*, sustentam

---

[16] DELMANTO, Celso, *Código Penal Comentado*, p. 483; JESUS, Damásio de, *ob. cit.*, p. 334; NORONHA, Magalhães, ob. cit., p. 128.

[17] *Da Tentativa*, p. 60.

[18] BRUNO, A., *ob. cit.*, p. 242; MIRABETE, J.F., *ob. cit.*, p. 153; FRAGOSO, H. C., *ob. cit.*, p. 243 e NORONHA, M., *ob. cit.*, p. 128.

que se no caso de injúria real, a mesma for por uma frase, enquanto não for concluída esta, poderá ocorrer tentativa.[19]

Os crimes *omissivos próprios* também não admitem a tentativa. No momento em que o agente deixa escoar o momento em que deveria agir, já ocorreu a consumação. Entretanto, nos crimes comissivos por omissão não existe qualquer dificuldade para o aferimento do *conatus*. É o caso da mãe que, desejando a morte do filho recém-nascido, deixa de alimentá-lo, sendo a vítima socorrida por terceiro, pratica tentativa de infanticídio.

Nos *crimes preterdolosos*, qualificados pelo resultado, é praticamente impossível a configuração da tentativa. Nos crimes qualificados pelo resultado nos quais o resultado que qualifica é culposo (art. 137, parágrafo único do CP - rixa), a tentativa só é possível em relação ao tipo básico doloso.

O *crime habitual* (art. 230 CP - Tirar proveito da prostituição alheia) em regra não admite tentativa. Porém, esta posição não é unânime na doutrina pátria, entre eles Zaffaroni ao falar sobre o crime habitual de curandeirismo, se o agente sem ser médico instala um consultório e é detido durante sua primeira consulta.

Conforme Heleno Fragoso,[20] ainda não admitem tentativa os *crimes condicionados*, aqueles que dependem da superveniência de condição de punibilidade, como, por exemplo, os crimes falimentares, que dependem da declaração da falência. Na legislação, um exemplo de crime condicionado é o art. 122 do CP, que trata do induzimento, instigação ou auxílio ao suicídio.

No *crime complexo*, ocorre inadimissibilidade da tentativa com o princípio da execução do crime que inicia a constituição do tipo, ou com a prática de apenas um dos crimes que o compõe. Exemplo de crime complexo é o latrocínio.

Por fim, conforme disposto do artigo 4º da Lei 3.688/41, não se admite a tentativa nas *contravenções*.

13.7. DESISTÊNCIA VOLUNTÁRIA E ARREPENDIMENTO EFICAZ

Os institutos da desistência voluntária e do arrependimento eficaz vêm tratados no art. 15 de nosso Código Penal: *"o agente que,*

---

[19] DELMANTO, Celso., *ob. cit.*, p. 267 e ZAFFARONI, E. R. e PIERANGELI, J. H., *Da Tentativa*, p. 61.

[20] Ob. cit., p. 251.

voluntariamente, desiste de prosseguir na execução ou impede que o resultado se produza, só responde pelos atos já praticados".

É bastante discutido na doutrina o caráter da desistência em relação aos níveis da *teoria do delito*. Mas os posicionamentos mais importantes a salientar são os que consideram como caso de *atipicidade* e os que consideram como causa de *ausência de culpabilidade*.

Claus Roxin[21] filiou-se à ausência de culpabilidade, pois ao elaborar a teoria da culpabilidade condicionada ao fim da pena, concluiu que a desistência prova que nada existe a prevenir, logo, não ocorre a culpabilidade do injusto. Também pela ausência de culpabilidade na desistência cita-se a doutrina espanhola.

Os que se posicionam pela atipicidade da desistência embasam seu entendimento na ausência de dolo. Afirmam que sempre o último ato é que deve ser querido para configurar-se o crime doloso. Assim sendo, ao desistir voluntariamente, o agente age sem dolo em sua última conduta.

Por outro lado, Eugenio Raúl Zaffaroni e José Henrique Pierangeli[22] entendem que a problemática da desistência e do arrependimento está fora da teoria do delito, não sendo o caso de atipicidade, tampouco de ausência de culpabilidade, pois entendem ser impossível que uma etapa posterior extinga a tipicidade ou a culpabilidade já configurada em etapa anterior. Para esses autores, a questão está na *teoria da coerção penal*, sendo a desistência e o arrependimento causa de *extinção da punibilidade*.

É este, também, o posicionamento de nossa doutrina pátria, pois embora não mencionada a desistência voluntária e o arrependimento eficaz no art. 107 do Código Penal, que trata das causas de extinção de punibilidade, há renúncia do *jus puniendi* estatal.

Nossa lei fala em desistência voluntária e, esta só é possível na tentativa inacabada, pois não havendo percorrido toda a trajetória do delito, o agente pode deter-se.[23]

O arrependimento eficaz, por sua vez, pressupõe uma tentativa perfeita, ou acabada.

No caso do arrependimento, a lei subordina a impunibilidade da tentativa à sua eficácia. Assim na hipótese de envenenamento, se ministrado o antídoto, este não surtir efeito, é inoperante a resipis-

---

[21] Citado na obra *Da Tentativa*, p. 89.

[22] *Da Tentativa*, p. 90.

[23] Exemplo clássico de desistência voluntária é o que temos na obra de Dom Casmurro, de Machado de Assis, citado por Magalhães Noronha em seu livro, Direito Penal, p.130: *"Quando Bentinho deposita veneno na xícara de café que o menino Ezequiel (filho adulterino de Capitu, sua mulher) vai tomar e, quando ele está prestes a deitar o líquido pela goela abaixo da criança, detém-se, abandonando a presa.*

cência. Esta eficácia, inclusive, independerá da vontade da vítima, que se se negar a tomar o antídoto, por motivos vários, também não haverá isenção de pena para o agente, pois seu arrependimento, no caso, foi ineficaz.

A desistência voluntária se caracteriza pela ação voluntária do agente em não prosseguir na execução. No arrependimento eficaz, o agente, após desenvolver o comportamento necessário para obter o resultado típico, mas antes que este aconteça, desenvolve uma segunda ação impedindo que o resultado efetivamente se produza.

A doutrina[24] nos fornece exemplos bastante elucidativos a respeito dos dois institutos supra-elencados:

"*Desistência Voluntária* - 'A', *animus necandi*, saca de um revólver e aponta para 'B'. No preciso momento de acionar o gatilho, muda de idéia, e guarda novamente a arma".

"*Arrependimento Eficaz* - 'A', *animus necandi*, saca de um revólver, aponta para 'B' e dispara em sua direção. Não consegue o resultado morte (típico do homicídio), mas apenas fere 'B'. Imediatamente desenvolve uma segunda ação para evitar que o resultado morte sobrevenha".

Em se tratando de concurso de agentes, se desistir ou se arrepender o autor, subsiste a tentativa punível em relação aos partícipes, a não ser que os mesmos também se arrependam; se o arrependimento é do autor mediato ou o partícipe, estes só ficarão impunes se o executor também se arrepender ou se impedirem que o resultado se produza.

Preceitua o art. 16 do Código Penal que "nos crimes cometidos sem violência ou grave ameaça à pessoa, reparado o dano ou restituída a coisa, até o recebimento da denúncia ou da queixa, por ato voluntário do agente, a pena será reduzida de um a dois terços". Trata este dispositivo do arrependimento posterior - *post factum*.

O arrependimento eficaz ocorre no curso da ação executiva, porém antes do momento consumativo; o arrependimento posterior dá-se quando, após consumado o crime, o agente, por vontade própria, repara o dano ou restitui a coisa.

Com relação à punibilidade, no arrependimento eficaz, o agente fica isento de pena; no arrependimento posterior, de modo obrigatório, há mitigação de pena.

---

[24] MESTIERI, João. *Manual de Direito Penal.*, p. 219.

13.8. ATIPIA OBJETIVA

13.8.1. Crime impossível e tentativa inidônea

Preceitua o art.17 do Código Penal que "não se pune a tentativa quando, por ineficácia absoluta do meio ou por absoluta impropriedade do objeto, é impossível consumar-se o crime".

O precedente legislativo do atual art. 17 foi o art. 14, parágrafo único, do Código Penal de 1890: "Não é punível a tentativa no caso de inefficacia absoluta do meio empregado, ou de impossibilidade absoluta do fim a que o delinqüente se propuser".

Entretanto, os dois artigos não esclarecem se há uma tentativa não punível ou se inexiste tentativa, pois se limitam a dispor sobre a conseqüência: "não se pune", "não é punível ".

Nosso Código Penal apresenta uma solução bastante simplista, pois trata no art.17 de duas situações de crime impossível, sem fazer qualquer distinção entre este e tentativa inidônea, equiparando ambos. Não demonstra o fundamento de uma ou outra situação. Para nosso legislador, tudo é crime impossível.

A primeira situação legal de crime impossível é a que diz respeito à *ineficácia absoluta do meio empregado*, a fim de atingir o resultado prescrito no tipo penal. Assim, o indivíduo que pretende matar outro, imaginando colocar arsênico em seu café, quando na realidade está colocando açúcar.

Para a caracterização do crime impossível em relação ao meio empregado, não basta a ineficácia relativa, sendo necessária a absoluta, caso contrário, haveria tentativa punível. Por exemplo, o revólver sem munição é absolutamente inidôneo para matar alguém a tiro; já o revólver com balas velhas (que podem ou não disparar, de acordo com a sorte) é meio só relativamente ineficaz, e seu uso permite configurar tentativa punível.[25]

A segunda situação de crime impossível trata da *absoluta impropriedade do objeto*, ou seja, há inexistência de bem jurídico tutelado, embora o agente desconheça o fato. É o caso de manobras abortivas em mulher que não está grávida ou tentativa de homicídio em um cadáver.

Também é indispensável para a caracterização do crime impossível que haja inidoneidade absoluta do objeto. Segundo Heleno Cláudio Fragoso, "a impropriedade é apenas relativa se existindo e podendo ser atingido, ocasionalmente o objeto não se encontra onde poderia ser atacado (disparos feitos sobre o leito, tendo-se ausentado

---

[25] DELMANTO, Celso, ob. cit., p. 28.

a vítima momentos antes). Há também impropriedade relativa quando um elemento acidental do objeto impede a lesão (objeto metálico que desvia o projétil)".[26] Sempre que a impropriedade for relativa, haverá caso de tentativa punível nos moldes do art. 14, II, do Código Penal.

É importante destacar que as expressões *"ineficácia absoluta"* ou *"absoluta impropriedade"* de que trata o art. 17 devem ser consideradas tomando-se por base o plano concreto do autor em cada caso concreto, pois a ineficácia ou a impropriedade, se consideradas abstratamente, são indetermináveis. Por exemplo, o açúcar é inidôneo para matar no plano do autor que pretende envenenar, mas é idôneo para matar ou lesionar se o agente se propunha a agredir, através desse meio, um diabético.[27]

Várias teorias tentam explicar a punibilidade ou não do crime impossível, quais sejam:

13.8.1.1. *Teoria subjetiva*

O agente deve ser punido com a pena da tentativa, levando-se em conta sua intenção de atingir a conduta típica, não importando se o meio foi absolutamente ineficaz ou o objeto absolutamente impróprio, pois existe inidoneidade em qualquer tentativa, uma vez que o agente não produz o evento. Assim, quem pratica um crime impossível deve sofrer a mesma pena cominada à tentativa.

13.8.1.2. *Teoria sintomática*

A medida penal deve ser aplicada se há indício de periculosidade do agente. É necessário que a conduta seja indício de sua temibilidade criminal.

13.8.1.3. *Teoria objetiva*

Um fato possui elementos objetivos e subjetivos, mas sem a existência dos primeiros, não há que se falar em tentativa. Este elemento objetivo é o efetivo perigo para o bem jurídico penalmente protegido. Se a conduta não possui idoneidade para lesar o bem jurídico, não haverá tentativa.

13.8.1.3.1. Teoria objetiva temperada. Exige sejam absolutamente inidôneos o meio empregado pelo agente e o objeto sobre o qual a conduta recai.

---

[26] *Lições de Direito Penal*, ob. cit., p. 249.

[27] ZAFFARONI, E. R. e PIERANGELI, J. H., *Da Tentativa*, p. 83.

Esta teoria se divide em outras duas: Teoria Objetiva Temperada e Teoria Objetiva Pura.

Esta teoria foi adotada pelo nosso Código Penal de 1940, que nos arts. 76, parágrafo único, e 94, III, estabeleceu medida de segurança (liberdade vigiada) ao agente de crime impossível (tentativa inidônea) condicionando-a a sua periculosidade.

A esta teoria se podem fazer relevantes indagações: Como aplicar medida de segurança a uma ação atípica? Como, com base em Princípios Constitucionais e de Direito Penal, num Estado Democrático de Direito, fundar a aplicação de uma sanção penal na falta de ataque a um bem juridicamente tutelado?

13.8.1.3.2. Teoria objetiva pura. Não há tentativa em qualquer caso, seja a inidoneidade absoluta ou a relativa.

Entende que, como não há no crime impossível os elementos objetivos da tentativa, e o bem jurídico não corre risco, não há tentativa, e o agente não deve ser punido.

Esta foi a teoria acertadamente adotada por nossa Lei Penal a partir da Reforma de 1984 e que vigora atualmente.

Mesmo que o art. 17 indique um caso de insenção de pena, no crime impossível há exclusão da própria tipicidade.[28] Não há início de execução quando o meio é absolutamente ineficaz ou o objeto absolutamente impróprio, temos uma conduta atípica.

A mesma posição de nosso legislador, com relação à equiparação do crime impossível à tentativa inidônea, foi adotada por grande parte da doutrina nacional, através de renomados autores como: Nélson Hungria, Magalhães Noronha, Heleno Cláudio Fragoso, Damásio de Jesus, Julio Fabbrini Mirabete, Celso Delmanto, entre outros. Apresentamos a seguir a sistematização elaborada para melhor compreensão do capítulo.

---

[28] MIRABETE, Julio Fabbrini, *ob. cit.*, p. 167.

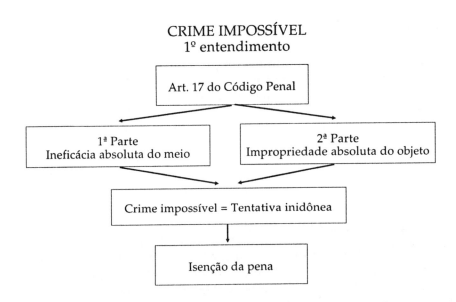

De outro lado, autores como Aníbal Bruno, Eugenio Raúl Zaffaroni e José Henrique Pierangeli, por uma questão didática, entendem que há distinção entre crime impossível e tentativa inidônea. Este entendimento não muda a conseqüência jurídica do art. 17 (isenção de pena), mas muda sua fundamentação.

A tentativa de impossível consumação é uma tentativa inidônea ou inútil, pois nunca poderá alcançar o resultado típico, excluída a imaginação do agente. A consumação será impossível por falta de algum elemento do tipo objetivo (objeto) ou porque o meio é absolutamente inidôneo para produzir o resultado.

Para Eugenio Raúl Zaffaroni e José Henrique Pierangeli, o único caso de tentativa inidônea é o que apresenta o *meio* empregado como inidôneo para a consumação do fato.[29] Em se tratando de falta de algum elemento do tipo objetivo (objeto), não há que se falar de tentativa, enquanto no meio absolutamente inidôneo ela existe, pois via de regra, a tentativa pressupõe a falta de consumação do tipo objetivo, mas não a falta dos elementos do mesmo.

Por meio não se pode entender o instrumento utilizado pelo autor, mas o comportamento do mesmo ao realizar a conduta com o fim de atingir o resultado. É a causalidade no mundo físico. Assim, conforme o exemplo já citado, o agente que pretende matar alguém com açúcar, imaginando que se trate de veneno, estará praticando

---

[29] *Da Tentativa*, ob. cit., p. 80.

uma *tentativa inidônea* fundada na *ausência de causalidade* entre a conduta e o resultado.

Entretando, o meio inidôneo empregado não é o único divisor de águas entre as tentativas idônea e inidônea, posto que em ambas o meio é inidôneo no caso concreto, desde que não atingido o resultado típico.

Na tentativa idônea, o agente labora em erro acerca da idoneidade do meio, mas o erro que é próprio da tentativa do art. 14, II, do Código Penal. Este erro é *vencível*, há presença de dolo direto se o agente tomou todos os cuidados para afastar o erro ou nenhuma importância tenha dado - dolo eventual, *sempre haverá dolo*. O agente *prevê um resultado não produzido*.

Na tentativa inidônea, ocorre um erro invertido de tipo que recai sobre a causalidade, erro *vencível* que *afasta o dolo*. O erro é vencível na medida em que se o autor tivesse tido o cuidado usual para constatar se sua conduta era ou não o meio adequado para a realização da conduta típica, teria constatado que não era. O agente *não prevê o resultado produzido*.

Trata a segunda parte do art. 17 do Código Penal da absoluta impropriedade do objeto, que a seguir passa a ser apreciado.

Com relação ao objeto, Aníbal Bruno e Eugenio Raúl Zaffaroni fundaram a chamada *Teoria da Ausência de Tipo* "Mangel em Tatbestand", para distinguir da tentativa os casos em que o resultado não é atingido por faltar um dos componentes essenciais do tipo.

Na ausência de tipo, o resultado não é atingido não porque o *iter criminis* foi interrompido como ocorre na tentativa, mas porque a conduta era desde o início irrealizável por faltar o objeto. O agente só realiza a conduta por erro, desconhece que falta o elemento essencial que é o objeto próprio, erro sobre circunstância atual da ação, não um obstáculo inesperado que o impediria de alcançar o fim.

Sempre que se tratar de inidoneidade do objeto, não é possível caracterizar tentativa, posto que ela requer o começo da execução de um delito, ou seja, uma tipicidade objetiva. Assim, para o agente que atira em cadáver, falta um homem vivo para ser configurada a tentativa de homicídio; para o agente que subtrai coisa própria julgando-a alheia, falta a coisa alheia para tentativa de furto. Nos exemplos acima, não houve início de execução de ação típica, por falta de elementos essenciais do tipo.

A teoria da ausência de tipo é repudiada por muitos autores, mas segundo Aníbal Bruno, "ela corresponde rigorosamente à lógica interna do conceito de crime e ao sistema do Direito vigente, que sobre ele se baseia. Não deve ser afastada assim tão simplesmente da matéria da chamada inidoneidade da tentativa, o tema técnico mais árduo do Direito Penal, no dizer de Sauer, e sobre o qual a dogmática ainda não disse a palavra definitiva".[30]

Abaixo a elaboração da sistematização para melhor compreensão do capítulo, de acordo com o entendimento de: Aníbal Bruno, Eugenio Raúl Zaffaroni e José Henrique Pierangeli.

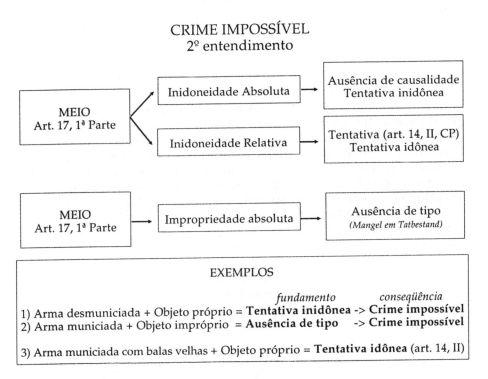

Existe, ainda, um terceiro posicionamento a respeito da matéria. Luis Alberto Machado, em sua obra Direito Criminal, entende haver também distinção entre crime impossível e tentativa inidônea.

Este autor entende que, com relação ao meio empregado, a impropriedade da conduta, de acordo com uma causalidade adequada, é relativa. Assim, os fetiches e as rezas são, aparentemente impróprios à causação do aborto, porém feitos à mulher muito temerosa, pode ocasioná-lo.

Até 1984, em virtude da adoção da teoria objetiva, havia erro na conceituação de crime impossível e tentativa inidônea. Se a conduta

---
[30] Ob. cit., p. 249.

não possuía idoneidade para lesar o bem jurídico, não se podia falar em tentativa. A partir de então, com a utilização pelo nosso legislador da teoria objetiva pura, passou a ser irrelevante somente a inidoneidade absoluta ou relativa do meio, mas a concreta e efetiva existência de perigo para o bem jurídico protegido. Assim, no caso do exemplo acima, se os fetiches e as rezas, aliados à consciência do agente, representarem perigo real para a vítima, afasta-se a não-punibilidade, para termos uma tentativa punível.

Situa a tentativa idônea ou inidônea na 1ª parte do art. 17, que trata do meio empregado. Se o meio é eficaz, caracteriza-se a tentativa idônea (art. 14, II CP). Se o meio é relativamente eficaz, também haverá tentativa (art. 14, II CP). Mas, se o meio foi absolutamente ineficaz (inidôneo), teremos conduta atípica, tentativa inidônea.

Com relação à 2ª parte do art. 17, que trata do objeto, sempre que o mesmo foi impróprio, será crime impossível por ausência de objeto material. No crime impossível, a impropriedade do objeto é absoluta, e o caso de quem dispara dolosamente tiros de revólver em um cadáver, acreditando que o mesmo esteja vivo. O objeto não tem condições de sofrer a ação típica. Falta, ao tipo, um dos elementos integrantes - homem vivo capaz de ser assassinato pelo agente.

Luis Alberto Machado entende que o meio leva à tentativa idônea ou inidônea, e o objeto, ao crime impossível, conforme sistematização elaborada para melhor compreensão do capítulo.

CRIME POSSÍVEL
3º entendimento

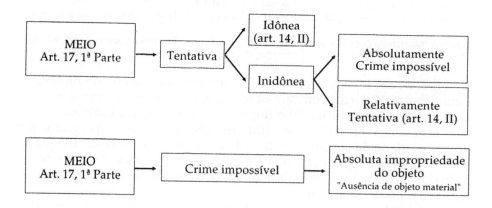

13.9. CRIME PUTATIVO

13.9.1. Conceito

Ocorre crime putativo quando, por erro, o agente supõe que está praticando uma conduta típica, quando na verdade, o fato não constitui crime.

O crime putativo é também chamado de imaginário, pois só existe na imaginação do agente. Não há crime, o fato praticado está fora do ilícito penal. A denominação "crime putativo" ou "delito putativo" é uma construção doutrinária para designar os casos de "não-crime".

É denominado por alguns autores de *erro de proibição ao revés*,[31] pois no erro de proibição o agente pratica fato típico imaginando ser atípico, ao passo que no crime putativo a conduta é desde o início atípica, mas na imaginação do agente a conduta é típica.

Não se confunde o crime putativo com o crime impossível em relação à ineficácia absoluta do meio. No primeiro, o agente pratica um fato que julga punível, mas na realidade, não é definido como crime pela lei. A conduta nasce atípica, falta norma que a interdite. É o caso do que julga incorrer em crime de adultério só porque faz afagos à mulher de *outrem*.[32] Nesta situação, falta norma que tipifique a conduta, pois o art. 240 do Código Penal exige para o crime de adultério a efetiva conjunção carnal. No segundo, a ineficácia absoluta do meio é que leva à atipicidade, a norma proibitiva existe.

13.9.2. Hipóteses

O crime putativo em sentido amplo é reconhecido em três hipóteses: crime putativo por erro de proibição, crime putativo por erro de tipo e crime putativo por obra de agente provocador.

13.9.2.1. Crime putativo por erro de proibição

O crime putativo por erro de proibição se caracteriza pela suposição realizada pelo agente de estar violando uma norma penal, quando na verdade, a mesma é inexistente. A conduta é atípica. Assim, aquele que, ao praticar conjunção carnal com a irmã maior e capaz, supõe praticar o crime de incesto, não previsto em nossa legislação penal. Esta conduta será repugnada pela sociedade, que

---

[31] ZAFFARONI, Eugenio Raúl, e PIERANGELI, José Henrique, *Da Tentativa*, p. 77, e FRAGOSO, Heleno Cláudio, *ob. cit.*, p. 249.

[32] Exemplo de BRUNO, Aníbal, *ob. cit.*, p. 253.

traz na cultura de seu povo a não-aceitação a tal prática, mas será irrelevante para o direito penal.

13.9.2.2. Crime putativo por erro de tipo

O crime putativo por erro de tipo ocorre quando há erro em relação às elementares do tipo penal, e não com relação à norma como um todo. Exemplos: O agente que, desejando subtrair chapéu alheio, toma o próprio. A mulher que ingere substância abortiva, supondo-se grávida.

Esta hipótese de crime putativo, segundo parte da doutrina estudada, coincide com o crime impossível em relação ao objeto (art. 17, 2ª parte do CP).

Nélson Hungria afirma que o *"crime impossível*, por inexistência ou impropriedade jurídica do objeto *Mangel em Tatbestand*, não é senão uma das modalidades do crime putativo (*sensu lato*) que escapa a qualquer punição".[33]

Eugenio Raúl Zaffaroni e José Henrique Pierangeli dizem que "a distinção entre ausência de tipo e delito imaginário é, em princípio, possível, posto que a ausência de tipo seria uma inversão do erro de tipo que afeta qualquer dos elementos do tipo que não seja a causalidade, enquanto, o delito imaginário seria uma inversão do erro de proibição".[34] Entretanto, estes autores também afirmam que "qualquer distinção que se faça no campo penal deve possuir um sentido prático, vale dizer, deve servir para possibilitar conseqüências práticas, posto que a especulação, por si mesma, não é tarefa da Dogmática, senão puro entretenimento. Como neste caso não se pode obter diferença prática alguma, não nos parece oportuno aceitar a distinção, até porque não exsurge qualquer diferenciação entre delito imaginário e ausência de tipo".

Da mesma forma, Aníbal Bruno entende que a impunibilidade do crime putativo por erro de tipo decorre da ausência de tipicidade, equiparando os dois delitos imaginários.[35]

13.9.2.3. Crime putativo por obra de agente provocador

O crime putativo por obra de agente provocador, também conhecido como crime de ensaio, de experiência ou de flagrante provocado, ocorre quando alguém provoca o agente à prática de um

---

[33] ob. cit., p. 99.

[34] *Da Tentativa*, pp. 76-78.

[35] ob. cit., p. 253.

crime, ao mesmo tempo em que toma todas as providências para que o mesmo não se consuma.

Fala-se em crime provocado quando o agente é induzido à prática de um crime por terceiro, muitas vezes policial, para que se efetue prisão em flagrante. Exemplo clássico citado por Nélson Hungria e seguido pela doutrina, é o do proprietário de uma loja que, desconfiado da probidade de uma funcionária, manda-a selecionar determinada mercadoria, deixando-a sozinha, ao mesmo tempo em que coloca policiais para espreitá-la, previamente chamados, os quais a prendem no momento em que esconde mercadorias nos seios.[36]

A impunibilidade do crime putativo por obra de agente provocador não é tão evidente quanto nas duas hipóteses precedentes, mas tem de igualmente ser reconhecida, como aliás o foi no exemplo acima: a moça, após submetida a processo criminal, foi absolvida.

O elemento subjetivo existe, pois o agente tem a vontade de praticar a conduta delituosa, mas sob o aspecto objetivo, não há violação da lei, somente uma cooperação para constatação da autoria de crimes similares anteriores, já que desde o início, a vigilância da autoridade policial torna impraticável a consumação do crime.

A impunidade resulta do fato de que somente na aparência é que ocorre um crime externamente perfeito. Não há lesão nem efetiva exposição a perigo qualquer interesse, seja público ou privado.

A respeito do assunto, estabeleceu o Supremo Tribunal Federal a Súmula 145: *"Não há crime quando a preparação do flagrante pela polícia torna impossível a consumação do delito"*.

Difere o flagrante provocado, que abrange uma das hipóteses do crime putativo, do flagrante esperado.

Ocorre flagrante esperado, quando, sem ter sido artificialmente provocada, mas previamente conhecida a iniciativa dolosa do agente, o sujeito passivo avisa a polícia, que fica apenas aguardando o cometimento da conduta típica pelo agente. Inexiste realização de conduta típica pelo agente passivo. Ao contrário de provocação, há apenas uma espera do cometimento da conduta ilícita. Em tal caso, se foi crime formal ou de mero perigo, este se integra em todos os elementos do tipo penal, e se for crime material (subordinado o *summatum opus* à condição de efetividade do dano), haverá tentativa punível, posto que o dano não se produziu em virtude da vigilância.

---

[36] Ob. cit., p.102.

A Sociedade, a Violência e o
Direito Penal

13.10. BIBLIOGRAFIA

BRUNO, Aníbal. *Direito Penal - Parte Geral*. 3ª ed. Rio de Janeiro: Forense, 1967.

DELMANTO, Celso. *Código Penal Comentado*. 4ª ed. Rio de Janeiro: Renovar, 1998.

FRAGOSO, Heleno Cláudio. *Lições de Direito Penal - A Nova Parte Geral*. 14ª ed. Rio de Janeiro: Forense, 1993.

HUNGRIA, Nélson. *Comentários ao Código Penal*. 2ª ed. Rio de Janeiro: Forense, 1953.

JESUS, Damásio Evangelista de. *Direito Penal - Parte Geral*. 22ª ed. São Paulo: Saraiva, 1999.

MACHADO, Luiz Alberto. *Direito Criminal. Parte Geral*. 1ª ed. São Paulo: Revista dos Tribunais, 1987.

MESTIERI, João. *Manual de Direito Penal*. Vol. 1, 1ª ed. São Paulo: Forense, 1999.

MIRABETE, Julio Fabbrini. *Manual de Direito Penal - Parte Geral*. v. 1, 15ª ed. São Paulo: Atlas, 1999.

NORONHA, E. Magalhães. *Direito Penal - Parte Geral*. 33ª ed. São Paulo: Saraiva, 1998.

PIERANGELI, José Henrique. *Códigos Penais do Brasil*. 1ª ed., Bauru, São Paulo: Jalovi, 1980.

ROXIN, Claus. *Problemas Fundamentais do Direito Penal*. 3ª ed., Universidade Direito e Ciência Jurídica, 1999.

ZAFFARONI, Eugenio Raúl & PIERANGELI, José Henrique. *Da Tentativa*. 5ª ed. São Paulo: Revista dos Tribunais, 1988.

——; ——. *Manual de Direito Penal Brasileiro*. 2ª ed. São Paulo: Revista dos Tribunais, 1999.